Letts STUDY GUIDE

AGE 11-14

KEY STAGE 3

FRENCH

Terry Hawkin

- A clear introduction to the new National Curriculum

- Topic by topic coverage, with lots of illustrations

- Activities designed to encourage active learning

- Frequent questions to test your knowledge

- Grammar section, vocabulary list and index

First published 1993
Reprinted 1994, 1995, 1996

Text: © Terry Hawkin 1993

Design and illustrations: © BPP (Letts Educational) Ltd 1993
Cover: Veronica Bailey

Specially commissioned photographs: Nik Bartrum
All other photographs by Terry Hawkin

Letts Educational
Aldine House, Aldine Place
London W12 8AW
0181 740 2266

British Library Cataloguing-in-Publication Data
A CIP record for this book is available from the British Library.

ISBN 1 85758 342 6

Acknowledgements
The author and publishers are grateful to the following for permission to reproduce illustrations and materials:
Rex Features pages 125, 126; The Photographers' Library pages 26, 78; *Bravo Girl!* pages 161, 162; *OK!* page 163.

Many thanks to John Child and the pupils of Twyford Church of England High School, Ealing.

Material from the National Curriculum is Crown copyright and is reproduced by permission of the Controller of HMSO.

Author's Acknowledgements
My grateful thanks to Suzy Castagné, Collège de la Plaine, Lavardac, Lot-et-Garonne and to the pupils of her school, who supplied me with invaluable materials; to the people of Lavardac, Barbaste, and Nérac; and to my wife, Marie-Claude Lalanne-Jouandet, who acted as language consultant.

Printed & bound by: W M Print Limited, Walsall, West Midlands WS2 9NE

Letts Educational is the trading name of BPP (Letts Educational) Ltd

CONTENTS

Successful studying at Key Stage 3   **5**

French in the National Curriculum   **5**

How to use this book   **6**

Level Descriptions   **7**

Section Rouge

UNITE 1	A l'école		9
UNITE 2	Bonjour!		13
UNITE 3	Loisirs et passe-temps		17
UNITE 4	Ma ville/mon village		21
UNITE 5	Les courses		25
UNITE 6	Chez moi – chez toi		29
UNITE 7	La famille		33
UNITE 8	Bon appétit!		37
UNITE 9	Une promenade en ville		41
UNITE 10	Pêle-mêle		45

Section Bleue

UNITE 11	Les routines		49
UNITE 12	Les gens		53
UNITE 13	En route		57
UNITE 14	L'argent		61
UNITE 15	Les clubs		65
UNITE 16	Les animaux		69
UNITE 17	Les habits et cétéra		73
UNITE 18	Les vacances		77
UNITE 19	De quoi manger		81
UNITE 20	Chez un ami français		85

Section Jaune

UNITE 21	Au collège	89
UNITE 22	L'argent de poche	93
UNITE 23	Une sortie en France	97
UNITE 24	Le logement	101
UNITE 25	Le gros lot	105
UNITE 26	La santé	109
UNITE 27	En voiture	113
UNITE 28	Le week-end	117
UNITE 29	Communiquer	121
UNITE 30	La musique	125

Section Verte

UNITE 31	Je l'ai fait	129
UNITE 32	Je m'entends	133
UNITE 33	Au secours!	137
UNITE 34	En pleine forme	141
UNITE 35	Les animations	145
UNITE 36	Le travail	149
UNITE 37	Autrefois	153
UNITE 38	On sort	157
UNITE 39	Les magazines des jeunes	161
UNITE 40	Révision	165

Information:	**Grammar**	**169**
Information:	**Vocabulary**	**178**
Information:	**Les solutions**	**184**
Index		**200**

INTRODUCTION

Successful studying at Key Stage 3

During Key Stage 3 of the National Curriculum, you will have to study the following subjects:

English, Mathematics, Science, Technology, a modern foreign language (usually French or German), Geography and History.

This stage of your education is very important because it lays the foundation which you will need to embark upon your GCSE courses. The National Curriculum requires you and all 11–14 year olds to follow the same programmes of study, which define the knowledge and skills you will need to learn and develop during your course.

At school, your teachers will be monitoring your progress. At the end of Key Stage 3, your performance will be assessed and you will be given a National Curriculum level. Most students should reach Level 5 or Level 6, some may reach Levels 7 or 8, or perhaps even higher. In English, Mathematics and Science, you will have to take a National Test towards the end of your last year at Key Stage 3. The results of your tests, also marked in levels, will be set alongside your teachers' assessment of your work to give an overall picture of how you have done.

How this book will help you

This book is designed for you to use at home to support the work you are doing at school. Think of it as a companion or study guide to help you prepare for class work and homework. Inside the book, you will find the level descriptions which will be used to assess your performance. We have included them in the book so that, as you near the end of Key Stage 3, you will be able to check how well you are doing.

Reading the book, and doing the questions and activities will help you get to grips with the most important elements of the National Curriculum. Before you begin to read the book itself, take a few moments to read the introductory sections on 'French in the National Curriculum' and 'How to use this book'.

French in the National Curriculum

Your progress in French is measured by your achievement in four different Attainment Targets (ATs). These are as follows:

AT 1	**Listening**
AT 2	**Speaking**
AT 3	**Reading**
AT 4	**Writing**

You may wonder what you will be doing as you study Key Stage 3 French. Although there are the four Attainment Targets above, it is likely that the work you do will involve overlap between the four areas.

In **Listening**, for example, at the most basic level you will be able to understand and respond to simple greetings, instructions or questions. You will also be able to understand and respond to simple instructions or identify and note the main points in a conversation that you have. Obviously, the more proficient you become in French the more you will be able to understand longer instructions and messages and eventually you will be able to extract very specific information or detail from such conversations. Ultimately, you should be able to listen to native speakers of French in a variety of contexts and understand and describe what they are saying.

The same is largely true of **Speaking**. In the first instance, you will only be able to respond very briefly to what you have seen or heard using simple sentences involving your name, familiar objects and items, etc. Eventually you will be able to develop more sophisticated answers and, importantly, use the correct pronunciation in French. The more proficient you become in speaking the more you will be able to talk about your own experiences and your own subjects using French. Simple conversations will follow and you will soon be able to speak confidently and intelligibly when using French. If you are able to master French particularly well during Key Stage 3, you may be able to use the language in a number of unpredictable situations and respond in some detail to the conversations of others. Ultimately, you may well be able to speak in French without having to think first about the words you use.

In **Reading**, you will begin with simple words and phrases from text books or other material. You might also be looking at simple captions or messages on a postcard or cartoons. As time goes on, you will increasingly make use of real-life items in French, including newspapers, tourists' brochures, letters, etc. You will know that you are gaining in confidence and ability when you are able to infer the meanings of unfamiliar words and phrases from sentences in which they are found. Eventually, you will be expected to choose your own reading materials in French from magazines or newspapers or books. Then, you will be able to identify and extract information you need for a particular purpose, using a variety of sources. Before long, you might find yourself reading French novels or newspapers from cover to cover!

Finally with **Writing** you will soon be able to write individual words from memory and write short sentences on simple subjects. Eventually you will have more confidence as you adapt your own vocabulary in a variety of contexts as you write letters and items of news. Importantly, you will also learn how to use grammar in a correct way and put words in the correct order. Perhaps, too, you will use both formal and informal styles of writing as your write for different readers. Don't be worried though, if some of this is unfamiliar to you at the moment. The National Curriculum is designed to develop your understanding as you progress through the different levels of each Attainment Target. This book will help you do well.

Good luck and enjoy National Curriculum French!

How to use this book

The four **Sections** have been structured to accompany and support you through the three years of Key Stage 3 French study you do at school.

You start with **Section Rouge** (Part 1 – Red) which is the easiest. You build up your knowledge with **Section Bleue** (Blue) and **Section Jaune** (Yellow). Then you prepare yourself for your Key Stage 4/GCSE French course with **Section Verte** (Green), which is the most difficult.

There are **unites** in each **section**, and in each **unite** there are opportunities to listen, to speak, to read and to write, with a chance to test yourself in each activity. Follow the instructions given in the Action! boxes, and work through the tasks. Solutions are given at the back, but you should attempt all the exercises in each **unite** first, before looking up the answers.

Listening. The key to this is to train yourself to pick out the important information as you listen. Don't worry if you don't understand everything at once. Pause the cassette as often as you like (a beep will suggest appropriate places) and re-play it as often as you want. Each time, you'll understand more, and be able to concentrate on exactly how words sound when spoken by real French people. In this way your own accent will improve.

Speaking. Some of the activities require you to work in pairs or groups, but often you'll work on your own. In either case, make a tape of yourself and your friends, and compare how you sound. (You could even make a video.) Don't be afraid of making mistakes. What's important is getting your message across.

Reading. The material in this book is authentic, and it includes a lot of the kind of printed and written information you meet when you go to a French-speaking country. (Remember that French is spoken in Belgium and Switzerland.) Train yourself to read for gist, without understanding everything. Each **unite** includes an **Info**+ box which contains interesting facts, figures and information about France and the French way of life.

Writing. Sometimes you'll write and draw on the pages of the book itself. You're also often told to fill in or write something in your **Dossier** (file). All you need for this is a plain exercise book, or a ring-binder, to keep all your **French** work in one place. Try to include photographs, news items, postcards, stamps, your own drawings… anything to do with French. If you have access to a word-processor, use it where a task involves amending or adapting a passage of French.

Vocabulary. When a new French word first appears, you're given the English meaning. Copy both down in your **Dossier**. By learning these new words you'll make and consolidate progress. Many of the most useful words are listed at the back of the book, but it's also useful to have a good dictionary by your side.

Grammar. There's a special grammar section at the back, which explains simply how the French language works.

Level Descriptions

For each Attainment Target there are Level Descriptions which describe the types and range of performance that pupils working at a particular level should characteristically demonstrate. By the end of Key Stage 3, the performance of the great majority of pupils should be within the range of Levels 2–6.

Key Stage 3 French has been written with the needs of pupils of a wide range of ability in mind. Thus, some students working on Section 2 – Bleue, for example, might be working at Level 3, whilst others could be at Levels 2 or 4. Equally, whilst working through Section 3 – Jaune, for example, a pupil could be at differing Levels in each of the four Attainment Targets. With this flexibility in mind, no attempt has been made to relate the four sections of *Key Stage 3 French* precisely to particular Levels.

The Level Descriptions for all four Attainment Targets from Levels 1–6 are set out in a table overleaf.

Attainment Target 1: LISTENING	Attainment Target 2: SPEAKING	Attainment Target 3: READING	Attainment Target 4: WRITING
Level 1			
Understand simple commands, short statements and questions.	Respond briefly, with single words or short phrases, to what is seen and heard.	Understand single words presented in clear script in a familiar context.	Copy single words correctly. Label items and select appropriate words to complete short sentences.
Level 2			
Understand a range of familiar statements and questions, including instructions for setting tasks.	Give short, simple responses to what is seen and heard. Name and describe people, places and objects. Use set phrases to ask for help and permission.	Understand short phrases presented in a familiar context. Match sound to print by reading aloud familiar words and phrases. Use books or glossaries to find out the meanings of new words.	Copy familiar short sentences correctly. Write or word-process items, such as simple signs, instructions and set phrases used in class. Write familiar words from memory.
Level 3			
Understand short passages, including instructions, messages and dialogues, made up of familiar language. Identify and note main points and personal responses, such as likes, dislikes and feelings.	Take part in brief, prepared tasks of at least two or three exchanges, using visual or other clues to help initiate and respond. Use short phrases to express personal responses, such as likes, dislikes and feelings.	Understand short texts and dialogues, made up of familiar language, printed in books or word-processed. Identify and note main points, including likes, dislikes and feelings. Read independently, selecting simple texts and using a bi-lingual dictionary.	Write two or three short sentences on familiar topics, using aids such as exercise books, textbooks and wallcharts. Express personal responses. Write short phrases from memory.
Level 4			
Understand longer passages, made up of familiar language in simple sentences. Identify and note main points and some details.	Take part in simple structured conversations of at least three or four exchanges, supported by visual or other clues. Adapt and substitute single words and phrases.	Understand short stories and factual texts, printed or clearly handwritten. Identify and note main points and some details. In independent reading, use context to deduce meaning.	Write individual paragraphs or three or four sentences, drawing largely on memorised language. Adapt a model by substituting individual words and set phrases. Make appropriate use of dictionaries and glossaries as an aid to memory.
Level 5			
Understand extracts of spoken language made up of familiar material from several topics, including past, present and future events. Identify and note main points and specific details, including opinions.	Take part in short conversations, seeking and conveying information and opinions in simple terms. Refer to recent experience and future plans, as well as everyday activities and interests.	Understand a range of texts on past, present and future events. Note main points and specific details. Read authentic materials e.g. leaflets, letters and databases.	Produce simple short pieces of writing in which information and opinions are sought and conveyed. Refer to recent experiences and future plans, and everyday activities. Apply basic elements of grammar in new contexts. Use dictionaries or glossaries as an aid to memory and to look up new words.
Level 6			
Understand short narratives and extracts of spoken language, drawn from a variety of topics, which include familiar language in unfamiliar contexts. Identify and note main points and specific details, including points of view.	Initiate and develop conversations that include past, present and future actions and events. Improvise and paraphrase. Use the target language to meet most routine needs for information and explanation.	Understand a variety of texts that include familiar language in unfamiliar contexts. Note points and specific details. Scan magazines for items of interest. Choose appropriate texts for independent reading. Use context and grammatical understanding to deduce meaning.	Write in paragraphs, using simple descriptive language, and refer to past, present and future actions and events. Use both informal and formal styles of writing, such as when keeping a diary, booking accommodation and scripting dialogues.

UNITE 1   A l'école

Le Collège Jules Verne
Molignac

How to...

- Identify the subjects you do at school
- Say which you prefer

Mon école!
C'est quelle matière?

Voici quelques matières. Devine lesquelles.
Ce n'est pas difficile!

Here are some school subjects. Guess which.
It isn't difficult!

La musique	**Le sport**	**La physique**
L'histoire	**Les mathématiques**	**La biologie**
La géographie	**Le latin**	**L'italien**

Un peu plus difficile?   A bit more difficult?

Le français	**La chimie**	**L'anglais**
L'espagnol		**Le russe**

Et un groupe difficile! Cherche! (Page 178)

And a difficult group! Look them up! (Page 178)

L'allemand	**Le travail manuel**
	Les arts ménagers
L'informatique	**Le dessin**

C'est mon école!

///// Action 1!

Dessine ton emploi
du temps dans
ton Dossier.

Draw your timetable in your Dossier.

LUNDI	MARDI	MERCREDI	JEUDI	VENDREDI
1 Anglais	Mathématiques	Français	Histoire	Informatique
2 Anglais	Biologie	Dessin	Anglais	Mathématiques
3 Physique	Biologie	Dessin	Géographie	Anglais
4 Histoire	Français	Chimie	Français	Physique

à l'école – *at school*	lesquelles? – *which ones?*	ton – *your*
le collège – *the high school*	difficile – *difficult*	le lundi – *Monday*
quelle? – *which?*	un peu – *a little*	le mardi – *Tuesday*
la matière – *the school subject*	plus difficile – *more difficult*	le mercredi – *Wednesday*
voici – *here is, are*	cherche – *look*	le jeudi – *Thursday*
quelques – *some*	dessine – *draw*	le vendredi – *Friday*
devine – *guess*	un emploi du temps – *a timetable*	

Les profs

Tu es en France, à l'école. Tu écoutes les professeurs. Voici ce qu'ils disent:

You're in France, at school. You're listening to the teachers. This is what they say:

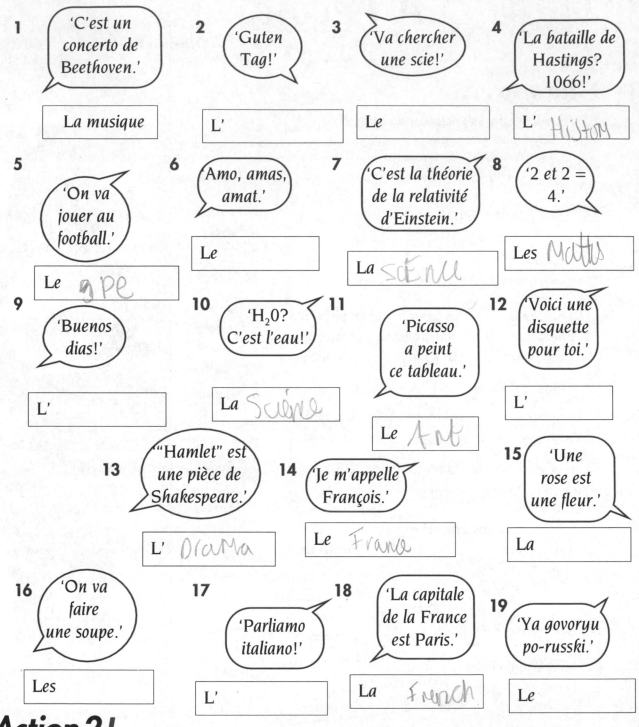

1 'C'est un concerto de Beethoven.'

La musique

2 'Guten Tag!'

L'

3 'Va chercher une scie!'

Le

4 'La bataille de Hastings? 1066!'

L' History

5 'On va jouer au football.'

Le 9Pe

6 'Amo, amas, amat.'

Le

7 'C'est la théorie de la relativité d'Einstein.'

La scénu

8 '2 et 2 = 4.'

Les Matles

9 'Buenos dias!'

L'

10 'H$_2$0? C'est l'eau!'

La Suène

11 'Picasso a peint ce tableau.'

Le Art

12 'Voici une disquette pour toi.'

L'

13 '"Hamlet" est une pièce de Shakespeare.'

L' DraMa

14 'Je m'appelle François.'

Le France

15 'Une rose est une fleur.'

La

16 'On va faire une soupe.'

Les

17 'Parliamo italiano!'

L'

18 'La capitale de la France est Paris.'

La French

19 'Ya govoryu po-russki.'

Le

⁄⁄⁄⁄⁄Action 2!

Sous chaque phrase, écris le nom de la matière.

Under each phrase, write the name of the subject.

tu es – *you are*	ils disent – *they're saying*	chaque – *each*
tu écoutes – *you're listening to*	une scie – *a saw*	écris – *write*
le professeur – *the teacher*	sous – *underneath*	

info+

L'école en France

~ Pour les petits: l'école maternelle.
~ A 6 ans: l'école primaire.
~ A 11 ans: le collège.
~ Les matières pendant 2 ans:
le français, les maths, une langue vivante,
les sciences naturelles, les humanités, la
science économique, le dessin, la musique,
le travail manuel, le sport.
~ En plus, après deux ans au collège,
d'autres matières, peut-être le latin ou le
grec, par exemple, ou une autre science
ou une autre langue vivante.
~ à 16 ans: ou
a) on passe un examen (le BEPC – Brevet
d'Etudes du Premier Cycle) et on quitte
l'école, ou
b) on va au Lycée pour 2–3 ans et on
passe le Baccalauréat (une qualification
pour l'université.)

pour – *for*   le bébé – *baby*
à 6 ans – *at the age of 6*
pendant 2 ans – *for 2 years*
une langue vivante – *a modern language*
en plus – *in addition*   après – *after*
d'autres – *some other*   peut–être – *perhaps*
ou – *or*   par exemple – *for example*
on passe un examen – *you take/one takes an exam*
et – *and*
on quitte – *you leave/one leaves*
on va – *you go/one goes*
la qualification – *the qualification*
l'université – *the university*

Au Collège Lavardac

Mme Suzy Castagné
Collège Lavardac

Voici les résultats d'un sondage fait pour nous
par Mme Suzy Castagné, professeur au
Collège La Plaine, Lavardac, Lot-et-Garonne,
avec des élèves dans son école. La question?
Quelle matière préfères-tu, et quelle matière
détestes-tu?

Here are the results of an opinion poll done for us
by Mme Suzy Castagné, a teacher at the Collège
La Plaine in Lavardac, Lot-et-Garonne, with pupils
in her school. The question? Which subject do you
prefer, and which subject do you hate?

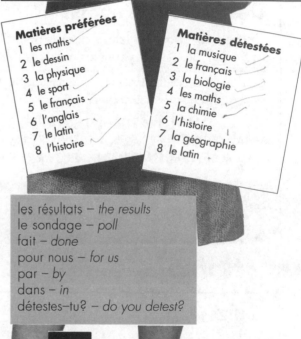

Matières préférées
1 les maths
2 le dessin
3 la physique
4 le sport
5 le français
6 l'anglais
7 le latin
8 l'histoire

Matières détestées
1 la musique
2 le français
3 la biologie
4 les maths
5 la chimie
6 l'histoire
7 la géographie
8 le latin

les résultats – *the results*
le sondage – *poll*
fait – *done*
pour nous – *for us*
par – *by*
dans – *in*
détestes–tu? – *do you detest?*

///// Action 3!

Les matières préférées

Ecris les noms Danielle, Jean-Luc, Valérie, François, Olivier et
Maryse dans ton Dossier. Ecoute la Cassette et après chaque
nom écris sa matière préférée.

Write the names Danielle, Jean-Luc, Valérie, François, Olivier and
Maryse in your Dossier. Listen to the Cassette and after each
name write down his/her favourite subject.

Nom   Matière préférée
1 Danielle
2 Jean-Luc
3 Valérie
4 François
5 Olivier
6 Maryse

sa matière préférée – *his/her favourite subject*   après – *after*   chaque – *each*

//////Action 4! Sondage – les matières préférées

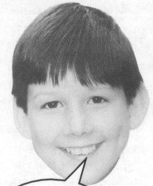

Demande à tes camarades d'école:
'Quelle est ta matière préférée?'
Enregistre les réponses. Ecris-les dans ton Dossier.

Ask your friends at school:
'Which is your favourite subject?'
Record the answers. Write them in your Dossier.

Quelle est ta matière préférée?

Nom	Matière préférée
Alan	L'anglais
Julie	Les mathématiques
Amrit	La biologie

Ma matière préférée est l'histoire!

demande – *ask*	tes camarades d'école – *your school friends*	ta – *your*	enregistre – *record*

//////Action 5!

Des drôles de noms!

On peut arranger les lettres dans le nom SUE MUIQ pour indiquer sa matière préférée – la MUSIQUE. Quelles sont les matières préférées de:

You can arrange the letters in the name SUE MUIQ to show her favourite subject – la MUSIQUE.
What are the favourite subjects of

LEN MADAL? LENA ITI? IAN SCARF? R S POT? LEN SPAGO? SUE PHIQY? DENIS S? MARTI LEN VUAAL? MIC HIE? MONA FRITIQUE? IAN GLAS? BIG LOOIE? STAN SAM GREER? GEORGE A HIP? SUE TAMITHAQEM? IAN L T? ROSE HITI? RUSS E?

des drôles de noms – *funny kinds of names*	on peut – *you can*	arranger – *to arrange*
la lettre – *letter*	pour – *in order to*	indiquer – *to show*

//////Action 6!

Quiz

1 Put in the word for *the*
histoire, sport, biologie, mathématiques, français, géographie, italien

2 How do you say in French
write! guess! draw! ask! record! listen!

3 Imagine the following people were telling you what their favourite school subject was. What would each say?
Shakespeare Einstein Picasso Beethoven Paul Gascoigne

Saying what your favourite subject is
Ma matière préférée est ...

l'allemand	l'anglais	le dessin	l'espagnol	le français
l'italien	le latin	le russe	le sport	la biologie
la chimie	la géographie	l'histoire	l'informatique	la musique
la physique	les mathématiques	les arts ménagers	le travail manuel	

How to...

- Say what your name is
- Say where you live
- Say how old you are

CAMPING MUNICIPAL
LE PERRIER
85300
★ ★
REPOS ET TRANQUILLITE
de la Maison Blanche

Bonjour! Je m'appelle Guy!

Bonjour! Je m'appelle Nicole!

1 Bonjour! Je m'appelle

2 Bonjour! Je m'appelle

3 Bonjour! Je m'appelle

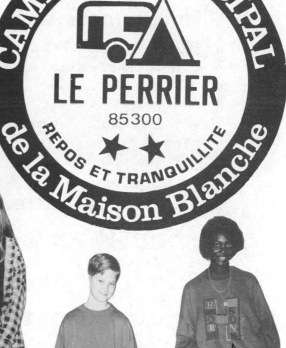

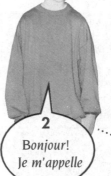

///// Action 1!

Comment t'appelles-tu?

Tu campes en France, au camping municipal du Perrier. Tu dis à chacune de ces jeunes personnes, 'Bonjour! Comment t'appelles-tu?' Ecoute la Cassette, et complète les bulles. Choisis entre Anne-Marie, Sandrine, Nicholas, Jean-Luc, Suzanne, et Marc.

You're camping in France, at the municipal campsite in le Perrier. You say to each of these young people, 'Hello! What are you called?' Listen to the Cassette, and complete the speech bubbles. Choose between Anne-Marie, Sandrine, Nicholas, Jean-Luc, Suzanne and Marc.

4 Bonjour! Je m'appelle

5 Bonjour! Je m'appelle

6 Bonjour! Je m'appelle

bonjour! – *hello, good morning*
je m'appelle – *I'm called*
comment t'appelles-tu? – *what are you called?*

tu campes – *you're camping*	en France – *in France*
le camping – *the campsite*	chacune – *each*
ces – *these*	jeune – *young*
la personne – *person*	complète – *complete*
les bulles – *the speech bubbles*	tu dis – *you say*
choisis – *choose*	entre – *between*

info+

La géographie de la France

~ La France mesure 973 km nord-sud, et 945, 5 km ouest-est. (La Grande Bretagne: 960 km nord-sud et 480 km ouest-est.) La superficie de la France est 551 602 km².

~ Les plus grandes villes: 1 – Paris   2 – Lyon   3 – Marseille   4 – Lille   5 – Bordeaux   6 – Toulouse   7 – Nantes   8 – Nice   9 – Toulon   10 – Grenoble   11 – Rouen   12 – Strasbourg 13 – Valenciennes   14 – Lens   15 – Saint-Etienne   16 – Nancy

la France mesure – *France measures*	le nord – *the north*	le sud – *the south*
l'ouest – *the west*	l'est – *the east*	la Grande-Bretagne – *Great Britain*
la superficie – *the area*	les plus grandes villes – *the biggest towns*	

/////Action 2!   Où habites-tu?

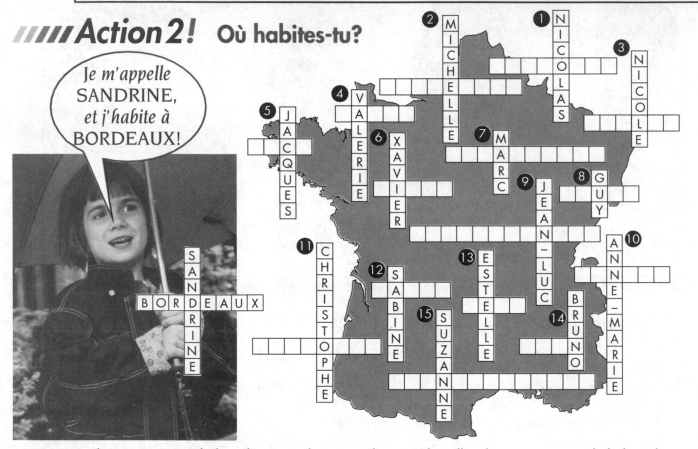

> Je m'appelle SANDRINE, et j'habite à BORDEAUX!

1 Chaque personne habite dans une des seize plus grandes villes de France. Regarde la liste dans INFO+, décide laquelle, et écris le nom de la ville sur cette page.

Each person lives in one of the sixteen largest towns in France. Look at the list in INFO+, decide which one, and write the name of the town on this page.

2 Sandrine dit: 'Je m'appelle SANDRINE et j'habite à BORDEAUX!' Et les autres personnes, qu'est-ce qu'elles disent?

Sandrine says: 'I'm called SANDRINE and I live in BORDEAUX!' What do the other people say?

3 Dans ton Dossier, dessine une carte de la France et ajoute les noms des seize plus grandes villes pour montrer où elles se trouvent.

In your Dossier, draw a map of France and add the names of the sixteen biggest towns to show where they are situated.

où habites-tu? – *where do you live?*	j'habite – *I live*	habite – *lives*	et – *and*
regarde – *look* la liste – *the list*	décide – *decide*	laquelle – *which*	cette page – *this page*
Sandrine dit – *Sandrine says*	autres – *other*	une carte – *a map*	sur – *on*
qu'est-ce qu'ils disent? – *what do they say?*	ajoute – *add*		pour – *in order to*
montrer – *to show*	où – *where*	elles se trouvent – *they are*	

///Action 3!

Un petit test en maths!

Calcule le total. *Calculate the total.*

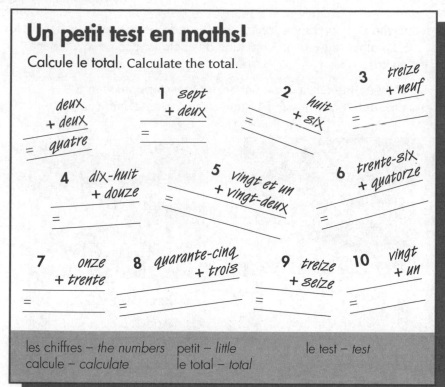

deux
+ deux
= quatre

1 sept
+ deux
=

2 huit
+ six
=

3 treize
+ neuf
=

4 dix-huit
+ douze
=

5 vingt et un
+ vingt-deux
=

6 trente-six
+ quatorze
=

7 onze
+ trente
=

8 quarante-cinq
+ trois
=

9 treize
+ seize
=

10 vingt
+ un
=

les chiffres – *the numbers*   petit – *little*   le test – *test*
calcule – *calculate*   le total – *total*

///Action 4!

Quel âge as-tu?

Franck dit: 'J'ai douze ans.' Et les autres, qu'est-ce qu'ils disent?

Franck says: 'I'm twelve years old.' What do the others say?

 J'ai douze ans!

Franck (12)   1 Ghislaine (34)   2 Jean-Claude (27)

3 Brigitte (16)   4 Antoine (45)   5 Marie-France (13)

quel âge as-tu? – *how old are you?*   j'ai douze ans – *I'm twelve*

Les chiffres 1–50

1	un
2	deux
3	trois
4	quatre
5	cinq
6	six
7	sept
8	huit
9	neuf
10	dix
11	onze
12	douze
13	treize
14	quatorze
15	quinze
16	seize
17	dix-sept
18	dix-huit
19	dix-neuf
20	vingt
21	vingt et un
22	vingt-deux
23	vingt-trois
24	vingt-quatre
25	vingt-cinq
26	vingt-six
27	vingt-sept
28	vingt-huit
29	vingt-neuf
30	trente
31	trente et un
32	trente-deux
33	trente-trois
34	trente-quatre
35	trente-cinq
36	trente-six
37	trente-sept
38	trente-huit
39	trente-neuf
40	quarante
41	quarante et un
42	quarante-deux
43	quarante-trois
44	quarante-quatre
45	quarante-cinq
46	quarante-six
47	quarante-sept
48	quarante-huit
49	quarante-neuf
50	cinquante

1 Une agence française, qui cherche des correspondant(e)s en Grande-Bretagne pour des élèves français, envoie des photos, mais malheureusement il manque des détails. Ecoute la Cassette, et complète les détails sous les photos.

A French agency, which is looking for pen-friends in Great Britain, for French pupils, sends photographs, but unfortunately some details are missing. Listen to the Cassette, and complete the details under the photos.

Nom	*Régine*
Age	*12*
Ville	*Lille*

Nom	*Claire*
Age	
Ville	*Toulouse*

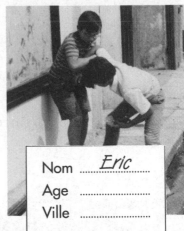

Nom	*Eric*
Age	
Ville	

Nom	*Claude*
Age	
Ville	*Marseille*

Nom	*Madeleine*
Age	
Ville	*Nice*

Nom	*Serge*
Age	*14*
Ville	*Rouen*

2 Dans ton Dossier, décris les photos. Commence: 'Numéro un. Elle s'appelle Régine. Elle a douze ans. Elle habite à Lille. Numéro deux …'

In your Dossier, describe the photos. Start: 'Numéro un. Elle s'appelle Régine. Elle a douze ans. Elle habite à Lille. Numéro deux …'

qui est-ce? – *who is it?*	une agence – *an agency*
des correspondants – *pen-friends*	qui – *who, which* des élèves – *pupils*
mais – *but*	malheureusement – *unfortunately*
il manque des détails – *some details are missing*	décris – *describe*

français – *French*
envoie – *sends*
l'âge – *age*
commence – *start*

Talking about yourself and your friends

Comment	{	t'appelles-tu?		Où	{	habites-tu?		Quel âge	{	as-tu?
		s'appelle-t-il?				habite-t-il?				a-t-il?
		s'appelle-t-elle?				habite-t-elle?				a-t-elle?

Je m'appelle…Guy.	J' }	habite à …. { Bordeaux.	J'ai }	…ans.
Il } s'appelle { Marc.	Il }	{ York.	Il a }	
Elle } { Nicole.	Elle }	{ Rouen.	Elle a }	

Comment s'appelle-t-il?

Loisirs et passe-temps

How to…

- Say what you do in your spare time
- Say what you like (and don't like) doing

Le sport

//// Action 1!

Ecris dans les bulles ce que dit chaque personne. Choisis entre: 'Je joue au football', 'Je joue au basket', 'Je joue au tennis', 'Je fais du cyclisme', 'Je fais de la musculation', et 'Je fais de la natation.'

Write in the speech bubbles what each person is saying. Choose between: 'Je joue au football', 'Je joue au basket', 'Je joue au tennis', 'Je fais du cyclisme', 'Je fais de la musculation', and 'Je fais de la natation.'

//// Action 2!

Un jeu avec un(e) partenaire. Mime un des six sports ci-dessus. Ton/ta partenaire devine lequel.

A game with a partner. Mime one of the six sports above. Your partner guesses which.

B: Tu joues au football? A: Non, je fais de la musculation!
A: Tu fais de la natation? B: Non, je joue au tennis!

//// Action 3!

Découpe des photos qui montrent les six sports ci-dessus. Colle-les dans ton Dossier. Ecris ce que fait chaque personne. *e.g. X joue au football / Y fait de la natation.*

Cut out photos showing the six sports above. Stick them in your Dossier. Write what each person is doing.
e.g. X joue au football / Y fait de la natation.

Michel Drucker fait du cyclisme

loisirs et passe-temps – *leisure and hobbies*	ce que – *what*	entre – *between*
je joue – *I play*	je fais – *I do*	la musculation – *weight training*
la natation – *swimming*	un jeu – *a game*	avec – *with*
un(e) partenaire – *a partner*	mime – *mime*	ci-dessus – *above*
lequel – *which*	découpe – *cut out*	colle-les – *stick them*

////Action 4!

Encore des loisirs

A		aime	C ♪
1. B *écouter de la musique*			

A		aime	C
2. B *regarder la télévision*			

A		aime	C
3. B *aller au cinéma*			

A		aime	C
4. B *écrire à des amis*			

A		aime	C
5. B *faire des promenades*			

A		aime	C
6. B *aller à la pêche*			

A		aime	C
7. B *lire*			

A		aime	C
8. B *danser*			

A		aime	C
9. B *dessiner*			

A		aime	C
10. B *bricoler*			

A		aime	C
11. B *faire du modélisme*			

A		aime	C
12. B *faire des photos*			

1 Le premier dessin C représente le premier passe-temps B – 'écouter de la musique'. Dans chaque case C, fais un dessin pour représenter chaque passe-temps B.

The first drawing C shows the first hobby B – 'listening to music'. In each box C, draw a picture to show each hobby B.

2 Ecoute la Cassette. Dans chaque case A, écris le nom de la personne qui aime le passe-temps B. Choisis entre Patrice, Sabine, Henri, Angèle, Franck, Jean-Claude, Jacques, Christophe, Lucille, Gérard, Laurent et Silviane.

Listen to the Cassette. In each box A, write the name of the person who likes hobby 'B'. Choose between Patrice, Sabine, Henri, Angèle, Franck, Jean-Claude, Jacques, Christophe, Lucille, Gérard, Laurent and Silviane.

aime – *likes*	la musique – *music*
la télévision – *TV*	aller – *to go*
le cinéma – *the cinema*	écrire – *to write*
des amis – *friends*	des promenades – *walks*
la pêche – *fishing*	lire – *to read*
danser – *to dance*	bricoler – *to do DIY*
le modélisme – *model-making*	
premier – *first*	le dessin – *the drawing*
représente – *represents*	la case – *box*
fais – *do*	comme – *as*
moi – *me*	j'aime – *I like*

info+

Le cyclisme

~ 1861: un Français, Pierre Michaud, invente le vélo (la bicyclette).
~ 1880: un Irlandais, John Boyd Dunlop, invente le pneu gonflable.
~ 1903: le premier Tour de France, avec 60 participants.
~ Trois participants ont gagné le Tour de France cinq fois – Jacques Anquetil, Eddie Merckx et Bernard Hinault.

un Français – *a Frenchman*	invente – *invents*	le vélo/la bicyclette – *the bicycle*
un Irlandais – *an Irishman*	le pneu gonflable – *the inflatable tyre*	le participant – *participant*
ont gagné – *have won*	cinq fois – *five times*	

////Action5!

J'adore ça!

J'aime
écouter de la musique!

J'adore
écouter de la musique!

Je n'aime pas
écouter de la musique!

Je déteste
écouter de la musique!

Regarde les passe-temps sur la page 18. Dans ton Dossier, fais quatre listes:

Look at the hobbies on page 18.
In your Dossier, make four lists:

A – J'aime…
B – J'adore…
C – Je n'aime pas…
D – Je déteste…

j'adore – *I adore*
je n'aime pas – *I don't like*
je déteste – *I hate*

Au poney-club

Beaucoup de gens aiment faire de l'équitation.
Voici une affiche pour le poney-club Le Mirail.

Lots of people like horse-riding. Here's a poster for Le Mirail pony club.

////Action6!

Pour les enfants
de 5 à 12 ans

le PONEY-CLUB

"LE MIRAIL"

LEÇONS – PROMENADES EN FORÊT
STAGES – 1 OU PLUSIEURS JOURNÉES

TARIF: 20F L'HEURE
100F LA JOURNÉE [REPAS DE MIDI COMPRIS]
PROCHAIN STAGE: 27 au 31 DÉC.

Renseignements: LE MIRAIL
47170 MÉZIN – Tél: (53) 65–75–35

Miss Leader thinks she knows all the answers.
Can you correct her?
1 'I think I'll go riding tomorrow at Le Mirail.'
2 'It's a pity they don't give lessons.'
3 'They take you along the promenade, you know.'
4 'At stage 1, several days are possible.'
5 'It only costs 20F a day.'
6 'For 100F you can ride for a week.'
7 'But you have to take sandwiches with you.'
8 'They're doing a Christmas Show from 27–31 December.'
9 'I'll ring Mézin 47170 for more information.'

---

beaucoup de – *many*   gens – *people*
faire de l'équitation – *to go horse-riding*
une affiche – *a poster*   les enfants – *children*
le poney-club – *pony club*   la leçon – *the lesson*
en forêt – *in the forest*
un stage – *course of lessons*   plusieurs – *several*
la journée – *day*   l'heure – *hour*
le repas du midi – *mid-day meal*
compris – *included*   prochain – *next*
renseignements – *information*

Les passe-temps

Quelques élèves français notent leurs passe-temps préférés:
Some French pupils note down their favourite hobbies:

> **J'adore la danse!**

Christine Vecchi
Promenade, lecture, danse, télévision, écouter de la musique.

Rachid Azahaf
Foot, bricolage, vélo, promenade dans les bois, piscine (quand il fait chaud.)

Anthony Scarton
Cinéma, chasse, télévision, lecture (un peu).

Hafid Vuala
Je lis, je fais du vélo, je joue au foot.

Cyril Banos
Le vélo, la télévision.

Farid Jahio
Jouer au foot, aller à la piscine, chasser, pêcher.

Christophe Darrouy
Pêche, chasse, jeux-vidéo, dessiner.

Norbert Conti
Le rugby.

Mohammed Lahrach
Musculation, foot, lire.

Christelle Suppi
Musique, lire, promenades.

Sophie Zorzetto
Le basketball, la musique, jouer avec mon chien.

Christophe Dubuc
Judo, ski, jeux-vidéo.

Johan Labérenne
Football, basket. On se rassemble avec des amis et on se raconte des blagues.

Sabine Pusch
Dessin, promenade en forêt, car en France les forêts sont très belles, danse, gymnastique. J'adore ça. Ecouter de la musique, surtout américaine.

Cathy Cadeillan
Jouer avec mon chien, regarder la télévision, faire du cyclisme, écrire à des amis.

Patrice Coste
Je joue au basketball, j'adore les promenades en montagne, j'aime beaucoup faire de la natation, j'aime aussi regarder la télévision.

Eric Paez
Basket, ping-pong (tennis de table), tennis, golf.

Cornet Pawlowski
Football, tennis, judo.

▰▰▰▰Action 7!

Cinq élèves aiment faire des promenades. Note combien d'élèves…

Five pupils like going for walks. Note how many…

1 *5* aiment faire des promenades.	14 ……..aiment danser (la danse).
2 ……..aiment aller à la piscine.	15 ……..aiment écouter de la musique.
3 ……..aiment regarder la télévision.	16 ……..aiment dessiner (le dessin).
4 ……..aiment jouer avec leurs chiens.	17 ……..aime faire de la gymnastique.
5 ……..aiment faire du cyclisme (du vélo).	18 ……..aime faire de la musculation.
6 ……..aime écrire à des amis.	19 ……..aime aller au cinéma.
7 ……..aiment jouer au football (au foot).	20 ……..aiment aller à la chasse (chasser).
8 ……..aiment jouer au tennis.	21 ……..aiment aller à la pêche (pêcher).
9 ……..aiment faire du judo.	22 ……..aiment jouer avec les jeux-vidéos.
10 ……..aiment jouer au basketball.	23 ……..aime bricoler (le bricolage).
11 ……..aime jouer au ping-pong.	24 ……..aime jouer au rugby.
12 ……..aime jouer au golf.	25 ……..aime faire du ski.
13 ……..aiment lire (la lecture).	26 ……..aime raconter des blagues.

français – *French*	la gymnastique – *gymnastics*	piscine – *swimming baths*
notent – *note down*	la chasse – *hunting/shooting*	on se raconte – *we tell each other*
le bricolage – *DIY*	la lecture – *reading*	des blagues – *silly stories*
mon chien – *my dog*	les jeux-vidéos – *video games*	combien de? – *how many?*

Talking about your hobbies

Je joue	au football, etc.	Je fais	du cyclisme, etc.	J'aime / J'adore	jouer au football, etc.
Tu joues		Tu fais	de la musculation, etc.	/ Je n'aime pas	le football, etc.
(X) joue		(Y) fait	des promenades, etc.	/ Je déteste	

(2) élèves aiment

Ma ville / mon village

How to...
- Say where your town or village is
- Say what there is (and isn't) there

Où est-ce?

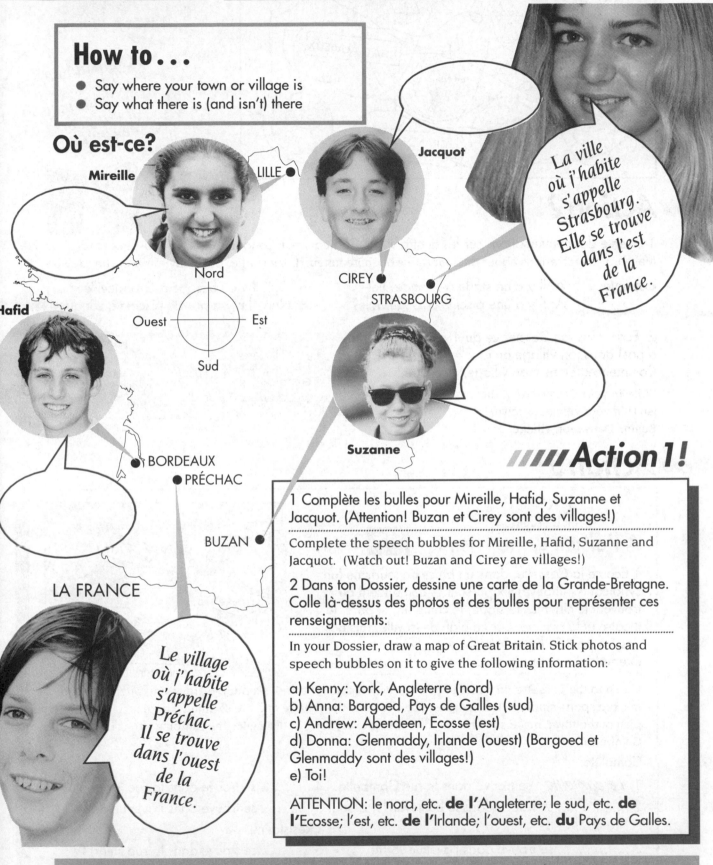

Mireille

Jacquot

LILLE ●

La ville où j'habite s'appelle Strasbourg. Elle se trouve dans l'est de la France.

Nord

Ouest — Est

Sud

CIREY ●

STRASBOURG ●

Hafid

Suzanne

BORDEAUX ●
● PRÉCHAC

BUZAN ●

LA FRANCE

Le village où j'habite s'appelle Préchac. Il se trouve dans l'ouest de la France.

//// Action 1!

1 Complète les bulles pour Mireille, Hafid, Suzanne et Jacquot. (Attention! Buzan et Cirey sont des villages!)

Complete the speech bubbles for Mireille, Hafid, Suzanne and Jacquot. (Watch out! Buzan and Cirey are villages!)

2 Dans ton Dossier, dessine une carte de la Grande-Bretagne. Colle là-dessus des photos et des bulles pour représenter ces renseignements:

In your Dossier, draw a map of Great Britain. Stick photos and speech bubbles on it to give the following information:

a) Kenny: York, Angleterre (nord)
b) Anna: Bargoed, Pays de Galles (sud)
c) Andrew: Aberdeen, Ecosse (est)
d) Donna: Glenmaddy, Irlande (ouest) (Bargoed et Glenmaddy sont des villages!)
e) Toi!

ATTENTION: le nord, etc. **de l'**Angleterre; le sud, etc. **de l'**Ecosse; l'est, etc. **de l'**Irlande; l'ouest, etc. **du** Pays de Galles.

ma ville – *my town*	mon village – *my village*	où est-ce? – *where is it?*
sont – *are*	là-dessus – *onto it*	ces renseignements – *this information*
l'Angleterre – *England*	le Pays de Galles – *Wales*	l'Ecosse – *Scotland*
l'Irlande – *Ireland*	toi – *you*	attention! – *watch out!*

En ville

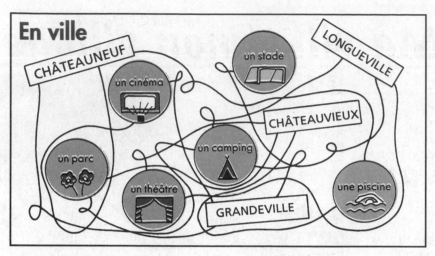

À Châteauneuf il y a un camping, mais il n'y a pas de cinéma!

//// Action 2!

1 Invente des conversations sur les quatre villes: Châteauneuf, Longueville, Châteauvieux et Grandeville.
Make up conversations about the four towns of Châteauneuf, Longueville, Châteauvieux and Grandeville.

Exemple:
A: Il y a un stade à Grandeville?
A: Il y a une piscine à Longueville?

B: Oui, il y a un stade à Grandeville.
B: Non, il n'y a pas de piscine à Longueville.

2 Ecris dans ton Dossier ce qu'il y a (et ce qu'il n'y a pas) dans ton village ou ta ville.
Commence: 'Dans mon village/ma ville...'

Write in your Dossier what there is (and what there isn't) in your village or town.
Begin: 'Dans mon village/ma ville...'

en ville – *in town*	il y a – *there is, there are*
il n'y a pas – *there isn't, aren't*	
un parc – *park*	un théâtre – *theatre*
un stade – *sports stadium*	
des conversations – *conversations*	

//// Action 3!

OFFICE DU TOURISME

A l'office de tourisme

1 Ecoute la Cassette: dans un office de tourisme (un syndicat d'initiative) six personnes demandent où se trouvent le cinéma, le stade, le camping, le parc, le théâtre et la piscine. Sur ce plan de la ville, fais des dessins pour indiquer où tout se trouve.
Exemple: Le camping se trouve dans la rue Gambetta.

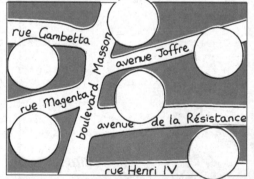

Listen to the Cassette: in a tourist office (a 'syndicat d'initiative') six people are asking where the cinema, the sports stadium, the camping site, the park, the theatre and the swimming pool are. On this plan of the town, make sketches to show where everything is. **Example:** The camping site is in rue Gambetta.

Complète:

1 *Le camping* se trouve dans la rue Gambetta.   4 .... se trouve dans la rue Magenta.

2 .... se trouve dans le boulevard Masson.   5 .... se trouve dans l'avenue de la Résistance.

3 .... se trouve dans l'avenue Joffre.   6 .... se trouve dans la rue Henri IV.

un office de tourisme / un syndicat d'initiative – *tourist office*		sur – *on*
ce plan – *this plan*	fais – *do*	indiquer – *to show*	tout – *everything*

A Villecarrée

D'après Madame le Maire, à Villecarrée il y a:

J	P	H	A	R	M	A	C	I	E	E	■	M	'	A	P
T	N	A	R	U	A	T	S	E	R	P	E	T	E	L	L
C	A	F	E	E	I	■	R	A	C	B	H	N	H	E	L
L	E	E	H	.	S	E	T	S	O	P	■	A	C	L	A
	I	N	O	V	O	I	L	U	L	G	G	R	R	E	■
O	R	U	T	■	N	J	C	'	D	A	N	U	A	H	A
B	E	I	E	R	D	H	A	E	I	R	I	A	M	T	E
■	N	S	L	'	E	A	F	I	S	E	P	T	R	P	P
E	N	E	L	R	L	C	E	R	C	L	M	S	E	E	■
I	O	B	I	O	A	E	O	E	O	U	A	E	P	L	Q
R	S	E	O	G	P	F	N	M	E	.	C	R	U	■	U
E	S	E	G	A	R	A	G	R	M	■	E	E	S	T	I
T	I	L	L	E	E	C	■	A	S	E	E	F		N	N
U	O	T	R	U	S	O	U	D	H	V	R	A	E	A	C
O	P	■	Q	D	S	E	A	N	O	N	S	C		R	A
J	L	N	E	■	E	F	L	E	T	O	H	N	I	U	I
I	A	B	O	U	L	A	N	G	E	R	I	E	O	A	L
B	C	A	F	E	R	C	D	N	L	E	T	O	H	T	L
	L	E	T	O	H	D	I	E	■	E	D	A	T	S	E
L	P	C	H	A	R	C	U	T	E	R	I	E	A	E	R
P	A	T	I	S	S	E	R	I	E	■	F	R	A	R	I
N	R	E	S	I	L	G	E	A	M	E	N	I	C	C	E
E	C	.	P	P	A	R	F	U	M	E	R	I	E	■	

un CINEMA,
un STADE,
un CAMPING,
un PARC,
un THEATRE,
une PISCINE,
une DISCO,
une EGLISE,
une GARE,
un MUSEE,
une BOUCHERIE,
une PHARMACIE,
une POSTE,
une BOULANGERIE,
une BANQUE,
un GARAGE,
un SUPERMARCHE,
un MARCHE,
une GENDARMERIE,
une POISSONNERIE,
une PATISSERIE,
une LIBRAIRIE,
une BIJOUTERIE,
une CHARCUTERIE,
une PARFUMERIE,
une MAISON DE LA PRESSE,
une QUINCAILLERIE,
un CENTRE COMMERCIAL,
la MAIRIE,
six CAFEs,
trois RESTAURANTs,
et cinq HOTELs!

How many of these can you recognise without looking them up?

▟▟▟▟ Action 4!

Cherche-les! Tu trouveras qu'il manque trois choses. Lesquelles? Ecris-les ici:
Look for them! You'll find that three things are missing. Which ones? Write them here:

Il n'y a pas de .... Il n'y a pas de ....

Il n'y a pas de ....

2 Ecris ici toutes les lettres de l'alphabet non utilisées pour trouver un message caché:
Write down all the unused letters of the alphabet here to find a hidden message:

_____

d'après– *according to*	le maire – *the mayor*	une disco – *disco*
une église – *church*	une gare – *railway station*	un musée – *museum*
une boucherie – *butcher's*	une pharmacie – *pharmacy*	une poste – *post-office*
une boulangerie – *baker's*	une banque – *bank*	un garage – *garage*
un marché – *market*	une gendarmerie – *police station*	une poissonnerie – *fishmonger's*
une pâtisserie – *cake shop*	une librairie – *bookshop*	une bijouterie – *jeweller's*
une charcuterie – *pork butcher's*	une parfumerie – *perfume shop*	
une maison de la presse – *newsagent's*	une quincaillerie – *ironmonger's*	toutes – *all*
un centre commercial – *shopping centre*	la mairie – *town hall*	le café – *cafe*
un restaurant – *restaurant*	un hôtel – *hotel*	tu trouveras – *you'll find*
il manque trois choses – *three things are missing*		ici – *here*
les lettres de l'alphabet – *letters of the alphabet*		non utilisées – *not used*
trouver – *to find*	un message – *message*	caché – *hidden*

info+

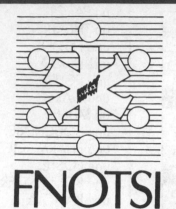

Qu'est-ce que c'est – FNOTSI?!

~ FNOTSI veut dire Fédération Nationale des Offices de Tourisme et Syndicats d'Initiative.

~ En France il y a 3 040 Offices de Tourisme. Ils informent sur: l'hébergement, la restauration, les loisirs, les sports, le tourisme culturel, les transports, etc.

~ Pour avoir des renseignements, cherche le panneau qui indique 'Syndicat d'Initiative' ou 'Office de Tourisme.' Ou bien, écris à cette adresse:
FNOTSI, 2, rue de Linos, 75015 Paris, Tél: 140594382.

qu'est-ce que c'est? – *what's that?*	veut dire – *means*	ils informent – *they give information*
sur – *about*	l'hébergement – *where to stay*	la restauration – *restaurants*
le tourisme culturel – *cultural events*	les transports – *transport*	le panneau – *the sign*

/////Action5!

Christophe

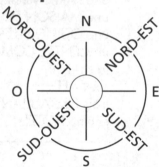

Salut! Je m'appelle Christophe. La ville où j'habite s'appelle Châteauneuf. C'est une petite ville qui se trouve dans le sud-est de la France. Il y a des magasins, des monuments,.... J'aime bien habiter là, parce qu'il y a une piscine. Malheureusement, il n'y a pas de patinoire!

Ecris quelques mots sur la ville où tu habites, comme Christophe.
Attention! – une petite ville **mais** un petit village: une grande ville **mais** un grand village.

Write a few words about the town where you live, like Christophe.
Watch out! – une petite ville **but** un petit village; une grande ville **but** un grand village.

salut! – *hello, hi!*	le sud-est – *south-east*	des magasins – *shops*
des monuments – *monuments*	là – *there*	parce que – *because*
quelques mots – *a few words*	le nord-est – *north-east*	le nord-ouest – *north-west*
le sud-ouest – *south-west*		

Talking about your town or village

Le village	}	où j'habite s'appelle	{	Préchac.
La ville	}			Bordeaux.

Il (le village)	}	se trouve dans .... le	{	nord/nord-est /nord-ouest	de la	France.
Elle (la ville)	}			sud/sud-est/sud-ouest	de l'	Angleterre.
						Ecosse.
			l' {	est		Irlande.
				ouest	du	Pays de Galles.

Il y a... { un supermarché/un musée/un marché, etc.   Il n'y a pas de ... supermarché/banque/magasins, etc.
une banque, disco, poste, etc.
des magasins, monuments, etc.

UNITE 5   _Les courses_

How to...
- Use French money
- Find the shops you need
- Ask what things cost
- Do your shopping

Ça coûte combien?

549F · 5F · 76F · 12F · 99F

///// Action 1!

Ecoute la Cassette. Adèle, Jacquot, Hassan, Patrice et Sandrine demandent des prix. Complète les phrases suivantes:
e.g. Adèle achète le vin.

Listen to the Cassette. Adèle, Jacquot, Hassan, Patrice and Sandrine are asking some prices. Complete the following phrases: *e.g. Adèle achète le vin.*

.... achète les tomates.
.... achète le vélo.
.... achète la montre.
.... achète la voiture.

les courses – *the shopping*	le prix – *the price*
ça coûte combien? – *how much does that cost?*	
acheter – *to buy*	les tomates – *the tomatoes*
le vin – *the wine*	la montre – *the watch*
la voiture – *the car*	

///// Action 2!

Les prix

Découpe des images. Colle-les dans ton Dossier. Ajoute des étiquettes avec le prix – en francs, bien sûr!
(£1.00 = approximativement 10F) et des bulles qui disent les prix.

Cut out some pictures. Stick them in your Dossier. Add labels with the price – in francs, of course!
(£1.00 = about 10F) and speech bubbles to give the price.

Exemple:
Seize francs!
16F

l'image – *picture*	l'étiquette – *label*
bien sûr – *of course*	approximativement – *about*

Les chiffres 51–1 000 000

51	cinquante et un
52	cinquante-deux
53	cinquante-trois
54	cinquante-quatre
55	cinquante-cinq
56	cinquante-six
57	cinquante-sept
58	cinquante-huit
59	cinquante-neuf
60	soixante
61	soixante et un
62	soixante-deux
63	soixante-trois
64	soixante-quatre
65	soixante-cinq
66	soixante-six
67	soixante-sept
68	soixante-huit
69	soixante-neuf
70	soixante-dix
71	soixante et onze
72	soixante-douze
73	soixante-treize
74	soixante-quatorze
75	soixante-quinze
76	soixante-seize
77	soixante-dix-sept
78	soixante-dix-huit
79	soixante-dix-neuf
80	quatre-vingt
81	quatre-vingt-un
82	quatre-vingt-deux
83	quatre-vingt-trois
84	quatre-vingt-quatre
85	quatre-vingt-cinq
86	quatre-vingt-six
87	quatre-vingt-sept
88	quatre-vingt-huit
89	quatre-vingt-neuf
90	quatre-vingt-dix
91	quatre-vingt-onze
92	quatre-vingt-douze
93	quatre-vingt-treize
94	quatre-vingt-quatorze
95	quatre-vingt-quinze
96	quatre-vingt-seize
97	quatre-vingt-dix-sept
98	quatre-vingt-dix-huit
99	quatre-vingt-dix-neuf
100	cent
101	cent un
200	deux cents
201	deux cent un
347	trois cent quarante-sept
1000	mille
2000	deux mille
2362	deux mille trois cent soixante-deux
1 000 000	un million

Qu'est-ce qu'on achète là?

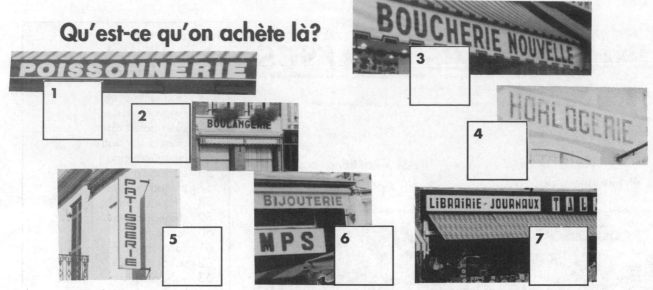

Dans chaque case, dessine quelque chose qu'on achète dans le magasin à côté. Choisis entre: a) des gâteaux; b) des bijoux; c) du poisson; d) de la viande; e) du pain; f) des montres et g) des livres et des journaux. *e.g. A la poissonnerie on achète du poisson.*

In each box, draw something which you can buy in the shop next to it. Choose between: a) cakes; b) jewellery; c) fish; d) meat; e) bread; f) watches and g) books and magazines. *e.g. At the fish shop you can buy fish.*

on achète – *you buy (one buys)*	à côté – *alongside*	des gâteaux – *cakes*
des bijoux – *jewels*	du poisson – *fish*	de la viande – *meat*
du pain – *bread* l'horlogerie – *watchmaker's*	des livres – *books*	des journaux – *newspapers*

///// Action3!

Les propriétaires

Voici les propriétaires d'une POISSONNERIE, une LIBRAIRIE, une BOUCHERIE, une PATISSERIE, une BIJOUTERIE, une HORLOGERIE et une BOULANGERIE. ROSE POSENINI est la propriétaire de la POISSONNERIE. (Les lettres de l'alphabet dans ROSE POSENINI donnent POISSONNERIE.)

Here are the owners of a POISSONNERIE, a LIBRAIRIE, a BOUCHERIE, a PATISSERIE, a BIJOUTERIE, an HORLOGERIE, and a BOULANGERIE. ROSE POSENINI is the owner of the POISSONNERIE. (The letters of the alphabet in ROSE POSENINI give you POISSONNERIE.)

ROSE POSENINI   ALI BIRRIE   ANGELE RUBIO   JO TRUEBIIE   PATSI I REES   RICO HUBEE   ROGER HOLIE

Complète les phrases:
1 ROSE POSENINI est la propriétaire de la POISSONNERIE.
2 .... est la propriétaire de la LIBRAIRIE.
3 .... est le propriétaire de la BOUCHERIE.
4 .... est la propriétaire de la PATISSERIE.
5 .... est la propriétaire de la BIJOUTERIE.
6 .... est le propriétaire de l'HORLOGERIE.
7 .... est la propriétaire de la BOULANGERIE.

le/la propriétaire – *the owner*   donner – *to give*

///// Action 4!

Pas de chance!

You go to three different shops –
but they're all closed! Why?

1

*Fermeture Annuelle
du 7 août au
27 août inclus*

2

*Le Magasin est
transféré "Place du Foirail"
(emplacement de l'ancien
Supermarché)*

3

Ce magasin est
A VENDRE
Tél. 53 65 34 77 63 65 50 98

---

pas de chance – *no luck*
la fermeture annuelle – *annual closing*
août – *August*　　　　inclus – *inclusive*
est – *is*　　　　　　　transféré – *transferred*
l'emplacement – *site*　ancien – *old*
fermé – *closed*　　　　à vendre – *for sale*

Au supermarché

HORAIRES D'OUVERTURE		FERME
Lundi :	7ʰ₃₀ - 12ʰ₃₀	FERME
Mardi :	"	-15ʰ - 19ʰ₃₀
Mercredi :	"	"
Jeudi :	"	" -
Vendredi :	"	"
Samedi :	"	"
Dimanche :	9ʰ₀₀ 12ʰ₃₀	

UNICO

Comme tu le vois, le supermarché Unico ferme le
lundi après-midi, et le supermarché Intermarché
ouvre le lundi après-midi; Unico ouvre plus tôt le
mardi et ferme plus tard le mardi.

As you see, the Unico supermarket closes on Monday
afternoon, and the Intermarché supermarket opens
on Monday afternoon; Unico opens earlier on
Tuesday and Intermarché closes later on Tuesday.

///// Action 5!

Dans ton Dossier, répond aux questions
suivantes:

In your Dossier, answer the following questions:

Quel supermarché...

1 ...ferme le dimanche?
2 ...ouvre plus tôt le vendredi après-midi?
3 ...ouvre plus tard le vendredi matin?
4 ...ferme plus tôt le mardi après-midi?
5 ...ouvre le dimanche matin?
6 ...ferme plus tard le mardi après-midi?
7 ...ouvre plus tôt le jeudi après-midi?
8 ...ouvre plus tôt le mardi matin?

HORAIRES D'OUVERTURE				
	MATIN		**APRES-MIDI**	
LUN.	9ʰ00	12ʰ30	15ʰ00	19ʰ00
MAR.	9ʰ00	12ʰ30	15ʰ00	19ʰ00
MER.	9ʰ00	12ʰ30	15ʰ00	19ʰ00
JEU.	9ʰ00	12ʰ30	14ʰ30	19ʰ30
VEN.	9ʰ00	12ʰ30	14ʰ	
SAM.	9ʰ00	12ʰ		19ʰ30
DIM.	FERME			

INTERMARCHE

---

les horaires d'ouverture – *opening hours*
le samedi – *Saturday*　　le dimanche – *Sunday*
tu vois – *you see*　　　　ferme – *closes*
l'après-midi – *afternoon*　ouvre – *opens*
plus tôt – *earlier*　　　　plus tard – *later*
le matin – *morning*　　　répondre – *to answer*
la question – *question*

A l'épicerie du camping

Voici les prix à l'épicerie du camping. Des campeurs britanniques préparent des listes de ce qu'ils voudraient acheter.

Here are the prices at the campsite food shop. Some UK campers prepare lists of things they'd like to buy.

Je voudrais du fromage, de la farine et des œufs, s'il vous plaît!

les œufs 14F80
le café 15F10
la bière 22F90
les saucisses 13F95
la crème 8F50
les sardines 6F50
la farine 3F30
les champignons 11F70
le lait 3F20
le beurre 14F90
la mayonnaise 4F40
les tomates 9F90
la moutarde 7F60
le pain 3F50
fromage 8F35
les oignons 4F00

3 KELLY
mustard
tomatoes
butter
milk

1 JULIE
cheese	8F35
flour	3F30
eggs	14F80
	26F45

2 STEVE
milk
mushrooms
mayonnaise

4 AMRIT
onions
bread
eggs
cream

5 ROBERT
sausages
beer
bread
sardines

6 DEAN
coffee
sardines
flour
cheese

/////Action6!

1 Dans ton Dossier, écris combien chacun paie (1F = 100 centimes).
In your Dossier, write how much each person pays.

2 Julie dit au marchand: 'Je voudrais du fromage, de la farine et des œufs, s'il vous plaît.' Et les autres, qu'est-ce qu'ils disent?

Julie says to the shopkeeper: 'Je voudrais du fromage, de la farine et des œufs, s'il vous plaît.' What do the others say?

l'épicerie – *food shop*	des campeurs – *some campers*	britanniques – *British*	préparent – *prepare*
ils voudraient – *they'd like to*	acheter – *to buy*	le beurre – *butter*	la bière – *beer*
le café – *coffee*	les champignons – *mushrooms*	la crème – *cream*	la farine – *flour*
le fromage – *cheese*	le lait – *milk*	la mayonnaise – *mayonnaise*	
la moutarde – *mustard*	les œufs – *eggs*	le pain – *bread*	les sardines – *sardines*
les saucisses – *sausages*	le marchand – *the shopkeeper*	paie – *pays*	je voudrais – *I'd like*
s'il vous plaît/s'il te plaît – *please*		prépare – *prepare*	celles de – *those of*
tu voudrais – *you'd like to*	qu'est-ce que tu dis? – *what do you say?*		

info+

Les hypermarchés

~ 1963 ouvre le premier hypermarché en France. (Qu'est-ce que c'est, un hypermarché? – un supermarché avec une superficie d'au moins 2 500 m².)

~ 1990: il y en a 851, avec 23 000 caisses de sortie, 755 613 places de parking, 943 759 chariots et 6 808 pompes à essence.

un hypermarché – *a hypermarket*	au moins – *at least*	
en – *of them*	la caisse de sortie – *checkout*	
la place de parking – *parking space*		
le chariot – *trolley*	la pompe à essence – *petrol pump*	

Going shopping

Je voudrais .... { du beurre .... s'il vous plaît.
du lait, etc.
{ de la farine
de la mayonnaise, etc.
{ des œufs
des champignons, etc.

Ça coûte combien?

How to...

- Understand and write descriptions of homes
- Use telephone numbers
- Say what there is in a flat or house

maison à vendre

Tél : 53.66.51.47

Maison proximité centre ville. Cave. Rez-de-chaussée: véranda plus un hall d'entrée, salle de séjour, salle à manger, cuisine, bureau, grande chambre, wc. Etage: couloir central, trois grandes chambres, salle de bains, wc. Grenier avec deux chambres. Chauffage central. Garage pour deux voitures. (43) 64.39.34

Belle maison, comprenant rez-de-chaussée: hall d'entrée, salle de séjour, chambre, cuisine, le tout donnant sur terrasse surplombant la Garonne. A l'étage: couloir central, cinq grandes chambres, salle de bains, wc. Grenier: chambre. Le tout en parfait état d'entretien. (43) 66.39.24

Maison, proche lycée. Petit jardin. Rez-de-chaussée: garage, entrée, grande buanderie, une chambre. Etage: salle de séjour avec balcon, trois chambres, salle de bains, cuisine, wc. (43) 70.32.20

//// Action 1!

What number would you ring if you wanted a house...

1 .... with a terrace overlooking the river?
2 .... near the high school?
3 .... with a cellar?
4 .... with six bedrooms?
5 .... with a laundry room?
6 .... with a garage for two cars?
7 .... with living room and kitchen upstairs?
8 .... near the town centre?
9 .... said to be perfectly maintained?
10 .... with central heating?
11 .... with six bedrooms and a study?
12 .... with an attic with two bedrooms?

chez moi – *(at) my house*   la maison – *a house*   à vendre – *for sale*   l'annonce – *advertisement*
proximité centre ville – *near the town centre*   la cave – *cellar*   le rez-de-chaussée – *ground floor*
la véranda – *veranda*   plus – *plus*   le hall d'entrée/l'entrée – *entrance hall*
la salle de séjour – *living room*   la salle à manger – *dining room*
la cuisine – *kitchen*   le bureau – *study*   la chambre – *bedroom*
la salle de bains – *bathroom*   les wc – *toilet*   le grenier – *attic*
le chauffage central – *central heating*   belle < beau – *beautiful, fine*
comprenant – *comprising*   le tout – *the whole*   donnant sur – *overlooking*
surplombant – *overlooking*   l'étage – *floor, storey*   à l'étage – *first floor*   le couloir – *corridor, passage*
en parfait état d'entretien – *perfectly maintained*   proche – *near*   le jardin – *garden*
la buanderie – *laundry room*   le balcon – *balcony*   la terrasse – *terrace*

//// Action 2!

You work for a UK estate agent, in an area where there is a large French-run computer plant. Write an advertisement in French for the following: house, near high school; small garden, cellar; ground floor entrance hall, living room, kitchen; first floor – three bedrooms, study, bathroom, wc. Central heating. Perfectly maintained.

Qui habite où?

Le 52.64.38 est le numéro de téléphone de Lucille. Son adresse est 1, rue des Tulipes. Elle habite une maison à la campagne.

52.64.38 is Lucille's telephone number. Her address is 1, rue des Tulipes. She lives in a house in the country.

Le 64.29.11 est le numéro de téléphone d'Henri Bertillion. Son adresse est 56, rue de la Résistance. Il habite un appartement dans un village.

64.29.11 is Henri Bertillion's telephone number. His address is 56, rue de la Résistance. He lives in a flat in a village.

▗▌▌▌▌▌Action 3!

Ecoute la Cassette. Six personnes disent d'abord leur numéro de téléphone (case A).

Listen to the Cassette. Six people tell you their telephone number first (box A).

Puis, chaque personne donne son nom: Ecris-le dans la case B. Choisis entre Mme Boucher, René, Mlle Costa, Marcelle Dautun, Jean-Luc, Mohammed.

Then, each person gives his/her name: write it in box B. Choose between Mme Boucher, René, Mlle Costa, Marcelle Dautun, Jean-Luc, Mohammed.

Ensuite, chaque personne donne son adresse: écris-la dans la case C. Choisis entre: 78, avenue du Pont; 23, rue Gabarra; 68, résidence Jean Jaurès; 39, route de Bordeaux; 48, avenue Racine; 9, boulevard Pasteur.

Next, each person gives his/her address: write it in box C. Choose between: 78, avenue du Pont; 23, rue Gabarra; 68, résidence Jean Jaurès; 39, route de Bordeaux; 48, avenue Racine; 9, boulevard Pasteur.

Dans la case D, écris si la personne habite une maison ou un appartement.

In box D, write whether the person lives in a house or a flat.

Dans la case E, écris si la personne habite en ville, dans un village, ou à la campagne.

In box E, write whether the person lives in town, in a village or in the country.

1		5	
A	52.64.38	A	91.33.75
B	Lucille	B	
C	1, rue des Tulipes	C	
D	une maison	D	
E	à la campagne	E	

2		6	
A	64.29.11	A	79.66.31
B	Henri Bertillion	B	
C	56, rue de la Résistance	C	
D	un appartement	D	
E	dans un village	E	

3		7	
A	85.23.42	A	85.42.61
B		B	
C		C	
D		D	
E		E	

4		8	
A	58.87.91	A	38.49.76
B		B	
C		C	
D		D	
E		E	

à la campagne – *in the country*
le numéro de téléphone – *telephone number*
leur – *their*
ensuite – *after that*

l'appartement – *the flat*
est < être – *to be*
puis – *then*
si – *if, whether*

donner – *to give*
d'abord – *first*

////Action 4!

Prépare une fiche avec les numéros de téléphone de Lucille, Henri Bertillion, Mme Boucher, René, Mlle Costa, Marcelle Dautun, Jean-Luc, et Mohammed. Donne-la à un ami/une amie, un parent ou un prof. Invite-le/la à te poser des questions.

Prepare a slip of paper with the telephone numbers of Lucille, Henri Bertillion, Mme Boucher, René, Mlle Costa, Marcelle Dautun, Jean-Luc, et Mohammed on it. Give it to a friend, a relative, or a teacher. Invite him or her to ask you questions.

Exemples:

> Le cinquante-deux – soixante-quatre – trente-huit est le numéro de téléphone de qui?

> C'est le numéro de téléphone de Lucille!

> Quelle est son adresse?

> 1, rue des Tulipes!

> Est-ce qu'elle habite une maison ou un appartement?

> Elle habite une maison!

> Est-ce qu'elle habite en ville, dans un village, ou à la campagne?

> Elle habite à la campagne!

Attention! **Henri Bertillion** habite au numéro 56, rue de la Résistance. **Il** habite un appartement. **Il** habite dans un village. **Son** numéro de téléphone est le soixante-quatre – vingt-neuf – onze.

Ton ami/amie, parent ou prof écrit les réponses (sans regarder ton livre, bien sûr). Ensuite – vérifie-les.

Your friend, relative or teacher writes down the answers (naturally, without looking at your book). Afterwards, check them.

la fiche – *slip of paper*	le parent – *parent, relative*	le prof < le professeur – *teacher*	inviter – *to invite*
poser – *to put*	la question – *question*	la réponse – *answer*	
sans regarder – *without looking at*		le livre – *book*	vérifier – *to check*

info+

Les habitations en France

~ Pendant la guerre 1914–18: habitations détruites ou inhabitables en France – 927 000. (Pendant la guerre 1939–45 – 1 322 000.)

~ Logements construits: 1911 – 200 000, 1839 – 100 000, 1980 – 410 000, 1989 – 336 000

~ 1962 – seulement 28, 9% des résidences en France ont une baignoire ou une douche. 1990 – 93, 4%. En plus 35% ont le chauffage central à gaz (28% au fuel et 25% électrique).

la guerre – *war*	l'habitation – *home*	détruit – *destroyed*	inhabitable – *uninhabitable*
le logement – *home*	construit – *built*	seulement – *only*	la résidence – *home*
ont < avoir – *to have*	la baignoire – *bath*	la douche – *shower*	au fuel – *oil-fired*

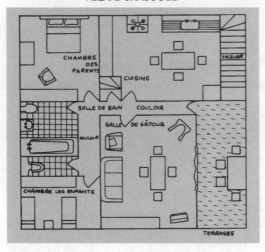

REZ-DE-CHAUSSÉE

CHAMBRE DES PARENTS
CUISINE
ESCALIER
SALLE DE BAIN
COULOIR
SALLE DE SÉJOUR
COULOIR
CHAMBRE LES ENFANTS
TERRASSE

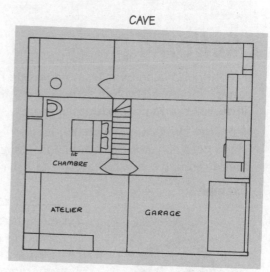

CAVE

LE CHAMBRE
ATELIER
GARAGE

Une maison idéale?

-Nous habitons une maison en ville. Il y a un rez-de-chaussée et une grande cave. Au rez-de-chaussée nous avons d'abord la cuisine, avec une table et des chaises, la cuisinière, bien sûr, le frigo, un évier, et des placards; dans la salle de séjour il y a aussi une table et des chaises, deux fauteuils, un canapé, un buffet, et la télé. Dans la salle de bains il y a une baignoire et une douche, un lavabo et un bidet. Les WC sont à côté. Nous avons aussi une terrasse avec une table et des chaises. Au rez-de-chaussée il y a la chambre de mes parents, avec un grand lit, une petite table, une garderobe et un fauteuil, et la chambre des enfants, avec un petit lit, une garderobe, et une chaise. A la cave il y a une autre chambre – ma chambre à moi, et là-dedans j'ai mon lit, une table, une garderobe, un fauteuil et ma télé. A part ça il y a le garage, et un atelier avec un établi et des placards. En plus il y a la machine à laver, le congélateur et le chauffage central.

//////Action 5!

Voici le plan d'une maison française traditionnelle, avec une description écrite par Sophie Meunier, qui y habite. Copie le plan (mais plus grand!) dans ton Dossier, et écris des étiquettes pour expliquer ce qu'on trouve dans chaque pièce. Ensuite, dessine (ou colle une photo) de ta maison idéale, (ou ton appartement idéal) et dessine le plan. Ecris une description en français.

Here is the plan of a traditional French house, with a description written by Sophie Meunier, who lives there. Copy the plan (but bigger!) in your Dossier, and write labels to explain what is to be found in each room. Next, draw (or stick in a photo) of your ideal house (or your ideal flat) and draw the plan. Write a description in French.

idéal – *ideal*	l'escalier – *stairs*	nous – *we*	habiter – *to live (in)*
avons < avoir – *to have*	la table – *table*	la chaise – *chair*	la cuisinière – *the cooker*
le frigo – *the fridge*	l'évier – *the sink*	le placard – *cupboard*	le fauteuil – *armchair*
le canapé – *settee*	le buffet – *sideboard*	le lavabo – *washbasin*	le bidet – *bidet*
sont < être – *to be*	mes – *my*	le lit – *bed*	la garderobe – *wardrobe*
la sœur – *sister*	là-dedans – *in it*	j'ai < avoir – *to have*	ma – *my*
à part ça – *apart from that*		l'atelier – *workshop*	l'établi – *bench*
la machine à laver – *the washing machine*		le congélateur – *the freezer*	
traditionnel – *traditional*		la description – *description*	écrite – *written*
qui y habite – *who lives there*		expliquer – *to explain*	la pièce – *room*

Talking about homes

J'	habite	en ville.	J'ai	une maison.
Il		à la campagne.	Il a	un appartement.
Elle			Elle a	un jardin.
Nous habitons		dans un village.	Nous avons ..	le chauffage central.

Au rez-de chaussée	..............il y a	la/une cuisine, salle à manger, etc.
A la cave	..............nous avons	le/un garage, balcon, etc.
Au premier étage		les/des chambres, WC, etc.
Dans la cuisine		la/une table, l'/un évier, des chaises, etc.

How to...

- Identify the members of your family
- Give their names and ages
- Say what they look like

Un arbre généalogique

//// **Action 1!**

1 Le fils de mon frère est mon NEVEU. Complète les autres cases en mettant un ces mots suivants:

The son of my brother is my NEPHEW. Complete the other boxes by putting in one of the following words:

FILLE	COUSIN
PETITE-FILLE	PERE
GENDRE	BELLE-MERE
PETIT-FILS	MARI
SŒUR	COUSINE
BELLE-FILLE	ONCLE
BEAU-FRERE	FEMME
NIECE	BEAU-PERE
MERE	GRAND-PERE
BELLE-SŒUR	TANTE
FILS	GRAND'MERE

*
Neveu

LE FILS DE MON FRERE EST MON _ _ _ _ _ _

LA FILLE DE MON ONCLE EST MA _ _ _ _ _ _

LE PERE DE MON ENFANT EST MON _ _ _ _ _ _

LA FILLE DE MA SŒUR EST MA _ _ _ _ _ _

LE FILS DE MA TANTE EST MON _ _ _ _ _ _

LE PERE DE MON MARI EST MON _ _ _ _ _ _

LA MERE DE MON PERE EST MA _ _ _ _ _ _

LE MARI DE MA MERE EST MON _ _ _ _ _ _

LE FILS DE MON PERE EST MON _ _ _ _ _ _

LE PERE DE MA MERE EST MON _ _ _ _ _ _

LA FEMME DE MON PERE EST MA _ _ _ _ _ _

LA FEMME DE MON FILS EST MA _ _ _ _ _ _

LE FILS DE MA FILLE EST MON _ _ _ _ _ _

LA SŒUR DE MON FILS EST MA _ _ _ _ _ _

LA SŒUR DE MON MARI EST MA _ _ _ _ _ _

LA MERE DE MON COUSIN EST MA _ _ _ _ _ _

LE FRERE DE MON PERE EST MON _ _ _ _ _ _

LA MERE DE MON ENFANT EST MA _ _ _ _ _ _

LA MERE DE MON MARI EST MA _ _ _ _ _ _

LA FILLE DE MA MERE EST MA _ _ _ _ _ _

LA FILLE DE MON FILS EST MA _ _ _ _ _ _

LE FRERE DE MA FEMME EST MON _ _ _ _ _ _

LE PETIT-FILS DE MON PERE EST MON _ _ _ _ _ _

LE MARI DE MA FILLE EST MON _ _ _ _ _ _

---

la famille – *family*
de – *of*
en mettant – *by putting*
le gendre – *son-in-law*
le beau-frère – *brother-in-law*
la belle-sœur – *sister-in-law*
la belle-mère – *mother-in-law*
l'oncle – *uncle*
le grand-père – *grandfather*

l'arbre généalogique – *family tree*
le frère – *brother*
la fille – *daughter*
le petit-fils – *grandson*
la nièce – *niece*
le cousin – *(boy) cousin*
le mari – *husband*
la femme – *wife, woman*
la tante – *aunt*

mon, ma – *my*   le fils – *son*
le neveu – *nephew*
la petite-fille – *granddaughter*
la belle-fille – *daughter-in-law*
la mère – *mother*
le père – *father*
la cousine – *(girl) cousin*
le beau-père – *father-in-law*
la grand'mère – *grandmother*

2 Lis le message qui est écrit (verticalement) sous l'étoile (*) Qu'est-ce que ça dit? Ecris-le ici:

Read the message written (vertically) under the star (*) What does it say? Write it here:

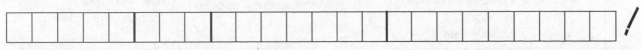 !

---

verticalement – *vertically*   l'étoile – *star*   qu'est-ce que ça dit? – *what does it say?*

//// Action 2!

Parlons un peu de la famille!

Tout le monde parle de la famille ici – ce qu'ils ont comme parents, comment ils s'appellent tous, où ils habitent, quel âge ils ont. Malheureusement, il manque des mots. Est-ce que tu peux les remplacer?

Everybody here is talking about the family – what relatives they have, what they're all called, where they live, how old they are. Unfortunately, some words are missing. Can you replace them?

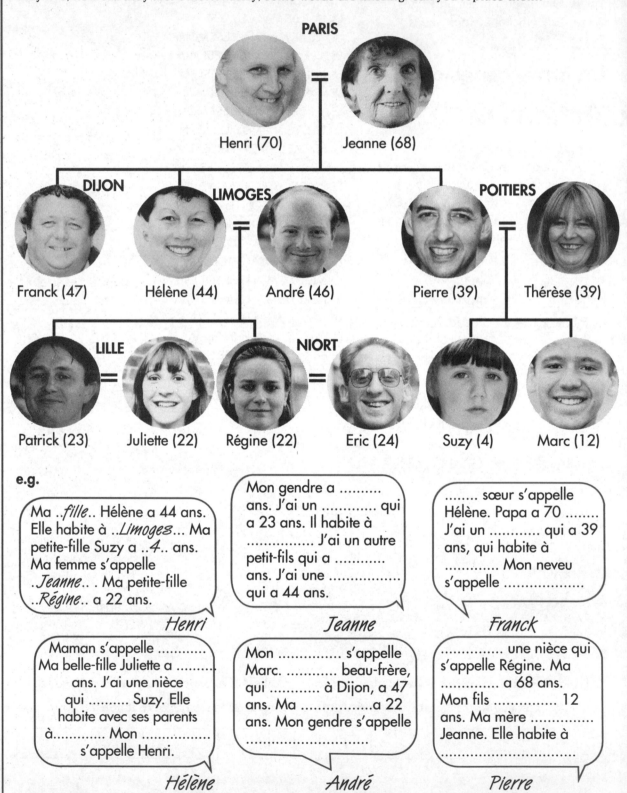

PARIS

Henri (70) = Jeanne (68)

DIJON — **LIMOGES** — **POITIERS**

Franck (47) Hélène (44) = André (46) Pierre (39) = Thérèse (39)

LILLE — **NIORT**

Patrick (23) = Juliette (22) Régine (22) = Eric (24) Suzy (4) Marc (12)

e.g.

Ma ..*fille*.. Hélène a 44 ans. Elle habite à ..*Limoges*... Ma petite-fille Suzy a ..*4*.. ans. Ma femme s'appelle ..*Jeanne*.. . Ma petite-fille ..*Régine*.. a 22 ans.

Henri

Mon gendre a .... ans. J'ai un .... qui a 23 ans. Il habite à .... J'ai un autre petit-fils qui a .... ans. J'ai une .... qui a 44 ans.

Jeanne

.... sœur s'appelle Hélène. Papa a 70 .... J'ai un .... qui a 39 ans, qui habite à .... Mon neveu s'appelle ....

Franck

Maman s'appelle .... Ma belle-fille Juliette a .... ans. J'ai une nièce qui .... Suzy. Elle habite avec ses parents à............ Mon .... s'appelle Henri.

Hélène

Mon .... s'appelle Marc. .... beau-frère, qui .... à Dijon, a 47 ans. Ma ....a 22 ans. Mon gendre s'appelle ....

André

.... une nièce qui s'appelle Régine. Ma .... a 68 ans. Mon fils .... 12 ans. Ma mère .... Jeanne. Elle habite à ....

Pierre

Ma .... Hélène a 44 ans. .... habite à Limoges. Mon .... s'appelle Marc. .... belle-mère a 68 ans. Mon ....a 39 ans.

Thérèse

Mon ....Marc a 12 ans. Mon père s'appelle ....Ma cousine a ...... ans. Ma tante, ... habite à Poitiers, s'appelle ....

Patrick

Ma belle-mère a ...... ans. Mon ...... s'appelle Patrick. Nous habitons à .... Mon beau-père ...... 46 ans. Mon ...... s'appelle Eric.

Juliette

Ma ......, qui a 4 ans, s'appelle .... J'ai un ...... qui a 39 ans. ...... grand-mère a 68 ans. ...... grand-père s'appelle Henri.

Régine

Ma femme a .... ans. Nous .....à Niort. Mon .... s'appelle André. Ma belle-sœur a .... ans. Mon .... a 23 ans.

Eric

...... grand-père s'appelle Henri. .... un frère qui a 12 ans. Nous habitons à Poitiers. J'ai un oncle .... s'appelle Franck. Mon .... a 23 ans.

Suzy

Ma tante, qui habite à ....., s'appelle Hélène. ..... grand-mère a 68 ans. J'ai une ..... , Suzy. ..... s'appelle Thérèse.

Marc

parlons – *let's talk*	tout le monde – *everybody*	parle – *is talking*	ils ont – *they have*
ils s'appellent – *they're called*	tous – *all*	ils habitent – *they live*	
quel âge ils ont – *how old they are*		est-ce que tu peux les remplacer? – *can you replace them?*	

////Action 3!

Dessine ton arbre généalogique. Ajoute des bulles dans lesquelles chaque personne dit quelque chose au sujet de ses parents.

Draw your family tree. Add speech bubbles in which each person says something about his/her relatives.

quelque chose – *something*	au sujet de – *about*

info+

La population de la France

~ Population française: 1453 – 16 600 000; 1990 – 56 536 000 (27 554 000 hommes, 28 982 000 femmes).

~ Poids moyen: hommes – 72,2 kg; femmes – 60,6 kg.

~ Yeux: à Paris 34% des habitants ont les yeux bleus ou gris-bleus, 9% ont les yeux gris, 57% ont les yeux foncés.

~ Cheveux: 1965 – 0,6% des Français ont les cheveux roux. 1975 – seulement 0,3% des Français ont les cheveux roux.

la population – *population*	un homme – *man*	poids moyen – *average weight*
les habitants – *inhabitants*	les yeux bleus – *blue eyes*	gris – *grey*
foncé – *dark-coloured*	les cheveux – *hair*	roux – *red*

▰▰▰▰Action4!

La famille de Jacquot

Neuf membres de la famille de Jacquot parlent. Chacun donne la couleur de ses cheveux, et la couleur de ses yeux. Ecoute la Cassette, et décide qui parle. Dans ton Dossier, écris quelques mots sur chaque personne.

....

Nine members of Jacquot's family are speaking. Each gives the colour of his or her hair and the colour of his or her eyes. Listen to the Cassette and decide who is speaking. In your Dossier, write some words about each person.

Exemple: C'est son oncle qui parle. Il s'appelle Roger. Il a 32 ans et il habite à Montpellier. Il a les cheveux roux et les yeux bleus.

(tante, 46, Strasbourg)

(belle-sœur, 34, Toulouse)

(cousin, 25, Marseille)

(oncle, 54, La Rochelle)

(sœur, 27, Beaune)

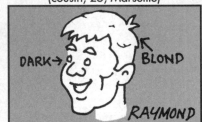
(frère, 15, Paris)

(tante, 60, Saumur)

(oncle, 32, Montpellier)

(beau-frère, 29, Annecy)

le membre – *member*   la couleur – *colour*   son/sa/ses – *his/her*

Talking about the family

Le fils de mon frère ⎱ est... ⎰ mon neveu.
La fille de ma tante ⎰   ⎱ ma nièce.

Mon oncle ⎱ s'appelle ..... ⎰ Franck.   Franck/Il ⎱ a.... ⎰ 47 ⎰ ans.   Il ⎰ habite à ⎰ ... Dijon.
Ma tante ⎰   ⎱ Hélène.   Hélène/Elle ⎰   ⎱ 44 ⎰   Elle ⎰   ⎱ Limoges.

J'ai ⎰ un cousin   qui .... ⎰ s'appelle Marc.
     ⎱ une cousine   ⎱ a 12 ans.
                                         ⎱ habite à Poitiers.

C'est ⎰ son oncle   qui ....parle.
      ⎱ sa tante

J'   ai .... ⎰ les cheveux... ⎰ roux.   J' .... ai ⎰ ...les yeux... ⎰ bleus.
Il   ⎰ a.......... ⎰   ⎰ blonds.   Il ⎰ a   ⎰ gris-bleus.
Elle ⎰   ⎱ noirs.   Elle ⎰   ⎱ foncés.

How to...

- Find places to eat and drink
- Get a snack
- Order a good meal

J'ai faim! Où est-ce qu'on va manger?

Jean-Claude a faim!

//// Action 1!

Où est-ce que Jean-Claude voudrait manger? (Au RESTAURANT? A la CREPERIE?) Autour du jeu, cherche tous les mots différents qui indiquent des endroits où on peut manger et/ou boire. (Fais-en une liste – il y en a 18.) Puis, cherche-les sur le jeu. (Tu n'en trouveras que 17. Lequel manque?) Dans ton Dossier, écris les lettres de l'alphabet non utilisées pour savoir où Jean-Claude voudrait manger.

Where would Jean-Claude like to eat? (At the RESTAURANT? At the CREPERIE?) In the wordsearch, look for all the words for places where you can eat and/or drink. (Make a list of them - there are 18.) Then look for them on the wordsearch. (You'll find only 17. Which one is missing?) In your Dossier, write out the unused letters of the alphabet to find out where Jean-Claude would like to eat.

j'ai faim – *I'm hungry*	la cafétéria – *cafeteria*	le bar – *bar*	la taverne – *tavern*
la sandwicherie – *sandwich bar*	les routiers – *lorry-drivers' restaurant*		manger – *to eat*
la crêperie – *pancake house*	le snack – *snackbar*	le bistro – *café-bar*	le café – *café*
la couscousserie – *couscous restaurant (couscous – a North African dish of steamed, crushed wheat and meat)*			
le restoroute – *roadside restaurant*	la pizzéria – *pizzeria*	la friterie – *chip shop*
le salon de thé – *teashop*	le grill – *grill*	la brasserie – *pub, bar*

▄▄▄▄▄Action 2 !

Au snack

1 Voici (A) le menu d'un petit snack, et (B) un reçu donné à un client qui choisit une pizza, des frites et un citron pressé. Ecoute cinq clients/clientes du snack. Dans ton Dossier, note les plats et les boissons qu'ils choisissent. Ecris un reçu pour chaque client/cliente.

Here are menu (A) of a little snackbar, and (B) a receipt given to a customer who chooses a pizza, French fries and a lemon juice. Listen to five customers at the snackbar. In your Dossier, note down the dishes and drinks that they choose. Write a receipt for each customer.

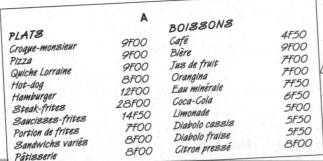

A

PLATS		BOISSONS	
Croque-monsieur	9F00	Café	4F50
Pizza	9F00	Bière	9F00
Quiche Lorraine	9F00	Jus de fruit	7F00
Hot-dog	8F00	Orangina	7F00
Hamburger	12F00	Eau minérale	7F50
Steak-frites	28F00	Coca-Cola	6F50
Saucisses-frites	14F50	Limonade	5F00
Portion de frites	7F00	Diabolo cassis	5F50
Sandwichs variés	8F00	Diabolo fraise	5F50
Pâtisserie	8F00	Citron pressé	8F00

B

pizza
frites
citron pressé

Merci!

9,00
7,00
8,00
24,00

le menu – *menu*	le reçu – *receipt*	le client/la cliente – *customer*	choisir – *to choose*
les frites – *chips*	le citron pressé – *freshly squeezed lemon juice*		le plat – *dish*
la boisson – *drink*	le croque-monsieur – *toasted cheese sandwich with ham*		la portion – *portion*
la quiche Lorraine – *savoury open tart*	un steak-frites – *steak and chips*		varié – *various*
un saucisses-frites – *sausage and chips*	le jus de fruit – *fruit juice*		la pâtisserie – *cake*
le café – *coffee*	l'Orangina – *orange drink*	l'eau minérale – *mineral water*	la limonade – *lemonade*
le diabolo – *lemonade mixed with fruit juice* (cassis – *blackcurrant* fraise – *strawberry*)			

2 Sur douze petites cartes, dessine six des plats sur le menu du snack, et six des boissons. Ecris les prix. Au dos de chaque carte, écris ce que c'est (en français). Un/une partenaire joue le rôle d'un client/une cliente. Toi, tu joues le rôle du serveur/de la serveuse.

On twelve small cards, draw six of the dishes on the snackbar menu, and six of the drinks. Write in the prices. On the back of each card, write what it is (in French). A partner plays the role of a customer, and you play the role of the waiter/waitress.

Serveur: (Qui tient les cartes) Monsieur? (Madame? Mademoiselle?)
Client: Une quiche Lorraine, s'il vous plaît.
Serveur: (Il regarde les images et choisit la bonne carte) Voilà, monsieur. Une quiche Lorraine.
Client: (Vérifie que ça dit 'quiche Lorraine'). Et une limonade.
Serveur: (Choisit la bonne carte) Une limonade. Voilà. Ça fait 14F.

Attention! Si le serveur/la serveuse n'a pas le plat demandé (ou la boisson demandée) il/elle répond: 'Je regrette, je n'ai pas de …' et le client/la cliente en demande un/une autre.

Watch out! If the waiter/waitress doesn't have the dish (or the drink) asked for, he/she answers: 'Je regrette, je n'ai pas de … .' and the customer asks for another one.

la carte – *card*	le dos – *back*	le rôle – *role*	serveur/serveuse – *waiter/waitress*
il/elle tient < tenir – *to hold*	la bonne carte – *the right card*		voilà – *there you are*
ça fait – *that makes*	répondre – *to reply, answer*		regretter – *to be sorry*

Au restaurant

Menu
à 75^F

potage *ou* 6 escargots

les entrées
truite *ou* moules *ou* omelette

les plats principaux
gigot *ou* poulet rôti *ou* biftek

les légumes
haricots verts *ou* petit pois *ou* frites

salade
fromage

les desserts
glace *ou* fruit

COTES DE BUZET
Buzet-sur-Baïse – 477160 DAMAZAN

M. et Mme Martin au restaurant

M. Martin:	Une table pour deux, s'il vous plaît.
Serveur:	Certainement, monsieur 'dame.
M. Martin:	Il y a des menus à quel prix?
Serveur:	A 60F, 75F et à 100F, monsieur.
M. Martin:	On prend le menu à 75F.
Serveur:	Oui, monsieur. Le voilà.
M. Martin:	Qu'est-ce que tu prends pour commencer, toi, Hélène?
Mme Martin:	Je prends du potage.
M. Martin:	Et moi, je prends des escargots. Et comme entrée?
Mme Martin:	Pour moi, une truite, s'il te plaît.
M. Martin:	Moi, je prends une omelette.
Mme Martin:	Et comme plat principal je prends du poulet rôti, avec des haricots verts. Et toi?
M. Martin:	Je prends du biftek.
Mme Martin:	Et qu'est-ce que tu prends comme légumes?
M. Martin:	Avec un biftek? Des frites, bien sûr!
Serveur:	Vous avez choisi?
M. Martin:	Oui. Un potage, des escargots. Une truite, et une omelette. Après ça, du poulet rôti–haricots verts pour la dame, et du biftek–frites pour moi.
Serveur:	Et à boire?
M. Martin:	Une bouteille de vin rouge ordinaire.
M. Martin:	L'addition, s'il vous plaît!
Serveur:	Voilà, monsieur.
M. Martin:	Est-ce que le service est compris?
Serveur:	Ah non, monsieur.

////Action 3!

On holiday in France, Mr. and Mrs. Bowler and their daughter Jane go to a restaurant where a similar menu costs 100F. Mrs. Bowler has snails, followed by trout, and a steak with green beans; Mr. Bowler has soup, mussels, and then leg of lamb with peas; Jane has soup, omelette, followed by roast chicken with chips. They also have a bottle of ordinary white wine (white – blanc). Mr Bowler asks if it's included in the price, but it isn't! Make up the dialogue.

le potage – *soup*	l'escargot – *snail*	la truite – *trout*	les moules – *mussels*
l'omelette – *omelette*	principaux < principal – *main*		le gigot – *leg of lamb*
le poulet rôti – *roast chicken*	le biftek – *beefsteak*	le légume – *vegetable*	les haricots verts – *green beans*
les petits pois – *peas*	la salade – *lettuce*	le dessert – *dessert*	la glace – *ice cream*
le fruit – *fruit*	vont < aller – *to go*	certainement – *certainly*	prendre – *to take*
vous avez choisi? – *have you chosen?*		la dame – *the lady*	boire – *to drink*
la bouteille – *bottle*	rouge – *red*	vin ordinaire – *table wine*	l'addition – *the bill*
le service est compris – *the service is included*			

A table!

LA POMME D'AMOUR
229 8532
RESTAURANT FRANÇAIS

info+

Les repas en France

~ le petit déjeuner: on mange des croissants, du pain, de la confiture et on boit du café, du thé ou du chocolat chaud.
~ le déjeuner (12.00):
on mange des hors d'œuvres, de la viande ou du poisson, des légumes, du fromage, de la salade, un dessert ou un fruit. On boit du vin ou de l'eau minérale
~ le goûter (16.00):
Les enfants mangent un pain au chocolat et boivent une boisson non-alcoolisée.
~ le dîner/le souper (19.00):
comme à midi, mais normalement on mange moins. Au lieu des hors d'œuvres on mange peut-être du potage (de la soupe), avec de la viande froide.

le petit déjeuner – *breakfast*
le croissant – *croissant*
la confiture – *jam*
on boit < boire – *to drink*
le thé – *tea*
le chocolat – *chocolate*
le déjeuner – *lunch*
les hors d'oeuvres – *starters*
le goûter – *snack*
le pain au chocolat – *kind of bun with chocolate inside*
la boisson non-alcoolisée – *soft drink*
le dîner/le souper – *evening meal*
normalement – *normally*
moins – *less* au lieu de – *instead of*
la soupe – *soup*   froid – *cold*

//////Action 4 !

Design and compose a handout in French to advertise a new restaurant: Include the following information in this order: in comfortable and restful surroundings; a pleasant atmosphere; open every day from breakfast to dinner time; fixed-price menus and children's menu; rapid and attentive service; special prices for groups; private rooms for 10–50 people; children's games.

(No meanings of words are given to help you here, but if in doubt, look at the vocabulary on page 178.)

Talking about eating

Qu'est-ce que tu prends pour commencer?
(Comme entrée? Comme plat principal?
 Comme légumes? Comme dessert?)

(Pour moi,)	un hot-dog, ... s'il { te / vous } plaît.	
(Pour la dame,)	le poulet rôti,	
(Je prends)	du fromage,	
(Tu prends)	une pizza,	
(On prend)	la truite,	
	de la salade,	
	des haricots verts,	
	des frites,	
	une bouteille de vin... { rouge, / blanc, }	

Est-ce que { le service est compris?
{ le vin

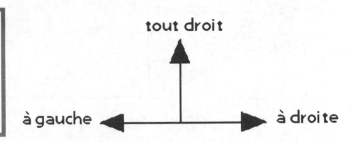

tout droit

à gauche ← → à droite

How to...
- Find your way about a town
- Discover where the places of interest are
- Take the right road

Pour aller au château?

1 Chacun de six touristes est dans une des six rues différentes illustrées ici:
Each of six tourists is in one of the six different streets illustrated here:

Allez tout droit!

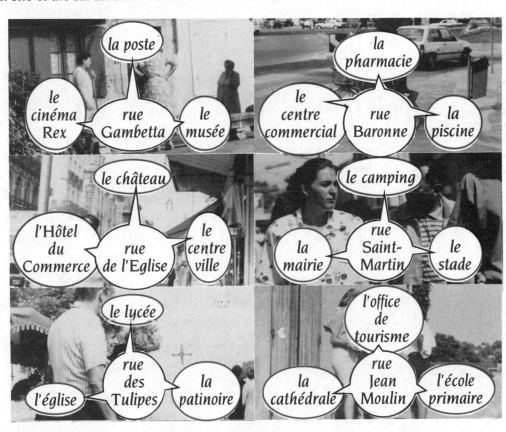

le cinéma Rex · la poste · rue Gambetta · le musée
le centre commercial · la pharmacie · rue Baronne · la piscine
l'Hôtel du Commerce · le château · rue de l'Eglise · le centre ville
la mairie · le camping · rue Saint-Martin · le stade
l'église · le lycée · rue des Tulipes · la patinoire
la cathédrale · l'office de tourisme · rue Jean Moulin · l'école primaire

Action 1!

Chacun pose la question: 'Pardon! Pour aller à ....., s'il vous plaît?' Dans ton Dossier, écris les bonnes réponses. Choisis entre: (a) 'Allez tout droit!' (b) 'Tournez à gauche!' ou (c) 'Tournez à droite!'
Each asks the question: 'Pardon! Pour aller à ...., s'il vous plaît?' In your Dossier, write down the correct answers. Choose between: (a) 'Allez tout droit!' (b) 'Tournez à gauche!' or (c) 'Tournez à droite!'

2 La personne A dit dans quelle rue il/elle est, et demande son chemin. La personne B répond.
Person A says which street it is, and asks his/her way. Person B answers.

Exemples: A: *Je suis dans la rue de l'Eglise. Pour aller au château, s'il vous plaît?*
B: *Allez tout droit.*
A: *Je suis dans la rue Jean Moulin. Pour aller à la cathédrale, s'il vous plaît?*
B: *Tournez à gauche.*

le touriste – *tourist*	différent – *different*	illustré – *illustrated*	pardon – *excuse me*
tout droit – *straight on*	tourner – *to turn*	à gauche – *to the left*	à droite – *to the right*
le château – *castle*	la cathédrale – *cathedral*	le chemin – *way*	je suis < être – *to be*

Demander le chemin

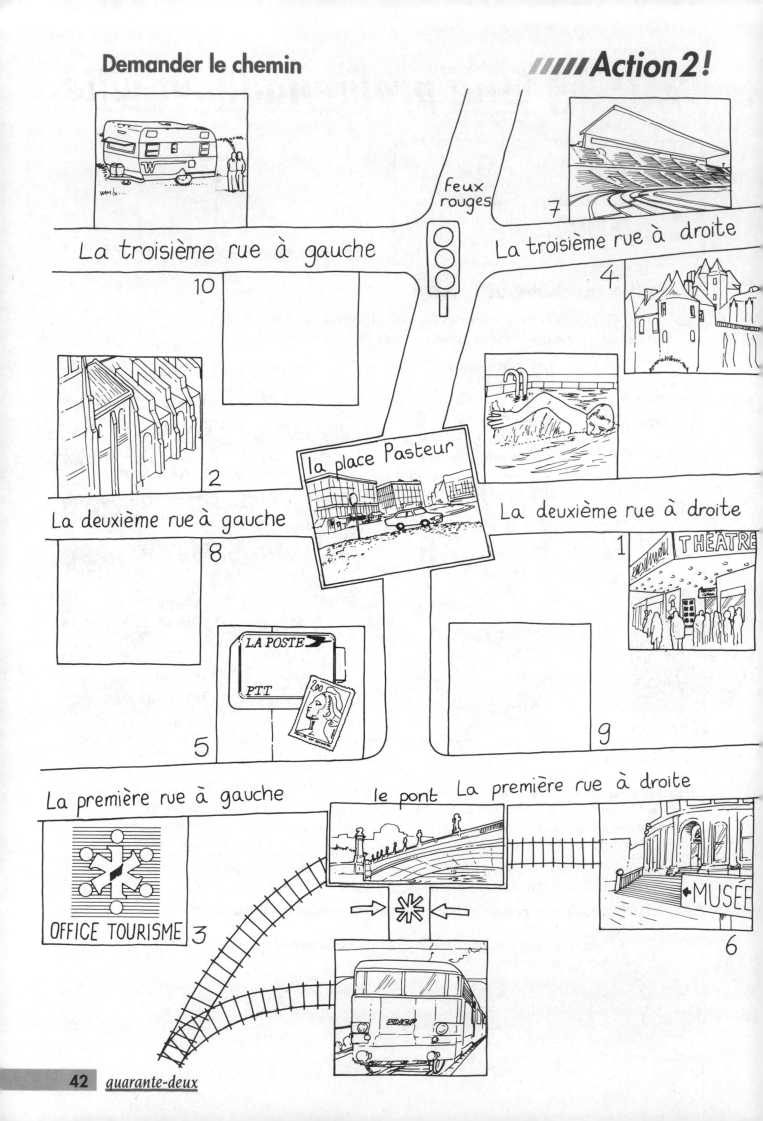

feux rouges

La troisième rue à gauche

La troisième rue à droite

7

10

4

2

la place Pasteur

La deuxième rue à gauche

La deuxième rue à droite

8

1   THÉÂTRE

LA POSTE

PTT   2,00

5   9

La première rue à gauche   le pont   La première rue à droite

OFFICE TOURISME 3   MUSÉE

SNCF   6

Deux façons d'indiquer le chemin. (On est devant la gare.)

Two ways of indicating the way. (You're in front of the railway station.)

FAÇON A

Pour aller au camping, s'il vous plaît?

Allez tout droit. Prenez la troisième rue à gauche. Le camping est sur votre droite.

QUESTION   RÉPONSE

1 Quelles questions poses-tu pour demander le chemin pour aller aux numéros 1–3 sur le plan? Quelles sont les réponses?

What questions do you use to ask the way to numbers 1–3 on the map? What are the answers?

FAÇON B

Pour aller à la piscine, s'il vous plaît?

Allez tout droit. A la place pasteur, tournez à droit. La piscine est sur votre gauche.

QUESTION   RÉPONSE

2 Quelles questions poses-tu pour demander le chemin pour aller aux numéros 4–7? Quelles sont les réponses?
Attention! **Aux** feux rouges; **à la** place Pasteur; **après** le pont.

What questions do you use to ask the way to go to numbers 4–7? What are the answers?
Watch out! **Aux** feux rouges; **à la** place Pasteur; **après** le pont.

3 Dans les cases 8–10, dessine des symboles pour indiquer d'autres endroits. Invente des conversations pour demander et expliquer le chemin.

In boxes 8–10, draw symbols to indicate some other places. Make up conversations to ask and give directions.

4 Avec un(e) partenaire, discutez le chemin aux endroits indiqués sur le plan.
Attention! Prenez/prends; allez/va; tournez/tourne; votre droite/ta droite.

With a partner, discuss the way to the places shown on the plan.
Watch out! Prenez/prends; allez/va; tournez/ tourne; votre droite/ta droite.

---

la façon – *way, method*   les feux rouges – *traffic lights*   la place – *square*   le pont – *bridge*
la première/deuxième/troisième rue – *first/second/third street*
devant – *in front of*   le symbole – *symbol*   l'endroit – *place*   discuter – *to discuss*

---

info+

Pour aller de ville en ville, on a le choix:

AUTOROUTE ~ L'autoroute. Attention!
En France c'est payant!

D84 ~ La route Départementale.
(Plus tranquille que la route Nationale)

N16 ~ La route Nationale.
(Les grandes routes)

C1 ~ Le chemin communal.
(Les petits chemins de campagne)

l'autoroute – *motorway*   c'est payant – *you have to pay*   la route – *road*   la rue – *street*

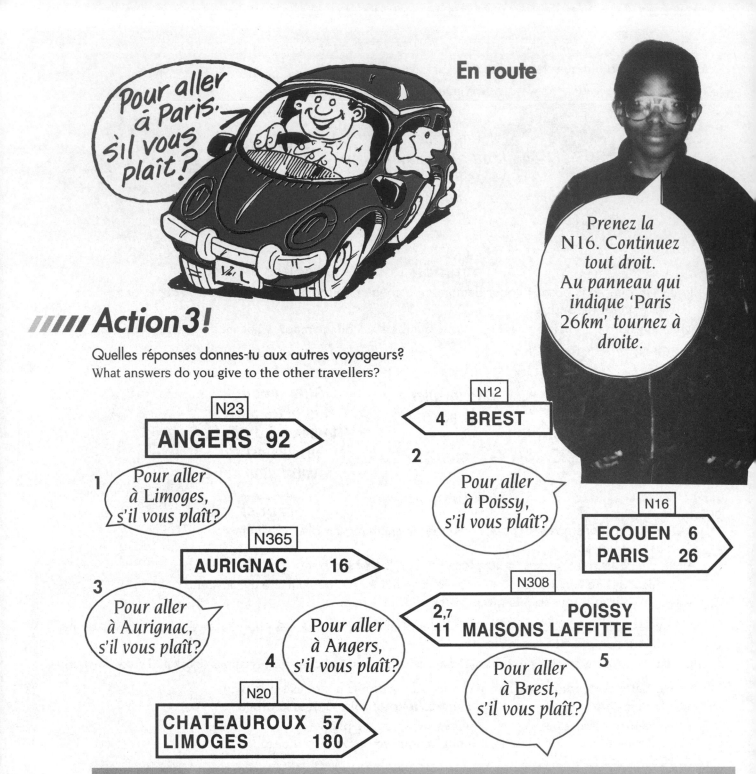

En route

Pour aller à Paris, s'il vous plaît?

Prenez la N16. Continuez tout droit. Au panneau qui indique 'Paris 26km' tournez à droite.

▗▘▘▘ Action 3!

Quelles réponses donnes-tu aux autres voyageurs?
What answers do you give to the other travellers?

N23
ANGERS 92

N12
4 BREST

1 *Pour aller à Limoges, s'il vous plaît?*

2 *Pour aller à Poissy, s'il vous plaît?*

N16
ECOUEN 6
PARIS 26

N365
AURIGNAC 16

3 *Pour aller à Aurignac, s'il vous plaît?*

N308
2,7   POISSY
11 MAISONS LAFFITTE

4 *Pour aller à Angers, s'il vous plaît?*

5 *Pour aller à Brest, s'il vous plaît?*

N20
CHATEAUROUX 57
LIMOGES 180

continuer – *to continue*   le voyageur – *traveller*

Finding the way

Pour aller { au château/à la piscine/à l'église, ... s'il { vous plaît?
{ à Paris   { te

Allez/va   } .... tout droit.
Continuez/continue }

Prenez/prends { la première/deuxième/troisième rue à gauche/droite.
{ la N10

Après le pont
A la place Pasteur   } .... tournez/tourne à gauche/droite.
Aux feux rouges
Au panneau qui indique …

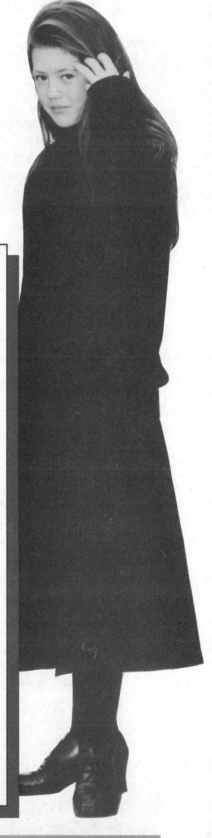

How to...

- Prove you understand and speak French
  - by drawing Cathy's house
  - by making and playing a game
  - by making a meal
  - by doing some puzzles

▰▰▰▰ Action 1!

La maison de Cathy

Cathy habite à Pompiey, un village dans le sud-ouest de la France.
Lis sa description de sa maison.

Cathy lives in Pompiey, a village in the south-west of France.
Read her description of her house.

> ### Ma maison (227 mots)
>
> C'est une petite maison. Elle est peinte en blanc avec des volets verts. Une porte marron est entre les deux fenêtres. Il n'y a pas d'étage.
>
> En entrant dans la maison se trouve une grande table avec cinq chaises autour. A droite se trouve un grand placard où il y a une radio. A côté se trouve notre télévision et ensuite un grand canapé. C'est la salle à manger.
>
> A gauche se trouve la cuisine, il y a des carreaux oranges et bleus où est accroché un calendrier. Il y a deux chaises, l'une à côté de l'autre. A gauche des chaises il y a le gaz et la cuisinière, à côté la machine à laver, et à côté l'évier et le chauffeau pour l'eau chaude. En face, le frigo et un grand placard.
>
> Derrière se trouve la salle de bain, où il y a la douche et la baignoire.
>
> Tout droit se trouve la chambre de mon frère, où sont placés son lit, son bureau pour faire les devoirs et son armoire.
>
> A gauche, ma chambre, où sont placés deux lits, mon armoire, ma glace, mes posters, mon bureau et ma radio. Ensuite, à gauche, la chambre de mes parents, où il y a un très grand lit avec une armoire et un grand bureau.
>
> Il y a beaucoup de cadres, car mon père peint souvent.

Dans ton Dossier, fais des dessins coloriés de la maison de Cathy.

In your Dossier, do coloured drawings of Cathy's house.

peinte < peindre – *to paint*	le volet – *shutter*	vert – *green*	la porte – *door*
marron – *brown*	la fenêtre – *window*	rentrer – *to go in*	autour – *around it*
la radio – *radio*	le carreau – *tile*	orange – *orange-coloured*	
accroché < accrocher – *to hang*	le calendrier – *calendar*	le chauffeau – *water-heater*	l'eau – *water*
en face – *opposite*	derrière – *behind*	placé < placer – *to place*	le bureau – *desk*
les devoirs – *homework*	l'armoire – *cupboard*	la glace – *mirror*	le poster – *poster*
très – *very*	le cadre – *picture frame*	car – *as*	souvent – *often*
colorié < colorier – *colour*			

Une recette – chou-fleur au gratin

///// Action 2!

Ingrédients:	Ustensiles:
un chou-fleur	une grande casserole
30g de margarine	une petite casserole
30g de farine	un couteau
1/2 litre de lait	une cuiller
50g de fromage	une passoire
sel	un plat à feu
poivre	une râpe à fromage

l'ingrédient – *ingredient*   le chou-fleur – *cauliflower*
la margarine – *margarine*   le sel – *salt*
le poivre – *pepper*   l'ustensile – *utensil*
la casserole – *saucepan*   le couteau – *knife*
la cuiller – *spoon*   la passoire – *colander*
le plat à feu – *fireproof dish*
la râpe à fromage – *cheese-grater*

1 Le chou-fleur:

Enlevez les feuilles vertes. Séparez le chou-fleur en morceaux. Lavez-les. Mettez-les dans de l'eau bouillante dans la grande casserole. Laissez bouillir pendant 20 minutes.

enlever – *to remove*   la feuille – *leaf*
séparer – *to separate*   le morceau – *piece*
laver – *to wash*   mettre – *to put*
bouillant – *boiling,* < bouillir – *to boil*
la minute – *minute*

2 La sauce:

Râpez le fromage. Dans la petite casserole, faites fondre la margarine sur feu doux. Ajoutez-y la farine. Délayez. Quand le mélange est mousseux, ajoutez-y le lait. Mélangez. Salez et poivrez. Laissez cuire sur feu doux pendant 10 minutes. Quand le mélange est épais, enlevez la casserole du feu, et ajoutez-y 25g du fromage. Délayez.

la sauce – *sauce*   râper – *to grate*
faites fondre – *melt*   un feu doux – *low heat*
délayer – *to mix, stir*   quand – *when*
mousseux – *frothy*   mélanger – *to mix*
salez – *add salt*   poivrez – *add pepper*
laisser – *to let*   cuire – *to cook*
le mélange – *mixture*   épais – *thick*

3 Le plat:

Allumez le grilloir. Egouttez le chou-fleur dans la passoire. Mettez-le dans le plat à feu. Ajoutez-y la sauce. Parsemez du reste du fromage. Mettez le plat sous le grilloir pour dix minutes.

allumer – *to light*   le grilloir – *grill*
égoutter – *to strain*   parsemer – *to sprinkle*
le reste – *remainder*

Le jeu de Rachid

1 Chaque joueur découpe
huit morceaux de papier (2 cm x 3 cm).

Each player cuts out eight pieces of paper (2 cm x 3 cm).

2 Sur chaque morceau il/elle écrit un des mots suivants:

On each piece he/she writes one of the following words:

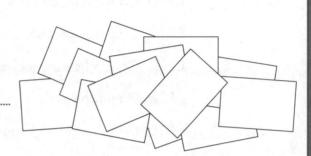

3 Tous les joueurs retournent leurs morceaux de
papier sur la table, et ils/elles les mélangent avec
les morceaux de papier des autres joueurs.

All the players turn the pieces of paper over on the
table, and they mix them up with the other players'
pieces of paper.

4 Chaque joueur à son tour prend un morceau de papier, le retourne, et le pose devant lui/elle.

Each player in turn takes a piece of paper, turns it over, and places it in front of him/her.

5 Les joueurs essayent de faire, avec les morceaux de papier, la phrase,
BONJOUR JE M'APPELLE RACHID ET J'AI DOUZE ANS.
Le premier joueur qui le fait, gagne.

The players try to make, with the pieces of paper,
the sentence,
BONJOUR JE M'APPELLE RACHID ET J'AI DOUZE ANS.
The first person who does it, wins.

| BONJOUR | JE | M'APPFILE | RACHID |
| ET | J'AI | DOUZE | ANS |

Tu as gagné!

6 Attention! Si tu prends
un morceau de papier avec un mot
que tu as déjà,
tu le remets sur la table et
tu passes ton tour.

Watch out! If you take a piece of paper
showing a word you already have, you
must put it back on the table and you
miss your turn.

le joueur – *player*	le papier – *paper*	à son tour – *in turn*	retourner – *to turn over*
lui – *him*	elle – *her*	essayer – *to try*	faire – *to make, do*
que – *which, that*	déjà – *already*	remets < remettre – *to put back*	passer – *to miss*

∎∎∎∎ Action 4!

Où est-ce qu'on fait ça?

BIJOUTERIE	On y achète des bijoux.
B _ _ _ _ ERIE	On y achète de la viande.
B _ _ _ _ _ _ ERIE	On y achète du pain.
BRASSERIE	On y boit et on y mange.
B _ _ _ _ ERIE	On y lave.
C _ _ _ _ _ _ _ ERIE	On y achète de la charcuterie.
C _ _ _ _ _ _ _ _ ERIE	On y mange du couscous.
C _ _ _ ERIE	On y mange des crêpes.
E _ _ _ ERIE	On y achète de quoi manger.
F _ _ _ ERIE	On y achète des frites.
G _ _ _ _ _ _ ERIE	On y trouve les gendarmes.
H _ _ _ _ _ ERIE	On y trouve des horloges.
P _ _ _ _ _ ERIE	On y achète du parfum.
P _ _ _ _ _ ERIE	On y achète des pâtisseries.
P _ _ _ _ _ _ _ ERIE	On y achète du poisson.
S _ _ _ _ _ _ _ ERIE	On y achète des sandwichs.

y – *there*   la charcuterie – *cooked pork meats*
la crêpe – *pancake*   de quoi – *something*
le gendarme – *policeman*   l'horloge – *clock*
le parfum – *perfume*

∎∎∎∎ Action 5!

Vite!

Essaie de répéter chaque phrase plusieurs fois – le plus vite possible!

Try to repeat each sentence a few times – as quickly as possible!

1 Ton thé t'a-t-il ôté ta toux?
   Mon thé m'a bien ôté
   ma toux!

2 Bonjour, madame
   Sans-Souci, combien ces
   six saucissons-ci?
   Six sous ces six saucissons-ci?
   Six sous-ci? Six sous ça?
   Six sous ces six saucissons-là?
   C'est trop cher!

3 Ces cyprés sont si loin qu'on
   ne sait pas si c'en sont.

4 Chasseur, sachez chasser sans
   chien!

5 Fruit cru, fruit cuit, fruit frais.

6 Didon dîna, dit-on,
   du gras du dos d'un gras
   dodu dindon.

répéter – *to repeat*
le plus vite possible – *as quickly as possible*

info+

~ langues parlées au monde: 2 500 à 3 500.

~ langues parlées par plus de 50 000 000 personnes:
1 – chinois 2 – anglais 3 – hindi 4 – espagnol 5 – russe 6 – arabe 7 – bengali
8 – portugais 9 – malais 10 – japonais 11 – français 12 – allemand

~ nombre de gens qui parlent français au monde: 175 000 000.

| la langue – *language* | le monde – *world* | par – *by* | plus de – *more than* |
| chinois – *Chinese* | portugais – *Portugese* | japonais – *Japanese* | le nombre – *number* |

∎∎ SECTION ROUGE FIN ∎∎

SECTION BLEUE

UNITE 11 — *Les routines*

How to...
● Tell the time
● Describe what you do on a school day
● Say what you do at weekends – depending on the weather
● Talk about things you're less keen on

/////Action 1!

Quelle heure est-il?

Ecoute la Cassette. Sept personnes demandent 'quelle heure est-il?' Ecoute les réponses, et décide où chaque personne se trouve. Ecris-le dans ton Dossier.

e.g. 1 Onze heures et demie   B à la gare routière.

Il est une heure

Il est trois heures

Il est cinq heures dix

Il est sept heures et quart

Il est neuf heures et demie

Il est dix heures moins vingt

Il est onze heures moins le quart

Il est midi/minuit

A Au centre de Préchac
B A la gare routière
C Au bord de la mer
D Devant la mairie
E Dans la salle à manger
G Dans la place Colbert
F Devant la gare St. Jean

la routine – *routine*
la gare routière – *bus station*

quelle heure est-il? – *what time is it?*
au bord de la mer – *at the seaside*

////Action 2!

La routine de Paul

Paul fait ces neuf choses dans la journée. Malheureusement tout est dans le désordre. Bien sûr que sa journée commence en réalité par G: A sept heures il se lève.... Est-ce que tu peux mettre dans l'ordre qu'il faut?

A A cinq heures et demie
il rentre chez lui.

B A huit heures et quart
il quitte la maison.

C A huit heures
il regarde la télévision.

D A six heures
il fait ses devoirs.

E A sept heures et demie
il prend le petit déjeuner.

F A dix heures
il se couche.

G A sept heures il se lève.
Il se lave et il s'habille.

H De neuf heures moins le
quart jusqu'à cinq heures
il travaille à l'école.

I A sept heures
il soupe avec la famille.

la routine – *routine*	le désordre – *wrong order*	en réalité – *in reality*
se lever – *to get up*	l'ordre – *right order*	rentrer – *to go home*
se coucher – *to go to bed*	se laver – *to get washed*	s'habiller – *to get dressed*
jusqu'à – *until*	travailler – *to work*	souper – *to have the evening meal*

////Action 3!

Ma journée à moi

Ecris un récit de ta journée à toi. (N'oublie pas de changer les heures!) Attention! Il **se** lève mais je **me** lève; il **fait** mais je **fais**.

A SEPT HEURES ET
DEMIE JE ME LÈVE...

le récit – *account*	oublier – *to forget*	changer – *to change*

////Action 4!

Et le week-end?

Ça dépend!
Est-ce qu'il fait beau – ou non? Quand il fait beau, grand-père va à la pêche. Et les autres, qu'est-ce qu'ils font tous? Et quand il ne fait pas beau? Complète les phrases dans les cases en écrivant un des verbes suivants: **allons**; **écoutons**; **fais**; **fait**; **font**; **jouent**; **regarde**; **va**; **va**; **va**. Ensuite, écris les phrases complètes dans ton Dossier.

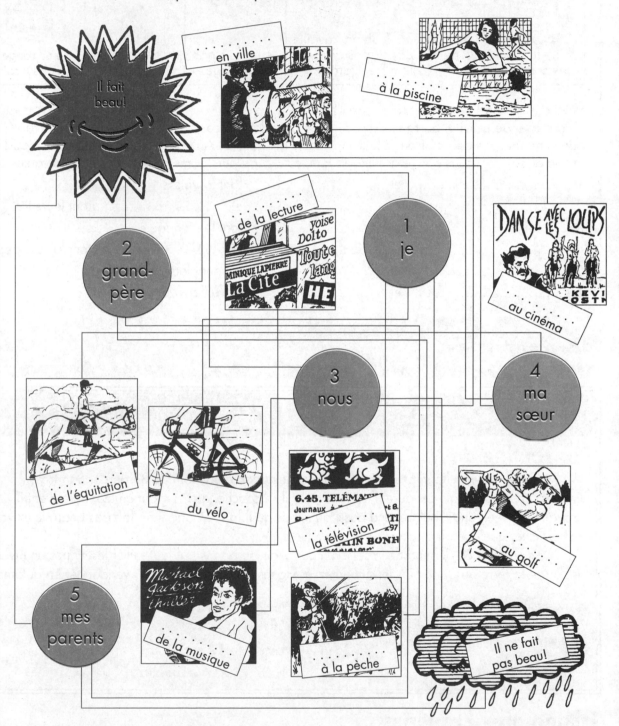

Il fait beau!

..... en ville

..... à la piscine

2 grand-père

..... de la lecture

1 je

..... au cinéma

3 nous

4 ma sœur

..... de l'équitation

..... du vélo

..... la télévision

..... au golf

5 mes parents

..... de la musique

..... à la pêche

Il ne fait pas beau!

Qu'est-ce que tu fais toi le week-end a) quand il fait beau et b) quand il ne fait pas beau?

⫻⫻⫻⫻⫻Action5!

Je ne fais pas ça!

Je fais les courses.	Je fais la vaisselle.	Je travaille dans le jardin.	Je fais le ménage.	Je fais mon lit.	Je range mes habits.
Je ne fais pas les courses.	Je ne fais pas la vaisselle.	Je ne travaille pas dans le jardin.	Je ne fais pas le ménage.	Je ne fais pas mon lit.	Je ne range pas mes habits.

Voici des activités peut-être moins agréables!
1 Pour chaque activité, barre une des deux phrases dans la case, pour indiquer ce que tu fais/ce que tu ne fais pas à la maison. 2 Ensuite, écoute la Cassette. Anthony, Caroline, Bernard, Hafid et Estelle disent lesquelles de ces activités ils font, eux. Ecris leurs noms dans les phrases suivantes:

1 .... et .... font la vaisselle.
2 ...., ... et .... font leurs lits.
3 .... et .... font le ménage.
4 ...., ... et .... font les courses.
5 .... et .... rangent leurs habits.
6 .... et .... travaillent dans le jardin.

la vaisselle – *washing up*   le ménage – *housework*   ranger – *to put away*   les habits – *clothes*
l'activité – *activity*   agréable – *pleasant*   barrer – *to cross out*   à la maison – *at home*   eux – *them*

info+

La routine de M. Tarrit

~ M. Tarrit est viticulteur, propriétaire d'un petit vignoble pas loin de Bergerac. Son travail impose une routine qui est dure: il se lève tôt et il se couche tard, surtout en été, et souvent il travaille le week-end. Tout dépend aussi du temps qu'il fait. Quand il ne fait pas beau, le travail est difficile, quelquefois impossible.
~ Mais en plus, ça dépend de la saison. Pour avoir du bon vin, il faut tailler les vignes en hiver, labourer la terre au printemps, et sulphater les vignes en été pour pouvoir vendanger en automne.

le viticulteur – *wine-grower*   le vignoble – *vineyard*   pas loin de – *not far from*   le travail – *work*
imposer – *to impose*   dur – *hard*   surtout – *above all*   l'été – *summer*
le temps – *weather*   quelquefois – *sometimes*   il faut – *it's necessary to*   tailler – *to prune*
la vigne – *vine*   l'hiver – *winter*   labourer – *to plough*   le printemps – *spring*
sulphater – *to treat*   pouvoir – *to be able to*   vendanger – *to pick the grapes*   l'automne – *autumn*

Talking about routines

A huit heures .... Quand il (ne) fait (pas) beau .... A la maison ....

| je travaille /je vais |
| il travaille /il va | .... en ville
| nous travaillons /nous allons |
| ils travaillent /ils vont |

| je fais |
| il fait | .... le ménage
| nous faisons |
| ils font |

UNITE 12　Les gens CIRQUE

How to...

- Describe people
  - their faces
  - their figures
  - their characters

////Action 1!

Coco et Jacquot

1 Voici Coco le clown. Colorie son visage:
le nez en **rouge**, les yeux en **bleu**, les cheveux
en **jaune**, la bouche en **vert**, et les oreilles en
noir. Laisse le reste de son visage **blanc**.

2 Complète cette description de Coco en
écrivant les mots pour les couleurs.
Voici Coco le clown.

Il a le visage ...., le nez ....,

les yeux ....s, les cheveux ....s,

la bouche ....e, et les oreilles ....es.

3 Ecoute la description
de Jacquot. Note les couleurs.
Colorie-le. Complète cette
description.

Voici Jacquot le clown.

Il a le visage ....,

le nez ....,

les yeux ....s,

les cheveux ....s,

la bouche ....,

et les oreilles ....hes.

le cirque – *circus*	le clown – *clown*	le visage – *face*	le nez – *nose*	jaune – *yellow*
la bouche – *mouth*	vert – *green*	l'oreille – *ear*	noir – *black*	

Qui est-ce sur ces photos?

▟▟▟▟Action 2!

Tout ce qu'on sait au sujet des gens sur ces photos c'est que:

Mlle Arnaud est grosse et petite; M. Arouche est petit et mince; Mme Barquin est jeune et grande; M. Chabrol est grand et mince; M. Dalbin est vieux et gros; M. Ducasse est grand et beau; Henri Ducros est gros et jeune; Valérie Escolle est belle et petite; Roger Faval est jeune et beau; Mlle Fournier est petite et mince; Mme Marchand est belle et grande; et Mme Perrier est vieille et mince.

Ecris le nom de chaque personne sous sa photo.

on sait < savoir – *to know*	gros/grosse – *fat*	mince – *thin*
vieux/vieille – *old*	beau/belle – *good-looking, handsome, beautiful*	

Et quoi encore?

Ce monsieur a
les cheveux longs

Cette dame a
les cheveux courts

Ce monsieur
est chauve

Ce monsieur
a une grande bouche

Cette dame a
les cheveux frisés

Cette dame a
un petit nez

Ce monsieur a
une barbe et
une moustache

Ce monsieur a
des lunettes

//// Action 3!

Cette dame est assez grande et très mince.
En plus, elle est jeune et belle. Elle a les
cheveux courts et les yeux bleus. Elle a de
petites oreilles, mais un long nez et une
grande bouche.

Dans ton Dossier, colle des photos
découpées de magazines. Ecris des
descriptions des gens.

quoi encore? – *what else?*	le monsieur – *gentleman*	long – *long*	court – *short*
frisé – *curly*	chauve – *bald*	la barbe – *beard*	la moustache – *moustache*
les lunettes – *glasses*	assez – *fairly*	le magazine – *magazine*	

info+

Comment sont les Français?

~ Dans le nord ils sont grands; ils ont les cheveux clairs et les yeux clairs.

~ Dans l'est ils sont grands; ils ont les cheveux foncés et les yeux foncés.

~ Dans le sud ils sont petits; ils ont les cheveux foncés et les yeux foncés.

~ Les Bretons sont petits; ils ont les cheveux clairs et les yeux clairs.

~ Les Basques sont grands; ils ont les cheveux très foncés et les yeux clairs.

~ Dans la région de la Méditerranée ils ont une stature moyenne; ils ont les cheveux très foncés et les yeux très foncés.

comment sont-ils? –
what are they like?
clair – *light-coloured*
les Bretons –
inhabitants of Britanny
les Basques – *inhabitants of the Basque region (south-west of France and north-west of Spain)*
la région – *region*
la Méditerranée –
Mediterranean
une stature moyenne –
medium height

La famille de Jacqueline

Jacqueline choisit un seul mot pour décrire chaque membre de sa famille. Ecoute-la, et joins chaque personne dans la liste A avec le mot choisi de la liste B par Jacqueline.

A	B
Ma mère est	patient
Mon père est	patiente
Mon frère Louis est	impatient
Ma sœur Nicole est.......................	impatiente
Mon frère René est......................	travailleur
Mon grand-père est	travailleuse
Ma grand-mère est	paresseux
Mon oncle Pierre est......................	paresseuse
Ma tante Odile est	intelligent
Ma cousine Gaby est	intelligente
Mon cousin Jean est......................	modeste
Mon cousin Marc est.................	stupide

seul – *single*   joindre – *to join*   patient – *patient*
impatient – *impatient*   travailleur – *hard-working*   paresseux – *lazy*
intelligent – *intelligent*   modeste – *modest*   stupide – *stupid*

//// **Action 5!**

Monsieur Belhomme

Sépare les mots et remets les signes de ponctuation pour déchiffrer ce que dit M. Belhomme en réalité. Ecris-le dans ton Dossier. Dessine M. Belhomme.

jesuisassezpetitettrèsgrosjesuischauvejaiunœilfoncé
etunœilbleujaiunegrandeoreilleetunepetiteoreilleavecun
longnezjesuistresvieuxettrèstrèsbeaujesuisintelligent
patientettravailleurjesuissurtouttrèsmodeste

les signes de ponctuation – *punctuation marks*
déchiffrer – *to make out*

Describing people

J'ai .... les cheveux .... { blonds/noirs/roux.
{ longs/courts/frisés.

Il/elle a .... { les yeux foncés/clairs/bleus/gris-bleus.
{ une petite/grande bouche.
{ un petit/gros/long nez.
{ de grandes/petites oreilles.
{ des lunettes/une moustache/une barbe.

Il } est .... { grand/petit/beau/vieux/jeune/gros/mince.
Elle } { grande/petite/belle/vieille/jeune/grosse/mince.

Je suis grand(e)/petit(e), etc.

En route

How to...

- Talk about travelling
  - getting to school
  - looking at timetables
  - going by train

en mobylette

en car

en vélo

en voiture

à pied

////Action 1!

La route de l'école

Mme Castagné pose deux questions aux élèves de sa classe: (a) 'Comment est-ce que tu viens à l'école?' et
(b) 'Combien de temps est-ce que tu mets?'
Cathy répond (a) 'En car', et (b) '25 minutes'.
1 Ecoute la Cassette, et écris le nom de chaque élève dans la bonne case pour montrer comment il/elle vient à l'école. Ajoute le temps qu'il/elle met. Voici les noms des élèves: Anthony, Cathy, Christelle, Christine, Christophe, Cornet, Cyril, Eric, Farid, Hafid, Johan, Mohammed, Norbert, Rachid, Sabine et Sophie.

2 Complète les phrases suivantes:

1 .... élèves viennent à l'école en car.

2 .... élèves viennent à l'école en mobylette.

3 .... élèves viennent à l'école en vélo.

4 .... élèves viennent à l'école en voiture.

5 .... élèves viennent à l'école à pied.

6 .... élèves mettent entre deux et dix minutes.

7 .... élèves mettent entre onze et trente minutes.

8 Eric met ....

Et moi, je vais à l'école .... Je mets......................... minutes.

en route – *on the way*	vient, viens < venir – *to come*	la mobylette – *moped*
à pied – *on foot*	elle met dix minutes – *she takes ten minutes*	le temps – *time*

A quelle heure?

AEROPORT TOULOUSE-BLAGNAC

Départs Destination	Heures
Barcelone	7h30
Londres	8h40
Montréal	11h15
Manchester	13h30
Paris-Orly	15h45
Genève	16h10
Madrid	17h35
Nantes	18h30
Bordeaux	19h25
Lyon	21h15

un avion

Calais-Douvres

Départs	Arrivées
10.30	13.00
11.15	13.45
11.45	14.15
13.00	15.30
14.15	16.45
15.30	18.00
16.30	19.00
16.45	19.15
18.00	20.30
19.15	21.45

un bateau

Horaire SNCF
Paris - Toulouse

DU 27 Mai AU 29 S...

un train

Paris-Austerlitz	09.20	16.06	22.18
Orléans	10.18	17.01	23.27
Vierzon	10.59	17.36	00.07
Châteauroux	11.30	18.08	00.52
Limoges	12.47	19.18	02.12
Brive	14.01	20.26	04.26
Souillac	14.27	20.51	04.54
Gourdon	14.43	21.06	05.11
Cahors	15.09	21.33	05.40
Caussade	15.40	22.01	06.11
Montauban	16.00	22.17	06.31
Toulouse	16.31	22.47	07.03

HORAIRE des CARS
LA ROCHELLE - FOURAS - ROCHEFORT ROYAN

un car

La Rochelle	10.32	14.27	17.12
Châtellaillon	10.53	14.50	17.35
Trois Canons	11.03	14.57	17.42
Fouras	11.24	15.20	.. ..
Rochefort	11.50	15.50	18.08

///// Action 2!

A quelle heure part le prochain?

Il est midi.
Le prochain avion de Toulouse à Genève part à seize heures dix.
Le prochain bateau de Calais à Douvres part à treize heures.
Le prochain car de La Rochelle à Rochefort part à quatorze heures vingt-sept.
Le prochain train de Paris à Toulouse part à seize heures six.

Complète les phrases suivantes:

1 Il y a un .... qui part à dix heures trente-deux.
2 Il y a un .... qui part à dix-huit heures trente.
3 Il y a un .... qui part à quinze heures trente.
4 Il y a un .... qui part à neuf heures vingt.

Il est quinze heures.
5 A quelle heure part le prochain car de La Rochelle à Rochefort?
6 A quelle heure part le prochain bateau de Calais à Douvres?
7 A quelle heure part le prochain avion de Toulouse à Bordeaux?
8 A quelle heure part le prochain train de Paris à Toulouse?

l'aéroport – *airport*	le départ – *departure*	la destination – *destination*	l'avion – *plane* l'arrivée – *arrival*
le bateau – *boat*	l'horaire – *timetable*	le train – *train*	part < partir – *to leave*

On prend le train

Voici un billet de chemin de fer.
C'est un aller simple pour un adulte qui voyage
de Cherbourg à Bayeux en deuxième classe.

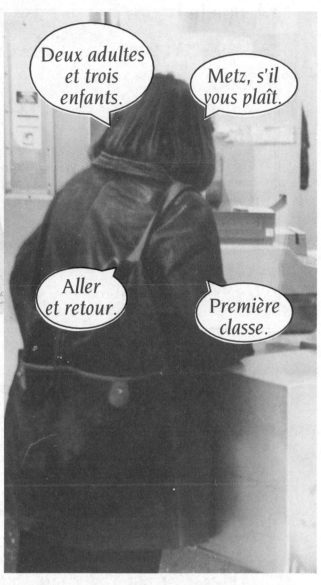

> Deux adultes
> et trois
> enfants.

> Metz, s'il
> vous plaît.

> Aller
> et retour.

> Première
> classe.

La dame au guichet demande un billet aller et
retour pour deux adultes et trois enfants pour le
voyage de Toulouse à Metz en première classe.

//// Action 3!

Des voyageurs britanniques veulent prendre leurs billets: malheureusement, ils ne parlent pas français.
Qu'est-ce qu'ils doivent demander?

> Dijon.
> 1 *adult.*
> 2 *children.*
> Single.
> Second class.

2 MRS GRACE

> Marseille.
> 4 *adults.*
> 3 *children.*
> Return.
> Second class.

4 MISS OWENS

> Grenoble.
> 5 *adults.*
> 4 *children.*
> Return.
> Second class.

1 MR JENKINS

> Lille.
> 3 *adults.*
> 1 *child.*
> Return.
> Second class.

3 HARRY LAMB

> Besançon.
> 2 *adults.*
> No *children.*
> Single.
> First class.

5 JANE PEEL

le billet – *ticket*	le chemin de fer – *railway*	aller simple – *single ticket*
l'adulte – *adult*	voyager – *to travel*	la classe – *class*
le guichet – *ticket office*	aller et retour – *return ticket*	le voyage – *journey*
veulent < vouloir – *to want to*	doivent < devoir – *to have to*	

info+

SNCF

~ La SNCF (Société Nationale de Chemins de fers Français) a un réseau de 34 070 km de lignes (12 609 km électrifiées).

~ La gare la plus fréquentée de France est la Gare St-Lazare à Paris.

~ La gare la plus grande de France est la Gare de Lyon à Paris, avec 6 250 m de quais.

~ Pour aller de Paris à Lyon (centre à centre) en avion, on met 3h30; en voiture on met 4h50; le TGV (Train à Grande Vitesse) met 2 heures.

~ On peut transporter de Paris à Marseille par le train un chien qui pèse moins de 6 kg pour 25F.

le réseau – *network*	la ligne – *line*	électrifié – *electrified*	fréquenté – *busy*
le quai – *platform*	le centre – *centre*	la vitesse – *speed*	peut < pouvoir – *to be able*
peser – *to weigh*			

A la gare

///// Action 4!

1 Tout autour du jeu on voit des mots qu'on trouve sur des panneaux à la gare. Cherche-les sur le jeu.

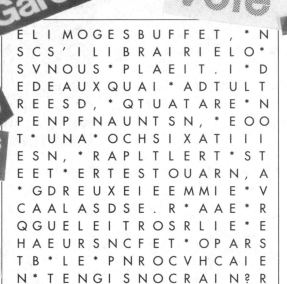

```
E L I M O G E S B U F F E T , * N
S C S ' I L I B R A I R I E L O *
S V N O U S * P L A E I T . I * D
E D E A U X Q U A I * A D T U L T
R E E S D , * Q T U A T A R E * N
P E N P F N A U N T S N , * E O O
T * U N A * O C H S I X A T I I I
E S N , * R A P L T L E R T * S T
E E T * E R T E S T O U A R N , A
* G D R E U X E I E E M M I E * V
C A A L A S D S E . R * A A E * R
Q G U E L E I T R O S R L I E * E
H A E U R S N C F E T * O P A R S
T B * L E * P N R O C V H C A I E
N * T E N G I S N O C R A I N ? R
```

2 Dans ton Dossier, écris toutes les lettres non utilisées. Qui sont les voyageurs? Quelle est leur destination? Quelle sorte de billets veulent-ils? Et qu'est-ce qu'ils veulent savoir?

voit < voir – *to see*	l'information – *information*	la réservation – *reservation*	les bagages – *luggage*
la sortie – *exit*	la consigne – *left luggage*	le taxi – *taxi*	la correspondance – *connections*
la voie – *platform*	le buffet – *buffet*	la sorte – *sort*	

Travelling

Je vais à l'école en car/en mobylette/en vélo/en voiture/à pied.

A quelle heure part le prochain car/bateau/avion/train?

Le prochain car/bateau/avion/train part à … heures.

| Paris, }
Metz, } | …..s'il vous plaît…… | { 1 adulte…….et ……..
{ 2 adultes | { 1 enfant. ……..
{ 2 enfants. | { Aller simple. ….
{ Aller et retour. | { 1ère classe.
{ 2ème classe. |

UNITE 14 _L'argent_

How to...
- Find a bank
- Deal with large sums of money
- Change cash and traveller's cheques

Quelle banque?

client(e):

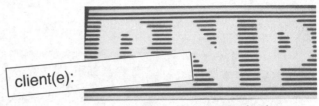

La Banque Nationale de Paris

client(e):

La Banque Populaire

client(e):

Le Crédit Agricole

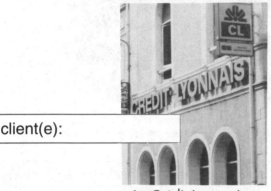

client(e):

Le Crédit Lyonnais

client(e):

La Société Générale

client(e):

La Banque de France

client(e):

La Banque Courtois

Voici sept banques.

1 Ecoute la Cassette. Sept client(e)s disent à quelle banque ils/elles vont. Ecris le nom de chaque client(e) sur sa banque. Choisis entre Mlle Banneau, Michel Cartier, Mme Cordelle, Marcel Crayssac, M. Hamid, Nadine Lacombe, et M. Milani.

Puis, écris le nom de la rue sur la pancarte. Choisis entre la rue Clémenceau, la rue La Fleur, la rue Gambetta, la rue Martignac, la rue Montesquieu, la rue St. Jean, la rue Trénac.

2 Ecris dans ton Dossier deux phrases sur chaque client(e).
e.g. M. Milani va à la Banque de France. Elle se trouve dans la rue Gambetta.

Attention! On va **au** Credit Lyonnais. **Il** se trouve ... .

l'argent – _money_	la pancarte – _street sign_

Ça coûte combien?

▰▰▰▰▰Action 2!

Voici un téléviseur, une cuisinière, un four à micro-ondes, un appareil photo, un ordinateur, une radio-cassette, et un caméscope.

1 Sous chaque objet, écris ce que c'est.

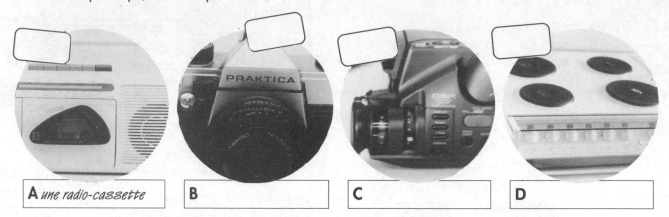

A *une radio-cassette* **B** **C** **D**

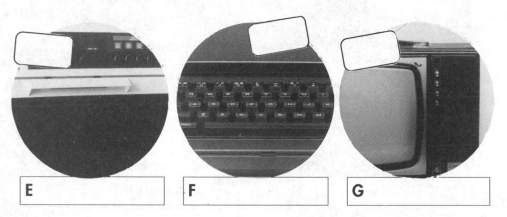

E **F** **G**

Combien coûte le PLAT A POOH PIRE?

Combien coûte le RAT RENDU OI?

Combien coûte la TASSE DE CROATI?

Combien coûte le LEUR TE VISE?

Combien coûte le AC POSE MEC?

Combien coûte le CIRO A FOMER UN DOS?

Combien coûte la RUINE CISIE?

1 M. Milani **2** Mme Cordelle **3** Mlle Banneau **4** M. Hamid **5** Michel Cartier **6** Nadine Lacombe **7** Marcel Crayssac

2 Chaque personne demande le prix d'un des objets ci-dessus, mais se trompe de nom. Qu'est-ce qu'ils veulent dire en réalité?

Mille quatre cent quatre-vingt-dix francs.

Deux mille neuf cent cinquante-cinq francs.

Mille deux cent cinq francs.

Deux mille quatre cent quatre-vingt-dix francs.

Cinq mille neuf cent quatre-vingt-dix-neuf francs.

Mille quatre cent soixante-quinze francs.

Trois mille cinq cent quarante francs.

1 **2** **3** **4** **5** **6** **7**

3 Ecris le prix de chaque objet sur l'étiquette attachée.

l'objet – *object*   ci-dessus – *above*   se tromper – *to make a mistake*   attaché – *attached*

L'argent français

Un billet de cinq cents francs

Un billet de deux cents francs

Un billet de cent francs

Un billet de cinquante francs

Un billet de vingt francs

Une pièce de dix francs

Une pièce de cinq francs

Une pièce de deux francs

Une pièce d'un franc

Une pièce de cinquante centimes

Une pièce de vingt centimes

Une pièce de dix centimes

100 centimes = 1 franc

le billet – *note*　　　la pièce – *coin*

Les chèques de voyage

Tu vas à la banque pour changer des chèques de voyage.

Toi: Je voudrais changer des chèques de voyage.
Caissier: Combien, s'il vous plaît?
Toi: Deux.
Caissier: De quelle valeur?
Toi: De vingt livres sterling.
Caissier: Merci. Vous voulez les signer?
Toi: Voilà.
Caissier: Votre passeport?
Toi: Le voilà.
Caissier: Merci.

/////Action3!

Invente les dialogues quand

1 Tu veux changer trois chèques de voyage de £50.

2 Ton père veut changer cinq chèques de £50.

3 Ta mère veut changer quatre chèques de £100.

(Puisque tes parents ne parlent pas français, tu dois parler pour eux! Attention! Je **voudrais** mais il/elle **voudrait**; vous **voulez** mais il/elle **veut**; **votre** passeport mais **son** passeport.)

Et si tu veux changer de l'argent?

Toi: Je voudrais changer de l'argent, s'il vous plaît.
Caissier: Combien?
Toi: Cinquante livres sterling.

Tu veux changer £75. Qu'est-ce que tu dis?

le chèque de voyage – *traveller's cheque*
le caissier – *bank clerk (male)*
la valeur – *value*
la livre sterling – *pound sterling*
signer – *to sign*
le passeport – *passport*
merci – *thank you*
le dialogue – *dialogue*

On retire de l'argent

//// Action 4 !

M. Milani voudrait retirer de l'argent à la banque. Voici ce qu'il dit à la caissière:

> Je voudrais retirer cinq cent soixante-dix francs, s'il vous plaît.

Et les autres – Mme Cordelle, Mlle Banneau, M. Hamid, Michel Cartier, Nadine Lacombe, et Marcel Crayssac – que disent-ils pour obtenir leur argent?

> Voilà, monsieur!

1 M. Milani

2 Mme Cordelle

3 Mlle Banneau

4 M. Hamid

5 Michel Cartier

6 Nadine Lacombe

7 Marcel Crayssac

//// Action 5 !

M. Milani voudrait acheter un appareil photo qui coûte 1 490F: il va à la Banque de France, qui se trouve dans la rue Gambetta, pour retirer 570F.

Copie cette phrase dans ton Dossier. Puis, écris ce que font: Mme Cordelle, Mlle Banneau, M. Hamid, Michel Cartier, Nadine Lacombe et Marcel Crayssac pour acheter leurs objets.

le téléviseur – *TV set*	le four à micro-ondes – *microwave oven*	l'appareil photo – *camera*
l'ordinateur – *computer*	la radio-cassette – *radio/cassette player*	le caméscope – *camcorder*
retirer – *to withdraw*	la caissière – *bank clerk (female)*	obtenir – *to obtain*
copier – *to copy*	font < faire – *to do, make*	

Dealing with money

Je vais .... { à la Banque de France. Elle }
Il } va..... { au Crédit Agricole. Il } se trouve dans .... { la rue Gambetta.
Elle } { à la Banque Courtois, qui } { la rue Trénac.
{ la rue St. Jean.

Je voudrais .... } .... acheter .... { un ordinateur. Il } coûte ...... { 2 950F.
Il } voudrait ...... { une radio-cassette. Elle } { 1 205F.
Elle } { un téléviseur, qui { 2 490F.
.... changer des chèques de voyage.
.... retirer de l'argent.

lundi: le club de
mardi:
mercredi:
jeudi:
vendredi:
samedi:
dimanche:

How to...

- Talk about what clubs you go to
- Say how often you go
- Tell people why

 Action 1!

1 Les clubs de Monsieur Martin

Pour une interview pour la radio, M. Martin parle de ses clubs.
1 Dans ton Dossier, écris pour chaque jour le nom du club qu'il visite.

Est-ce que vous êtes membre d'un club, Monsieur Martin?

Six! ~ un tous les jours!

le club d'équitation

le club d'athlétisme

le club de natation

le club de gymnastique

le club de poids et haltères

le club de danse

2 Invente un dialogue entre l'interviewer et son chef sur M. Martin.

Chef:　　　　Qu'est-ce qu'il fait le lundi?
Interviewer:　Le lundi il va au club de ....

le club – *club*	l'interview – *interview*	visiter – *to visit, go to*
le membre – *member*	l'athlétisme – *athletics*	le club de poids et haltères – *weightlifting club*
la danse – *dancing*	l'interviewer – *interviewer*	le chef – *boss*

info+

Les clubs sportifs

Nombres de clubs sportifs en France (sports olympiques).

~ football	22 829
~ tennis	9 487
~ judo	4 950
~ tennis de table	4 765
~ basket-ball	4 574
~ handball	2 537
~ cyclisme	2 281
~ tir	2 118
~ athlétisme	1 690
~ volley	1 675
~ voile	1 415
~ équitation	1 385
~ tir à l'arc	1 333
~ gymnastique	1 234
~ natation	1 231
~ canoë-kayak	747
~ escrime	740
~ poids et haltères	732
~ boxe	554
~ aviron	271
~ sports glace	212
~ lutte	178
~ base-ball	151
~ hockey	128
~ penthathlon	7

sportif – *sporting*   olympique – *olympic*
le tir – *shooting*   la voile – *sailing*
le tir à l'arc – *archery*
l'escrime – *fencing*
l'aviron – *rowing*   la lutte – *wrestling*
les sports glace – *ice sports*

Au Club Mickey

En été, au bord de la mer, on peut trouver le Club Mickey.

J'y vais tous les jours!

Au CLUB
LE JOURNAL DE
MiCKEY
PLACE DU COURANT
(au bout du parking)
MIMIZAN

* Leçons de NATATION
* Cours de TENNIS :
ENFANTS dès 7 ans
ADULTES : 4 par court maxi

* JEUX, BAIGNADES et CONCOURS
* Du Tonus avec "GYM PLAGE" pour adultes

CONTRE REMISE DE CE BON :
1 JOURNÉE GRATUITE AU CLUB pour 1 enfant
imp. royer - courtenay

//////Action 2 !

1 Where exactly would you find the Club Mickey?

2 How old do you have to be to play tennis there?

3 How many adults are allowed at a time on the court?

4 What else can adults do at the club?

5 What other activities are available?

6 What would this leaflet entitle you to?

la plage – *beach*	le bout – *the end*
le parking – *car park*	le cours – *course*
dès – *from*	le court – *court*
la baignade – *bathing*	le concours – *competition*
le tonus – *keep fit*	contre remise – *handing over*
le bon – *leaflet*	gratuit – *free*

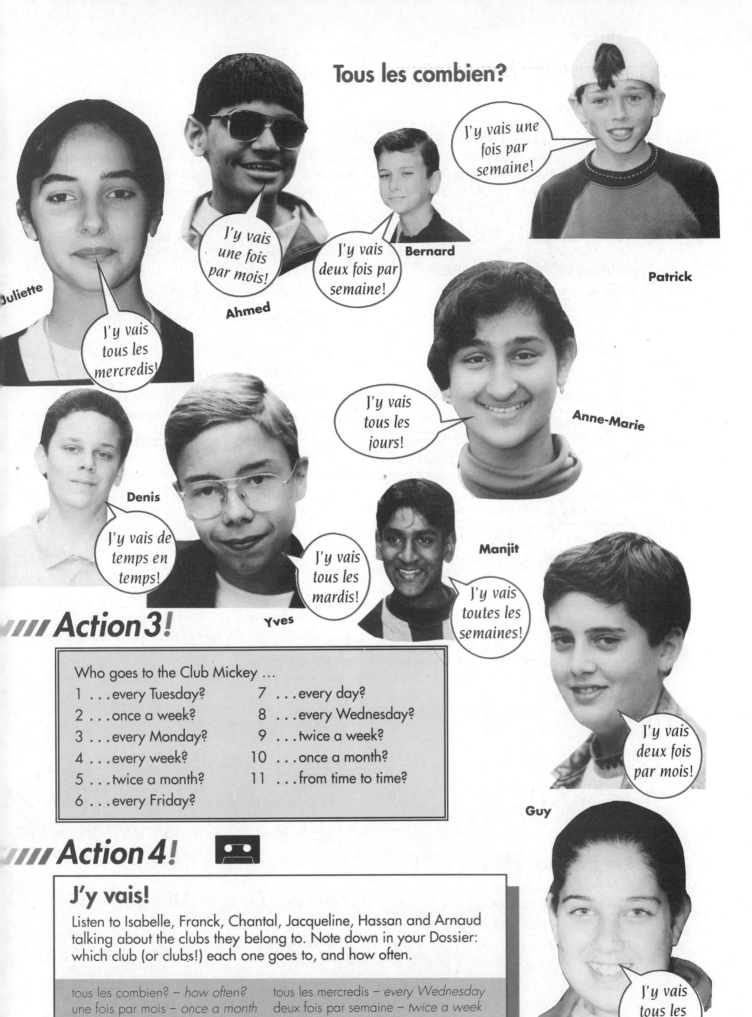

Tous les combien?

Juliette — J'y vais tous les mercredis!

Ahmed — J'y vais une fois par mois!

Bernard — J'y vais deux fois par semaine!

Patrick — J'y vais une fois par semaine!

Anne-Marie — J'y vais tous les jours!

Denis — J'y vais de temps en temps!

Yves — J'y vais tous les mardis!

Manjit — J'y vais toutes les semaines!

Guy — J'y vais deux fois par mois!

Ghislaine — J'y vais tous les lundis!

////Action 3!

Who goes to the Club Mickey ...

1 ...every Tuesday?
2 ...once a week?
3 ...every Monday?
4 ...every week?
5 ...twice a month?
6 ...every Friday?
7 ...every day?
8 ...every Wednesday?
9 ...twice a week?
10 ...once a month?
11 ...from time to time?

////Action 4!

J'y vais!

Listen to Isabelle, Franck, Chantal, Jacqueline, Hassan and Arnaud talking about the clubs they belong to. Note down in your Dossier: which club (or clubs!) each one goes to, and how often.

tous les combien? – *how often?*   tous les mercredis – *every Wednesday*
une fois par mois – *once a month*   deux fois par semaine – *twice a week*
de temps en temps – *from time to time*

////Action 5!

Quel club?

1 Sous chaque bulle, écris le nom du club approprié.
Choisis entre: A Club d'athlétisme; B Club de natation; C Club de poids et haltères; D Club de théâtre;
E Club d'informatique; F Club de modélisme; G Club de philatélie; H Club de danse;
I Club de gymnastique; J Club d'équitation; K Club des jeunes; L Club numismatique.

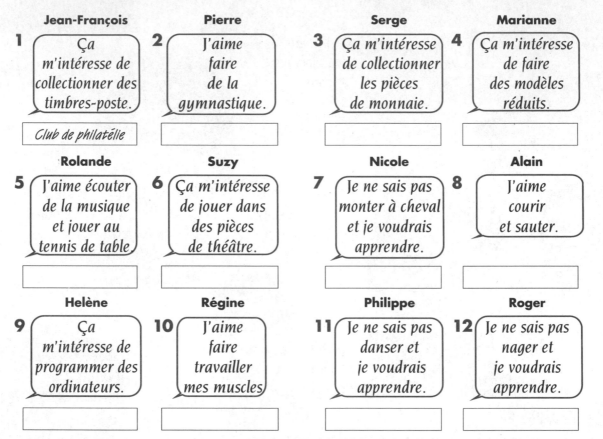

Jean-François

1 Ça m'intéresse de collectionner des timbres-poste.

Club de philatélie

Pierre

2 J'aime faire de la gymnastique.

Serge

3 Ça m'intéresse de collectionner les pièces de monnaie.

Marianne

4 Ça m'intéresse de faire des modèles réduits.

Rolande

5 J'aime écouter de la musique et jouer au tennis de table.

Suzy

6 Ça m'intéresse de jouer dans des pièces de théâtre.

Nicole

7 Je ne sais pas monter à cheval et je voudrais apprendre.

Alain

8 J'aime courir et sauter.

Helène

9 Ça m'intéresse de programmer des ordinateurs.

Régine

10 J'aime faire travailler mes muscles.

Philippe

11 Je ne sais pas danser et je voudrais apprendre.

Roger

12 Je ne sais pas nager et je voudrais apprendre.

2 Dans ton Dossier, écris de quel club chacun fait partie, et pourquoi.
e.g. Jean-François fait partie du club de philatélie, parce que ça l'intéresse de collectionner des timbres-poste.

approprié – *appropriate*	la philatélie – *stamp-collecting*	la numismatique – *coin-collecting*
collectionner – *to collect*	le timbre-poste – *postage stamp*	la pièce de monnaie – *coin*
le modèle réduit – *scale model*	nager – *to swim* apprendre – *to learn*	la pièce de théâtre – *theatre play*
monter à cheval – *to ride a horse*	courir – *to run* sauter – *to jump*	programmer – *to programme*
le muscle – *muscle*	jouer – *to play*	faire partie de – *to belong to, be a member of*
pourquoi – *why*	parce que – *because*	

Talking about clubs

Je suis/il est/elle est membre⎫ du .... ⎫
Je fais/il fait/elle fait partie ⎬ ⎬ club...
Le lundi/mardi ... je vais/il va/elle va au .... ⎭

J'y vais/il y va/elle y va.......... ⎧ une/deux fois par semaine/par mois.
⎨ tous les jours/mois/lundis.
⎩ toutes les semaines.

... parce que .... ⎧ j'aime .... ⎧ danser...
⎨ il/elle aime.. ⎨ collectionner...
⎨ ça m'intéresse/l'intéresse de ⎩ nager...
⎩ je ne sais pas/il /elle ne sait pas

Les animaux

How to...

● Say what pets you have and what they are called
● Say how old they are and what they are like
● Find out about zoos

Chats et chiens

//////Action 1!

1 Le chat de
A ....
s'appelle Marmelade.
B Il a .... ans/mois.
Il est
C ....

2 Le chien de
A ....
s'appelle Okam.
B Il a .... ans/mois.
Il est
C ....

3 Le chien de
A ....
s'appelle Naro.
B Il a .... ans/mois.
Il est
C ....

4 Le chat de
A ....
s'appelle Kooky.
B Il a ...... ans/mois.
Il est
C ....

5 Le chat de
A ..*Stéphane*...
s'appelle Vilain.
B Il a ..*6*.... ans/mois.
Il est
C ..*paresseux*.. .

6 Le chat de
A ....
s'appelle Peer Gynt.
B Il a .... ans/mois.
Il est
C ....

7 Le chien de
A ....
s'appelle Rocky.
B Il a .... ans/mois
Il est
C ....

8 Le chien de
A ....
s'appelle Ludo.
B Il a .... ans/mois.
Il est
C ....

Lucien, Madeleine, Danielle, René, Valérie, Boudjéma, Stéphane, et Thierry ont chacun un chat ou un chien.
Ecoute la Cassette.
1 Ecris le nom du maître/de la maîtresse de chaque animal dans la case A.
2 Dans la case B écris l'âge du chat ou du chien. Dans la case C écris si l'animal est: intelligent, paresseux, gentil ou méchant.

l'animal (les animaux) – *animal(s)*	le chat – *cat*	le maître – *master*
la maîtresse – *mistress*	gentil – *nice*	méchant – *naughty, nasty*

//////Action 2!

Premier tour (A)
Un trois!
J'ai un hamster …

Deuxième tour (B)
Un quatre!
… qui s'appelle Aristote!

Troisième tour (C)
Un deux!
Il a onze mois.

Quatrième tour (D)
Un six!
Il est gourmand!

Cinquième tour (E)
Encore un deux!
Il dort …

Sixième tour (F)
Encore un quatre!
… tout le temps!

Le jeu des animaux

1 Pour jouer, on a besoin d'un dé. Chaque joueur à son tour jette le dé, et lit dans une des cases sur cette page quelque chose au sujet d'un animal imaginaire.

A
1 un canari
2 un cochon d'Inde
3 un hamster
4 un lapin
5 un poisson rouge
6 une souris

B
1 Freddy
2 Nounou
3 Pipot
4 Aristote
5 Charlot
6 Tibérius

C
1 trois semaines
2 onze mois
3 un an
4 quatre ans
5 quinze ans
6 soixante-seize ans

D
1 gentil(le)
2 intelligent(e)
3 méchant(e)
4 paresseux (paresseuse)
5 beau (belle)
6 gourmand(e)

E
1 manger
2 dormir
3 jouer
4 boire
5 se laver
6 faire de la gymnastique

F
1 beaucoup
2 trop
3 tous les mercredis
4 tout le temps
5 de temps en temps
6 souvent

> *Et moi, j'ai (A6) une souris,*
> *qui s'appelle (B1) Freddy.*
> *Elle a (C3) un an.*
> *Elle est (D4) paresseuse!*
> *(E4) Elle boit (F5)*
> *de temps en temps!*

2 Quelqu'un jette (A) un cinq, (B) un six, (C) encore un six, (D) un trois, (E) encore un six, et (F) un trois. Dans ton Dossier, écris ce que ça donne!

3 Si tu as un animal, écris quelques phrases à son sujet dans ton Dossier.

---

avoir besoin de – *to need*	le dé – *dice*	le tour – *turn*
à son tour – *in his/her turn*	jette < jeter – *to throw*	imaginaire – *imaginary*
le canari – *canary*	le cochon d'Inde – *guinea pig*	le hamster – *hamster*
le lapin – *rabbit*	le poisson rouge – *goldfish*	la souris – *mouse*
gourmand – *greedy*	dort < dormir – *to sleep*	trop – *too much, too*
tout le temps – *all the time*	quelqu'un – *somebody*	

▮▮▮▮ Action 3!

Pour voir des animaux

Tu es en France, avec des amis. On vous conseille:

1 Si vous voulez voir des tigres, visitez le Parc de Beauvais.
2 Si vous voulez voir des papillons, visitez l'Aquarium de La Rochelle.
3 Si vous voulez voir des requins, visitez la Serre aux Papillons.
4 Si vous voulez voir des oiseaux exotiques, visitez le Monde Vivant.
5 Si vous voulez voir des insectes, visitez le Parc Zoologique de Champrepus.

Est-ce que tu peux corriger ces mauvais conseils?

es < être – *to be*	voulez > vouloir – *to want to*	le tigre – *tiger*	le papillon – *butterfly*
le requin – *shark*	l'oiseau – *bird*	exotique – *exotic*	vivant – *living*
l'insecte – *insect*	corriger – *to correct*	mauvais – *bad*	le conseil – *advice*

▮▮▮▮ Action 4!

La Coccinelle

1 When exactly is the Coccinelle open?

2 What two conditions are there for group visits?

3 Who gets fed at 2.30 pm? at 3 pm? at 4 pm?

Ouvert tous les jours du 26 mai au 8 septembre
– du 26 mai au 14 juin: 14h–18h30
– du 15 juin au 2 septembre: 10h–19h30
GROUPES SUR RENDEZ-VOUS A PARTIR DE 10h
HEURES DES BIBERONS

AGNEAUX	11h30	15h00	17h00
CHEVREAUX	11h30	16h00	18h00
VEAUX	11h30	14h30	18h00

mai – *May*	juin – *June*	septembre – *September*	sur rendez-vous – *by appointment*
à partir de – *from*	le biberon – *baby's bottle*	l'agneau – *lamb*	le chevreau – *kid*
le veau – *calf*	sachez < savoir – *to know*	le jour – *day*	la fête – *festival*
la visite – *visit*	l'anniversaire – *birthday*		sur présentation – *on presentation*
la carte d'identité – *identity card*	valable – *valid* le droit – *right*		multiple – *numerous*
l'attraction – *attraction*	le manège – *roundabout*		le spectacle – *show*
l'animation – *event* la bête – *animal* admis < admettre – *to admit*			

info+

Des animaux en panneaux

1

2

3

4

5

6

7

8

9

1 Ce cheval indique qu'on peut acheter de la viande de cheval ici.
2 Ce pingouin est la marque déposée d'une marque de laine.
3 Ce chat se trouve à l'entrée d'un grand centre commercial.
4 Ce mammouth est la marque déposée d'un très grand hypermarché.
5 Ce coq indique une station verte de vacances.
6 Encore une marque déposée – ce lapin indique les biscottes 'Gringoire'.
7 On trouve cet écureuil devant la Caisse d'Epargne (une banque).
8 Ce chien écoute 'la voix de son maître' devant un magasin de disques et cassettes.
9 Cet ours ne va pas vraiment à la gendarmerie! En réalité il est peint sur un manège à la fête!

la pingouin – *penguin*	la marque déposée – *trademark*	la marque – *brand*
le mammouth – *mammoth*	le coq – *cockerel*	la station verte de vacances – *holiday village*
la biscotte – *rusk*	l'écureuil – *squirrel*	la voix – *voice*	le disque – *record*
l'ours – *bear*	vraiment – *really*	

Talking about pets and other animals

Le chien de ...
La souris de ...   } s'appelle... Il ... } ... a .... ans/mois.   Il   } est .... { gentil.
J'ai un chien qui   Elle   }   Elle   .... { gentille.
                              qui   qui

.... mange/dort ... beaucoup/trop ... .

Si vous voulez voir } .... des ..., visitez ... .
Pour voir

How to...

- Find out what clothes cost
- Buy the right colour and size
- Say why you don't want them

 //////Action 1!

Ça coûte combien?

1 Ecoute la Cassette. Neuf personnes demandent combien coûtent les habits que tu vois sur les photos. Ecris les prix dans les bulles.

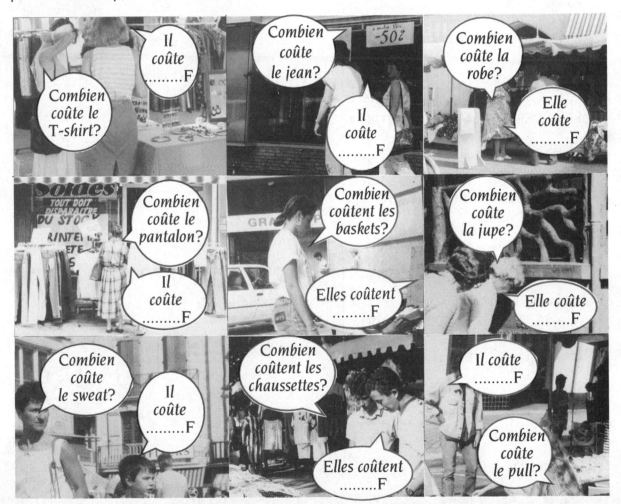

Combien coûte le T-shirt?
Il coûte ....F

Combien coûte le jean?
Il coûte ....F

Combien coûte la robe?
Elle coûte ....F

Combien coûte le pantalon?
Il coûte ....F

Combien coûtent les baskets?
Elles coûtent ....F

Combien coûte la jupe?
Elle coûte ....F

Combien coûte le sweat?
Il coûte ....F

Combien coûtent les chaussettes?
Elles coûtent ....F

Il coûte ....F
Combien coûte le pull?

le T-shirt – *T-shirt*	le jean – *jeans*	la robe – *dress*	le pantalon – *trousers*
les baskets – *trainers*	la jupe – *skirt*	le sweat – *sweatshirt*	les chaussettes – *socks*
le pull – *pullover*			

2 Si on trouve un prix raisonnable, ou bien bon marché, on peut dire, 'Il **ne** coûte **que** 25F'. Que diraient les personnes sur les photos?

si – *if*	raisonnable – *reasonable*	bon marché – *cheap*
ne... que... – *only*	diraient < dire – *would say*	

Prix spéciaux! . . . CHEZ GRISBI!! vêtements 0–100 ans ses promotions

Sweat

rouge	...130F	vert	..........130F
jaune	...130F	noir	.........127F
bleu	.....130F	blanc	.......127F

Jean

rouge	...150F	vert	..........125F
jaune	...150F	noir	.........160F
bleu	.....125F	blanc	.......200F

T-shirt

rouge	......40F	vert	...........45F
jaune	.....40F	noir	...........35F
bleu	........45F	blanc	.........30F

Pull

rouge	...150F	vert	..........150F
jaune	...160F	noir	.........200F
bleu	.....160F	blanc	.......210F

Pantalon

rouge	...300F	vert	..........300F
jaune	...320F	noir	.........350F
bleu	.....325F	blanc	.......360F

Robe

rouge	...180F	verte	........250F
jaune	...200F	noire	........230F
bleue	....220F	blanche	....270F

Jupe

rouge	....150F	verte	........140F
jaune	...155F	noire	.......160F
bleue	....160F	blanche	....185F

rouges	...200F	vertes	......230F
jaunes	...210F	noires	......150F
bleues	...220F	blanches	..220F

Chaussettes

rouges	.....43F	vertes	........42F
jaunes	.....45F	noires	........37F
bleues	....35F	blanches	....48F

Ouvert du lundi 14h30
au samedi 19h30

chez Grisbi – *at Grisbi's (shop)*
les vêtements – *clothes*
les promotions – *special offers*

Des prix spéciaux

Quatre clients chez Grisbi.

Client: Combien coûte ce sweat bleu, s'il vous plaît?
Grisbi: Il coûte cent trente francs.
Client: Je le prends.

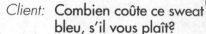

Cliente: Combien coûte cette jupe rouge?
Grisbi: Cent cinquante francs.
Cliente: Je la prends.

Client: Combien coûtent ces baskets blancs?
Grisbi: Elles ne coûtent que cent trente francs.
Client: Je les prends.

Cliente: Combien coûtent ces chaussettes bleues?
Grisbi: Trente-cinq francs.
Cliente: Je les prends.

 **Action 2!**

Make up other dialogues 'chez Grisbi', in which customers buy: (a) a green dress (b) some red trainers (c) a pair of black trousers, and (d) some white socks. Add (e) another item of your own choice.

Ah non!

Quelquefois, les clients ne sont pas contents!

Client: Je peux essayer le pull blanc?
Grisbi: Bien sûr.
Client: Je ne le prends pas. Il est trop grand!
Grisbi: Quelle est votre taille?
Client: Je fais du trente-six.

Cliente: Je peux essayer les baskets bleues?
Grisbi: Naturellement.
Cliente: Ah non! Elles sont trop petites!
Grisbi: Quelle est votre pointure?
Cliente: Je fais du trente-huit.

Cliente: Je peux essayer la robe verte?
Grisbi: Certainement.
Cliente: Elle est trop longue! Je ne la prends pas!

Client: Je peux essayer les chaussettes blanches?
Grisbi: Si vous voulez.
Client: Ah non! Elles sont trop courtes!

Imagine d'autres dialogues similaires.
Copie-les dans ton Dossier, et
fais des dessins pour les illustrer.

Attention!
Il est trop **grand, petit, long, court.**
Elle est trop **grande, petite, longue, courte.**
Ils sont trop **grands, petits, longs, courts.**
Elles sont trop **grandes, petites, longues, courtes.**

TAILLES					
HOMMES		FEMMES		CHAUSSURES	
GB	F	GB	F	GB	F
34	44	4	34	3	36
36	46	6	36	4	37
38	48	8	38	5	38
40	50	10	40	6	39
42	52	12	42	7	40
44	54	14	44	7.5	41
46	56	16	46/48	8	42
48	58	18	50	9	43

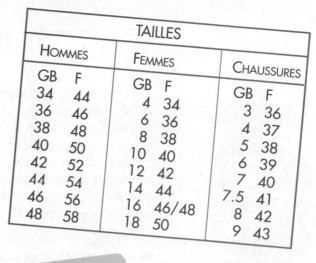

NAF-NAF
Le grand méchant look.

content – *content, happy*	la taille/la pointure – *size*
la chaussure – *shoe*	imaginer – *to imagine*
similaire – *similar*	illustrer – *to illustrate*

naturellement – *naturally*
le dialogue – *dialogue*

info+

Les habits et la mode

~ 1853: L'allemand Oscar Levi-Strauss est en Californie avec les chercheurs d'or. Il remarque qu'ils ont besoin de pantalons solides. Il taille des pantalons dans de la toile de tente. Ce tissu vient de **Nîmes** (ville française). Plus tard, le tissu habille les marins de la ville italienne **Gènes**.
~ Des couturiers français célèbres: Patou, Chanel, Nina Ricci, Pierre Balmain, Christian Dior, Pierre Cardin, Givenchy, Guy Laroche, Yves Saint-Laurent.
~ Prêt-à-porter: principaux exportateurs: 1 Italie, 2 Allemagne, 3 France, 4 Etats-Unis, 5 Grande-Bretagne, 6 Japon.

la mode – *fashion*	le chercheur d'or – *gold-digger*	remarquer – *to notice*
solide – *strong*	tailler – *to cut*	la toile de tente – *canvas*
le tissu – *cloth*	vient < venir – *to come*	marin – *sailor*
le couturier – *dressmaker*	célèbre – *famous*	prêt-à-porter – *ready to wear*
l'exportateur – *exporter*	Etats-Unis – *USA*	Japon – *Japan*

Rien de plus simple!

Tu as un vieux jean classique et tu as envie de le transformer! Avec de vieux bandanas, rien de plus simple! Commence par couper ton jean au niveau des genoux. Surtout ne fais pas de couture mais laisse les bords s'effilocher. Découpe dans un ou plusieurs vieux bandanas des petits bouts de tissu en forme de carré, de cœur, de triangle… A toi de choisir! Couds chaque morceau sur les poches, devant, derrière, selon ton humeur.

Matériel nécessaire Ce n'est pas compliqué: de vieux bandanas, des ciseaux, du fil assorti à la couleur des bandanas et une aiguille.

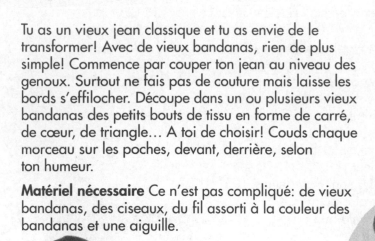

///// Action 3 !

D'accord, ton T-shirt est très sympa, mais tu voudrais bien le transformer, le rajeunir un peu. Rien de plus simple!

Il te suffit de coudre des vieux boutons de toutes les tailles et toutes les couleurs (demande à un parent...).

Matériel nécessaire Des boutons de toutes les couleurs récupérés sur de vieux vêtements.

rien – *nothing*	simple – *simple*	classique – *classic*	avoir envie de – *to want to*
transformer – *to transform*	le bandana – *neckerchief*	couper – *to cut*	le niveau – *level*
le genou – *knee*	la couture – *sewing*	laisser – *to leave*	s'effilocher – *to fray*
la forme – *shape*	le carré – *square*	le cœur – *heart*	le triangle – *triangle*
couds < coudre – *to sew*	la poche – *pocket*	selon ton humeur – *as you please*	
le matériel – *material*	nécessaire – *necessary*	compliqué – *complicated*	
les ciseaux – *scissors*	le fil – *thread*	assorti – *matching*	l'aiguille – *needle*
d'accord – *OK*	sympa – *nice*	rajeunir – *to revive*	
il te suffit – *all you need to do*		le bouton – *button*	récupérer – *to collect*

All about clothes

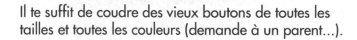

Combien						
	coûte	le sweat ....vert?	Il .... (ne)......	coûte ..... (que) ... F.
		la robe ....verte?	Elle	
	coûtent	les baskets ....vertes?	Elles .... (ne)......	coûtent
		les chaussettes ..vertes?.....	Elles	

How to...

- Say what you want to do on holiday
- Say where you're going
- Say where you'll stay
- Say how you'll travel

//////Action 1!

Allez en France

A gauche tu vois de la publicité pour les vacances en France, qui indique des activités qui sont possibles si on y va. A droite tu vois des panneaux qui indiquent les endroits où ces activités sont possibles. Quel panneau va avec quelle activité?

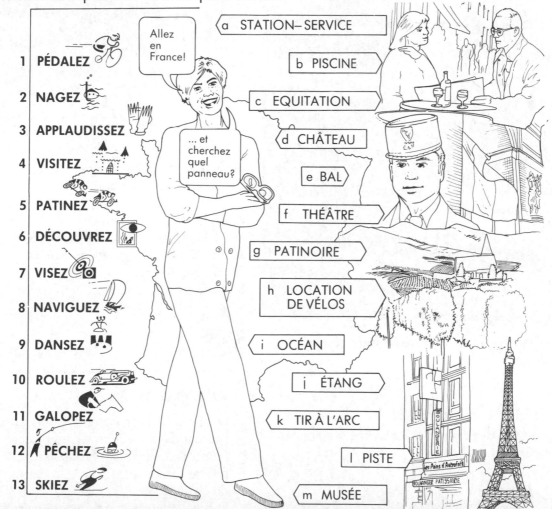

1 **PÉDALEZ**

2 **NAGEZ**

3 **APPLAUDISSEZ**

4 **VISITEZ**

5 **PATINEZ**

6 **DÉCOUVREZ**

7 **VISEZ**

8 **NAVIGUEZ**

9 **DANSEZ**

10 **ROULEZ**

11 **GALOPEZ**

12 **PÊCHEZ**

13 **SKIEZ**

Allez en France!

... et cherchez quel panneau?

a STATION–SERVICE

b PISCINE

c EQUITATION

d CHÂTEAU

e BAL

f THÉÂTRE

g PATINOIRE

h LOCATION DE VÉLOS

i OCÉAN

j ÉTANG

k TIR À L'ARC

l PISTE

m MUSÉE

les vacances – *holidays*	la publicité – *advertising*	possible – *possible*
pédaler – *to pedal*	applaudir – *to applaud*	patiner – *to skate*
découvrir – *to discover*	viser – *to aim*	naviguer – *to navigate*
rouler – *to roll, drive*	galoper – *to gallop*	pêcher – *to fish*
skier – *to ski*	la station-service – *filling station*	le bal – *ball, dance*
location – *hire*	l'océan – *ocean*	l'étang – *lake*
le tir à l'arc – *archery*	la piste – *ski run*	

Les vacances en plein air

On peut...

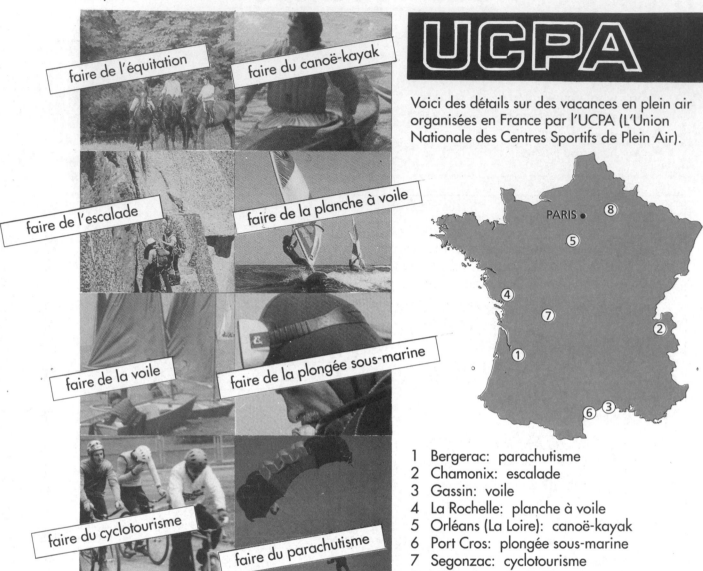

faire de l'équitation

faire du canoë-kayak

faire de l'escalade

faire de la planche à voile

faire de la voile

faire de la plongée sous-marine

faire du cyclotourisme

faire du parachutisme

On discute des vacances:

A Qu'est-ce que tu as envie de faire pendant les vacances?

B Et bien moi, je voudrais faire de la voile.

A D'accord! Allons à Gassin!

Imagine des dialogues sur les autres possibilités de vacances en plein air.

en plein air – *open air*
le canoë-kayak – *canoeing*
l'escalade – *climbing*
la planche à voile – *windsurfing*
la voile – *sailing*
la plongée sous-marine – *SCUBA diving*
le cyclotourisme – *cycling in an organised group*
le parachutisme – *parachuting*
organiser – *to organise*
la possibilité – *possibility*

//// Action 2!

Voici des détails sur des vacances en plein air organisées en France par l'UCPA (L'Union Nationale des Centres Sportifs de Plein Air).

1 Bergerac: parachutisme
2 Chamonix: escalade
3 Gassin: voile
4 La Rochelle: planche à voile
5 Orléans (La Loire): canoë-kayak
6 Port Cros: plongée sous-marine
7 Segonzac: cyclotourisme
8 Vincennes: équitation

//// Action 3!

Où vas-tu?

Dans ton Dossier, écris les noms Carole, Laurent, Sabine, Jean-Claude, Luc, François, Caroline et Françoise.
Ecoute la Cassette, et note la destination de chacun.
Ensuite, consulte la carte ci-dessus, et ajoute l'activité que va faire chacun.

e.g. Caroline va aller à Segonzac. Elle a envie de faire du cyclotourisme.

la destination – *destination*
consulter – *to consult*

On se renseigne

Voulez-vous passer vos vacances...

à la campagne?

en montagne?

au bord de la mer?

Voulez-vous...

loger à l'hôtel?

louer un gîte?

camper?

Préférez-vous...

prendre le train?

prendre le car?

louer une voiture?

M. Labadie veut faire un voyage organisé.

M. Labadie: On a envie de passer les vacances au bord de la mer.

Agent: Voulez-vous loger à l'hôtel, louer un gîte, ou camper?

M. Labadie: On veut loger à l'hôtel.

Agent: Comment préférez-vous voyager? Par le train? Par le car? Louer une voiture?

M. Labadie: Je préfère prendre le train.

Ces touristes britanniques voudraient réserver des places pour des voyages organisés. Invente les dialogues.

In the country, camping, hire car.

MR. GILLIGAN

In the mountains, gîte, coach.

MRS. BRIGGS

?
?
?

YOU

l'agence de voyages – *travel agency*
passer – *to spend (time)*
la montagne – *the mountain*
loger – *to stay*
louer – *to rent, hire*
le gîte – *simple holiday home, usually in the country*
le voyage organisé – *package holiday*
réserver des places – *to book*

Lim Tour Voyages

1 What four means of transport can be arranged by
the Lim Tour Travel Agency?
2 What special offers are there for young people?
(BIGE = Billets Individuels de Groupes d'Etudiants)
3 What kind of holidays do they sell?
4 Where?
5 Where do they offer rented accommodation?
6 What other five services are mentioned?

le déplacement – *travel*	le charter – *charter*	la vente – *sale*
le séjour – *stay*	le circuit organisé – *package tour*	
à l'étranger – *abroad*	la croisière – *cruise*	
à crédit – *on credit*	le devis – *estimate*	

LIM TOUR voyages

VOTRE AGENCE DE VOYAGES

POUR TOUS VOS DÉPLACEMENTS

SNCF · AVION · BATEAU · CAR
TARIFS SPÉCIAL JEUNES : BIGE, CHARTER
VENTE : Séjours, circuits organisés, France et Étranger
LOCATIONS VACANCES : Mer, Montagne, France et Étranger
CROISIÈRES · LOCATIONS VOITURES · HÔTELS
POSSIBILITÉS DE VOYAGES A CRÉDIT

POUR TOUT RENSEIGNEMENT
ET DEMANDE DE DEVIS :

LIM TOUR · 7, rue Jeanty-Sarre
87000 LIMOGES · Tel. 55 34 35 22
Télex : 590 926 F

//// Action 6!

Un message caché

Voici un message au sujet des vacances. Malheureusement il manque tous les 'E'. Remplace-les
pour trouver le message.

JVOUDRAISPASSRMSVACANCSALACAMPAGN. J'AINVIDFAIRDL'SCALAD.
ONVUTLOGRAL'HOTL. JPRFRLOURUNVOITUR. ALLONSNFRANC.

info +

Les vacances

~ Vacances scolaires en France: Noël – 2 semaines, Pâques – 2 semaines, été – 9 semaines.

~ Nombre d'étrangers entrés en France (1987) 36 974 000.

~ Quels pays visitent les Britanniques? (1989) 1 La France (6 480 000) 2 L'Espagne (6 202 000)
3 L'Irlande (2 010 000) 4 Les Etats-Unis (1 879 000) 5 L'Allemagne (1 672 000)
6 La Grèce (1 635 000) 7 L'Italie (1 300 000)

~ Quels pays visitent les Français? (1989) 1 L'Espagne (9 982 000) 2 L'Italie (8 462 000)
3 La Grande-Bretagne (1 632 000) 4 L'Allemagne (1 113 000) 5 La Suisse (531 000)
6 L'Autriche (499 000) 7 La Yougoslavie (432 000)

les vacances scolaires – *school holidays*		Noël – *Christmas*	Pâques – *Easter*
l'étranger – *foreigner*	entrer – *to enter*	le pays – *country*	l'Espagne – *Spain*
l'Allemagne – *Germany*	la Grèce – *Greece*	l'Italie – *Italy*	la Suisse – *Switzerland*
l'Autriche – *Austria*	la Yougoslavie – *Yugoslavia*		

Planning a holiday

On peut		faire de la voile, faire de l'équitation, etc.
On veut...	{	passer les vacances à la campagne, au bord de la mer, etc.
Je voudrais.......................................		louer un gîte, loger à l'hôtel, camper, etc.
Je préfère...		prendre le train, prendre l'avion, louer une voiture, etc.
J'ai envie de.....................................		

Allons	{	à Gassin.
Allez		en France.

De quoi manger

How to...

- Say what food and drinks cost
- Say what quantities you want
- Complain if necessary

///// Action 1!

Les primeurs

1 Ecris les noms: les bananes, les melons, les carottes, les oignons, les oranges, les pêches, les radis, les haricots verts et les tomates sur les étiquettes appropriées.

2 Ecoute la Cassette. Des clients parlent des prix des autres légumes et fruits. Ecris les noms: les asperges, les champignons, les cerises, les choux-fleurs, les fraises, les haricots verts, les poires, les pommes, et les pommes de terre sur les étiquettes appropriées.

3 Un jeu pour deux personnes. A joue le rôle d'un client/une cliente et B le rôle d'un marchand/une marchande. A fait d'abord une liste de trois fruits et trois légumes. Puis, il/elle les achète.
e.g.
A (Sans regarder cette page!) Un kilo de pêches, s'il vous plaît.*
B Un kilo de pêches – 7F50.
(A écrit le prix sur sa liste).

Dès que A a les six articles, vérifiez les prix. Chaque prix qui est exact gagne un point. Changez de rôles.

* On demande **un** chou-fleur ou **un** melon.

3F50 kg	15F00 kg	6F50 kg
1 *les artichauts*	2	3
7F20 kg	10F50 kg	24F00 kg
4	5	6
6F00 pièce	19F40 kg	3F00 kg
7	8	9
5F00 pièce	2F50 kg	9F50 kg
10	11	12
7F50 kg	3F50 kg	4F00 kg
13	14	15
3F80 kg	9F00 kg	6F00 kg
16	17	18

---

de quoi manger – *something to eat*
le marchand/la marchande – *shopkeeper*
exact – *correct*

les primeurs – *fruit and vegetables*
le kilo – *kilogramme*
le point – *point*

l'article – *article*
dès que – *as soon as*

l'artichaut – *artichoke*
la banane – *banana*
la carotte – *carrot*
le melon – *melon*
l'oignon – *onion*
l'orange – *orange*
la pêche – *peach*
le radis – *radish*
l'asperge – *asparagus*
la cerise – *cherry*
le chou-fleur – *cauliflower*
la poire – *pear*
la pomme – *apple*
la pomme de terre – *potato*

info+

L'agriculture

~ Nombre d'agriculteurs en France: 1 475 380.

~ Nombre de fermes en France avec une superficie de moins de cinq hectares: 278 000.

~ Nombre de fermes en France avec une superficie de plus de 100 hectares: 44 000.

~ Consommation de produits agricoles (kg par tête):

	F	GB
pommes de terre	75	107
choux-fleurs	5	6
tomates	21	14
pommes	16	12
poires	6	2
pêches	7	2
oranges	11	19
fromage	20	6
beurre	8	4
œufs	15	13
viande	64	69

l'agriculture – *agriculture*
l'agriculteur – *farmer*
la ferme – *farm*
l'hectare – *hectare(2.471acres)*
la consommation – *consumption*
agricole – *agricultural*
par tête – *per head*

Les boissons

une bouteille de vin rouge

12 petites bouteilles de bière

5F25

10F00

16F35

500g de café

17F40

une brick de jus d'orange

une grande bouteille de coca-cola

3F50

6F90

9F30

un litre de lait

une bouteille de sirop

Mme Lalanne achète 500g de café, deux bricks de jus d'orange, et trois bouteilles de vin rouge.
Elle paie 17F40 + 13F80 + 30F00.

Calcule ce que chaque personne achète, et écris-le dans ton Dossier:

1 Thierry, qui paie 3F50 + 9F30 + 16F35
2 Mlle Frankeau, qui paie 5F25 + 7F00 + 13F80
3 Jules Bécaud, qui paie 17F40 + 10F50 + 20F00
4 Valérie, qui paie 18F60 + 32F70 + 20F00
5 M. Dautun, qui paie 30F00 + 17F40 + 18F60

le sirop – *syrup*   la brick – *carton*
le litre – *litre*   calculer – *to calculate*

////Action 3!

Au marché

1 Cherche ces fruits et ces légumes sur le tableau du marchand:

AIL ANANAS ARTICHAUTS ASPERGES BANANES CAROTTES CERISES
CHAMPIGNONS CHOUX-FLEURS FRAISES FRAMBOISES HARICOTS VERTS
MELONS OIGNONS ORANGES PECHES POIRES POMMES POMMES DE TERRE
 PRUNES RADIS RAISIN TOMATES

Il en manque six. Lesquels?

2 Ecris les lettres non utilisées dans ton Dossier, pour trouver ce que dit le marchand.

3 Imagine un dialogue avec le marchand dans lequel tu veux acheter trois choses qu'il a, et trois choses qu'il n'a pas.
– Vous avez des… ?
– Oui, j'ai des…
– Un kilo, s'il vous plaît.
– Et avec ça?
– Vous avez des…?
– Non, je regrette, je n'en ai pas…

la tableau – *board*	l'ananas – *pineapple*	l'ail – *garlic*	la prune – *plum*
j'en ai – *I have some*	la framboise – *raspberry*	le raisin – *grapes*	je n'en ai pas – *I haven't any*
regretter – *to be sorry*	ni – *nor*		

//// Action 4!

Une cliente mécontente

1 Cette dame se plaint des fruits et des légumes – en code! Déchiffre ce qu'elle dit, et copie-le dans ton Dossier.

01 – m 02 – p 03 – e 04 – t 05 – i 06 – a 07 – z 08 – r 09 – n 10 – l 11 – g 12 – d
13 – è 14 – c 15 – h 16 – v 17 – s 18 – u 19 – o 20 – ! 21 – ?

1
10 03 17 19 05 11 09 19
09 17 17 19 09 04 04 08
19 02 11 08 19 17 20 16
19 18 17 06 16 03 07 12
03 17 02 10 18 17 02
03 04 05 04 17 21

4
10 03 17 02 19 05 08 03
17 17 19 09 04 04 08 19
02 02 03 04 05 04 03 17
20 16 19 18 17 06 16 03
07 12 03 17 02 10 18
17 11 08 19 17 17 03 17
21

2
10 03 17 02 19 01 01 03
17 17 19 09 04 04 08 19
02 11 08 19 17 17 03 17
20 16 19 18 17 06 16 03
07 12 03 17 02 10 18
17 02 03 04 05 04 03 17
21

5
10 03 17 14 15 06 01 02
05 11 09 19 09 17 17 19
09 04 04 08 19 02 14 15
03 08 17 20 16 19 18 17
06 16 03 07 12 03 17 01
19 05 09 17 14 15 03 08
17 21

3
10 03 17 01 03 10 19 09
17 17 19 09 04 04 08 19
02 02 03 04 05 04 17 20
16 19 18 17 06 16 03 07
12 03 17 02 10 18 17
11 08 19 17 21

6
10 03 17 04 19 01 06 04
03 17 17 19 09 04 04
08 19 02 14 15 13 08
03 17 20 16 19 18 17 06
16 03 07 12 03 17 01
19 05 09 17 14 15 13 08
03 17 21

2 Shopping in a French market, you find the oranges and the artichokes too dear, the cauliflowers and the peaches too big, and the plums and the radishes too small. What do you say?

mécontent – *dissatisfied*   se plaindre de – *to complain about*   en code – *in code*   cher – *dear*

Buying food and drink

Vous avez des prunes? .... { Oui, j'ai des prunes/j'en ai.*
                                                     { Non, je n'ai pas de prunes/je n'en ai pas.*

Un kilo   } ....de .... { tomates,
Cinq cents grammes   { café,   s'il vous plaît.
Une { (grande) bouteille }   { Coca-Cola, ... coûte/coûtent… F.
      { (petite)   { lait,
Un litre   }   { jus d'orange.

Les melons } sont trop.................................... { petits/gros/chers.
Les fraises }   { petites/grosses/chères.

*J'ai de l'ail, du raisin/je n'ai pas d'ail, de raisin.

How to . . .

- Write to arrange a visit to France
- Say the right things to your hosts
- Have a chat with people

info+

Les correspondants

~ Si tu veux un correspondant français/une correspondante française, écris à: Central Bureau for Educational Visits and Exchanges, Seymour Mews House, Seymour Mews, London W1A 9PE

La lettre d'Olivier

Cet été, Olivier va passer trois semaines chez son correspondant anglais, David. Voici sa lettre.

Abbeville, le 21 mai.

Cher David,

Je t'écris pour te donner les détails de mon voyage chez toi. Je vais venir le mardi 6 juillet. Je vais prendre le bateau, parce que l'avion est trop cher. Mon père va m'amener d'abord à la gare routière, et je vais prendre le car de 10h30. Comme ça je vais arriver à Calais à 12h40, et j'aurai le temps de manger. Mon bateau part à 13h45, et il arrive à Douvres à 15h00.

A Douvres je vais prendre le train de 15h30. Comme ça je vais arriver à Londres à 16h50. Est-ce que tu peux venir me chercher à la gare? A bientôt.

Amitiés de ton ami

Olivier.

1 Why is Olivier writing to David?
What is the date of his trip?
How will he be coming?
Why isn't he flying?
How will he get to the coach station?
What time is his coach?
What time will he be arriving in Calais?
What will he have time to do there?
What time is his boat?
What time will he arrive in Dover?
How will he get from Dover to London?
What time will he arrive there?
What does he ask?

//////Action 1!

2 Write a letter in French to your penfriend about your journey to see him or her. The date of your trip is Friday 6th August. You are not going by boat, but by plane, as there are reductions for students. (Il y a des réductions pour les étudiants.) Your mum is going to take you first to the railway station, and you will be catching the 15h45 train to Gatwick, arriving there at 16h30. Your plane will be leaving at 18h15, and will arrive at Beauvais at 19h00. Will your friend be able to meet you there?

juillet – *July*	amener – *to take, bring*	arriver – *to arrive*	j'aurai < avoir – *I shall have*
bientôt – *soon*	amitiés – *all the best*	l'étudiant – *student*	la réduction – *reduction*

///Action 2!

Didi en visite

1 Regarde la bande dessinée 'Didi en visite'.
On pose des questions à Didi. Comme tu le vois, les réponses de
Didi ne sont pas les bonnes!

2 Ecoute la Cassette: tu es en France et on te pose les mêmes questions. Pour chaque question (1–8) écris dans ton Dossier la bonne réponse (A–H).

A Je veux bien. Où est la salle de bain, s'il vous plaît?

B Merci. Je veux bien appeler mes parents. Où est le téléphone, s'il vous plaît?

C Un peu. Je voudrais bien boire quelque chose, s'il vous plaît.

D Excusez-moi, je n'ai pas de dentifrice.

E La mer était un peu agitée – mais j'ai fait bon voyage, merci.

F Merci, je voudrais bien manger quelque chose.

G Je voudrais bien. Où est ma chambre, s'il vous plaît?

H Ça va bien, merci!

la bande dessinée – *comic strip*	même – *same*
comment ça va? – *how are you?*	appeler – *call*
as-tu fait bon voyage? – *did you have a good trip?*	excuser – *to excuse*
as-tu soif? – *are you thirsty?*	le dentifrice – *toothpaste*
le biftek-frites – *steak and chips*	la mer – *sea*
faire couler – *to run*	était < être – *was*
la serviette de toilette – *towel*	agité – *rough*
téléphoner – *to telephone*	j'ai fait bon voyage – *I had a good trip*
fatigué – *tired*	ça va bien – *I'm fine*
c'était moche – *it was awful*	
le champagne – *champagne*	
le bain – *bath*	
le savon – *soap*	
oh là là! – *oh dear!*	
se reposer – *to rest*	

Patrice

Voici une fiche avec des détails sur Patrice Coste.

Patrice Coste (14), Chemin de la Roche
(petite maison)
<u>Anniversaire</u> 26 janvier
<u>Père</u> Gérard, fraiseur
<u>Mère</u> Brunette, employée de bureau
<u>Frère(s)</u> Christophe, 17
<u>Sœur(s)</u> –
<u>Animal</u> chien, Maty, 2
<u>Argent de poche</u> 60F/ranger chambre/faire
vaisselle/bien travailler à l'école
<u>Ecole</u> aime/mobylette/15 mn
<u>Matière</u> français
<u>Passe-temps</u> marche en montagne
<u>Plat</u> biftek-frites
<u>Boisson</u> l'eau
<u>Chanteur</u> Jason Donovan
<u>Chanteuse</u> Sandra Spania
<u>Groupe</u> Dire Straits
<u>Couleur</u> rouge

janvier – *January*
le fraiseur – *milling machine operator*
l'employé(e) de bureau – *office worker*
l'argent de poche – *pocket money*
la marche – *walking*
le chanteur/la chanteuse – *singer*

Tu fais la connaissance de Patrice pendant ton séjour en France. Voici des questions que tu peux lui poser, et ses réponses.

– Tu t'appelles comment, toi?
– Patrice Coste.
– Quel âge as-tu?
– Quatorze ans. C'est mon anniversaire le 26 janvier.

– Tu habites ici dans le village?
– Oui. Dans le Chemin de la Roche. Nous avons une petite maison.
– Tu as des frères et sœurs?
– J'ai un frère. Christophe, qui a dix-sept ans. Mais je n'ai pas de sœur.
– Tu as un animal à la maison?
– Oui, un chien. Il s'appelle Maty. Il a deux ans.
– Et tes parents, comment s'appellent-ils?
– Mon père s'appelle Gérard. Il est fraiseur. Ma mère s'appelle Brunette. Elle est employée de bureau.
– Tu reçois combien d'argent de poche?
– Soixante francs par semaine. Mais pour ça je dois ranger ma chambre et faire la vaisselle de temps en temps. Et bien travailler à l'école!
– Tu aimes l'école?
– Oui, je l'aime. Assez…
– C'est loin de chez toi?
– Je mets quinze minutes pour y aller. J'y vais en mobylette.
– Quelle est ta matière préférée?
– Le français!
– Et est-ce que tu as un passe-temps préféré?
– J'aime beaucoup marcher en montagne.
– Qu'est-ce que tu aimes manger et boire?
– Mon plat préféré, c'est le biftek-frites. Ma boisson préférée, c'est l'eau.
– Est-ce que tu as un chanteur préféré?
– Jason Donovan.
– Une chanteuse préférée?
– Sandra Spania.
– Un groupe?
– Dire Straits.
– Une couleur?
– Rouge!

//////Action 3!

1 Dans ton Dossier, écris un article (en anglais) sur 'Patrice Coste, mon ami français'.

2 Ensuite, écris (en français) une fiche similaire, qui donne des détails sur toi.

3 Imagine la conversation entre Patrice et toi quand tu parles de toi.

Des mots croisés

1		2			3	4	5	6		7	8
9	10		11	12	13				14		
15			16				17	18			19
	20				21		22				
23						24					
25	26			27				28	29		
30				31		32		33			
34		35	36		37		38				39
	40	41			42	43					
			44				45	46			
47								48			
49					50						

HORIZONTALEMENT

1 Tu veux manger un .....? Une poire?
3 Non, merci, je préfère du ....
9 Je l'aime bien. C'est … .
11 Un des pays où on parle le français.
14 J'aime danser. J'aime aller au … .
15 Je ne dis pas non. Je dis … .
16 Pour aller au centre ville – c'est .... ?
17 Mes amis? … habitent en ville.
20 J'aime bien ce pull, ... il est trop cher.
21 .. j'ai de l'argent, je vais au cinéma.
22 'Encore du veau?' 'Un …, s'il vous plaît'.
23 On les achète à la librairie.
24 Dans ma chambre j'ai un grand … .
25 Bonjour, je m'....... Marc.
28 Pour …, un croque-monsieur.
30 Mes chaussures ne sont pas blanches –
elles sont ....
32 Comment s'appelle-t-elle, .. cousine?
33 Je ne dis pas oui, je dis … .
34 J'ai une petite sœur et une ...... sœur.
37 .. j'ai le temps, je vais faire une promenade.
38 Quel est … nom?
40 Et .. tante, quel âge a-t-elle?
42 J'ai un ...... à la maison. C'est un chien.

46 Ton chien, où est-..?
47 Mes parents? … sont gentils, oui.
48 Je me lève à sept heures. Il .. lève à huit heures.
49 Je voudrais bien ...... un peu de pain.
50 Le nord, le sud, l'ouest et l'… .

VERTICALEMENT

2 .. kilo de tomates, s'il vous plaît.
4 Mon .... est le 15 août.
5 Il y a un supermarché pas loin d'… .
6 Je me couche tard, mais elle .. couche à neuf heures.
7 J'aime bien nager. Oui, j'aime la ....
8 Voici mon chat. .. est très intelligent.
9 Tu veux acheter du pain? Il y a une ....
dans la rue Gambetta.
10 Tu préfères le T-shirt blanc .. le T-shirt rouge?
12 Une fleur.
13 Oui, j'.. un frère.
16 J'aime la lecture. J'aime .... .
18 .. centre commercial, où se trouve-t-il?
19 Je prends l'..... qui part de Roissy à 10 heures.
22 Mon .... préféré est le biftek-frites.
26 On entre par une ..... bleue.
27 Ça coûte combien? Tu vois .. tarif?
28 Ma .... préférée est le français, bien sûr.
29 Normalement, .. mange à midi dans
cette famille.
31 Est-ce que tu veux du poivre ou du …
avec ta viande?
35 .... habitons à la campagne.
36 Où est la voiture? .... le garage.
39 Pour ..... à la piscine, s'il vous plaît?
41 'Quel âge as-tu?' 'J'ai 14 …'.
43 .... avons une petite maison.
44 Il y a une pâtisserie dans la … de la Libération.
45 Je fais … devoirs.

---

des mots croisés – *crossword puzzles*
horizontalement – *across*
verticalement – *down*

SECTION BLEUE FIN

Au collège

How to...

- Tell people about your school
- Say when you have various subjects
- Say how much (or little) you like them and how good (or bad) you think you are
- Talk about clubs and societies

L'école commence à 8h35 et finit à 17h10.
Pause-déjeuner: 12h35–14h00. Les élèves ne vont pas à l'école le mercredi après-midi, ni le samedi et le dimanche.

Vacances:
Deux semaines à Noël
Deux semaines à Pâques
Neuf semaines en été
Huit jours pour les fêtes

Le Collège de la Plaine

1 Et ton école – comment s'appelle-t-elle?

2 A quelle heure est-ce qu'elle commence?

3 A quelle heure est-ce qu'elle finit?

4 A quelle heure avez-vous la pause-déjeuner?

5 Quels jours n'allez-vous pas à l'école?

6 Vous avez combien de vacances à Noël?

7 Combien de vacances avez-vous à Pâques?

8 Et en été?

Action 1

1 Imagine que tu vas à l'école à Lavardac. Dans ton Dossier, écris une lettre (en anglais) à un ami, dans laquelle tu lui expliques les heures et les vacances du collège.
2 Des élèves français te posent des questions sur ton école. Qu'est-ce que tu réponds?

le collège — *college*   finir — *to finish*   la pause-déjeuner — *lunch break*

Qu'est-ce qui manque?

Voici l'emploi du temps de Gaby.

Comme troisième cours le jeudi j'ai l'anglais!

	lundi	mardi	mercredi	jeudi	vendredi
1	anglais	français			
2	mathématiques			physique	mathématiques
Récréation				géographie	physique
3					
4	informatique	mathématiques	biologie	anglais	français
		mathématiques	français		
Pause-déjeuner					allemand
5					
6				mathématiques	dessin
7	éducation physique	anglais		physique	
		histoire			

Comme premier cours le lundi elle a l'anglais.

Comme premier cours le mardi elle a le français.

Comme deuxième cours le jeudi (juste avant la recréation) elle a la géographie.

Comme troisième cours le mercredi (juste après la récréation) elle a la biologie.

Comme quatrième cours le lundi elle a l'informatique.

Comme quatrième cours le mardi elle a les mathématiques.

Comme quatrième cours le vendredi (juste avant la pause-déjeuner) elle a l'allemand.

Comme cinquième cours le vendredi (juste après la pause-déjeuner) elle a le dessin.

Comme sixième cours le jeudi elle a la physique.

Comme septième cours le lundi elle a l'éducation physique.

Comme dernier cours le mardi elle a l'histoire.

Action 2!

1 Comme tu le vois, son emploi du temps n'est pas complet. Ecoute la Cassette: Gaby parle de son emploi du temps. Ecris les matières qui manquent dans les cases vides.

2 Demande à un ami/une amie d'écrire un emploi du temps imaginaire pour le lundi. Pose-lui des questions pour découvrir quels cours il/elle a, et écris ses réponses dans ton Dossier. Exemple:
– Qu'est-ce que tu as comme troisième cours?
– Comme troisième cours j'ai le français.

qu'est-ce qui? – *what?*	la récréation – *break*	le cours – *lesson*	juste – *just*
avant – *before*	quatrième – *fourth*	cinquième – *fifth*	sixième – *sixth*
septième – *seventh*	dernier – *last*	l'éducation physique – *P.E.*	vide – *empty*

Thierry et ses matières à l'école

Les numéros 1–4 après chaque matière indiquent que Thierry pense qu'il est:

1 fort   2 moyen   3 faible   4 nul

Les numéros 5–8 indiquent:

5 Sa matière préférée   6 Il l'aime   7 Il ne l'aime pas   8 Il la déteste

Thierry

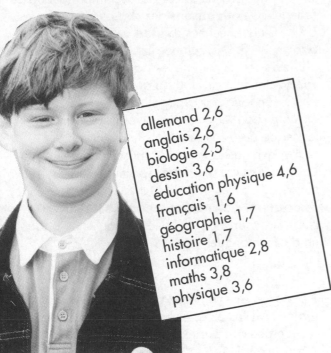

allemand 2,6
anglais 2,6
biologie 2,5
dessin 3,6
éducation physique 4,6
français 1,6
géographie 1,7
histoire 1,7
informatique 2,8
maths 3,8
physique 3,6

Jean-Claude

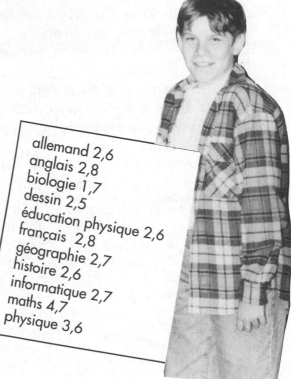

allemand 2,6
anglais 2,8
biologie 1,7
dessin 2,5
éducation physique 2,6
français 2,8
géographie 2,7
histoire 2,6
informatique 2,7
maths 4,7
physique 3,6

Voici ce qu'il dit:

'J'aime l'allemand – Je suis moyen.'

'J'aime l'anglais aussi – et aussi je suis moyen.'

'La biologie est ma matière préférée, mais je suis moyen.'

'J'aime le dessin, mais je suis faible.'

'J'aime l'éducation physique, mais je suis nul.'

'J'aime le français, et je suis fort.'

'Je n'aime pas la géographie, mais je suis fort.'

'En histoire aussi je suis fort, mais je ne l'aime pas.'

'Je déteste l'informatique, mais je suis moyen.'

'Je déteste les maths, et je suis faible.'

'J'aime la physique, mais je suis faible. '

Action3!

1   Regarde les numéros écrits par Jean-Claude. Qu'est-ce qu'il dit, lui?

2   Ecris une liste de tes matières. Ajoute les numéros 1–4 et 5–8.
Qu'est-ce que tu dis, toi, au sujet de tes matières?
Attention: un garçon dit: 'Je suis fort, moyen, faible, nul,'
mais une fille dit 'Je suis forte, moyenne, faible, nulle.'

penser – *to think*   fort – *strong, very good*   faible – *weak*   nul – *no good*

Le collège en France

~ Un sondage fait pour nous par Mme Castagné, professeur de collège. Voici ce que pensent ses élèves:

~ 50% des élèves interrogés sont contents des horaires du collège. 50% pensent que la journée commence trop tôt!

~ Les élèves sont (en général!) contents de leurs emplois du temps.

~ Ils préfèrent se déplacer dans les salles spécialisées (biologie, dessin, histoire).

~ Ils pensent que leurs professeurs sont patients et abordables.

~ La première qualité d'un professeur? 1: La patience. 2: La compétence.

Qu'est-ce que tu en penses?

vu – *seen* < voir – *to see*
interrogés – *questioned* < interroger – *to question*
en géneral – *in general*
se déplacer – *to move*
spécialisé – *specialist*
abordable – *approachable*
la qualité – *quality*
la patience – *patience*
la compétence – *competence*

Et à part les études?

Nous avons posé une question à des élèves: qu'est-ce que tu fais au collège, à part les études? Voici leurs réponses:

Hafid: 'Le football: les matches se déroulent le samedi après-midi, les entraînements se déroulent le mercredi après-midi.'
Christophe: 'Je fais partie du club informatique du collège, où nous faisons des choses intéressantes.'
Cyril: 'Clubs d'échecs, bridge, peinture.'
Sabine: 'A.S. (Association Sportive), où l'on fait plusieurs sports comme les barres parallèles, le volley, etc. Echecs, club qu'on fait entre 12h35 et 2h00. On joue par groupe!'
Mohammed: 'Activités sportives (foot, basket, lancer de poids, course de vitesse, handball, rugby, gymnastique au sol, musculation etc.).'
Cathy: 'Activité physique, sportive. Dessins, musique.'
Patrice: 'A l'école on peut participer à divers clubs. Il y a un club d'échecs, un autre de bridge, un d'informatique.'

Action 4!

1 Dans ton Dossier, écris un article en anglais sur les activités et les clubs auxquels les élèves du collège peuvent participer.
2 Fais une liste (en français) des activités et des clubs à ton école auxquels les élèves peuvent participer. (S'il y a des mots que tu ne connais pas, demande à ton professeur!)

(Obviously English words not included!)

nous avons posé – *we put*
se dérouler – *to take place*
les échecs – *chess*
la peinture – *painting*
la course de vitesse – *running*
participer à – *to take part in*

à part – *apart from*
l'entraînement – *training*
faire partie de – *to be a member of*
les barres parallèles – *parallel bars*
la gymnastique au sol – *floor gymnastics*
divers – *various*

les études – *studies*
l'association sportive – *sports club*
intéressant – *interesting*
le lancer de poids – *putting the shot*

connaître – *to know*

Talking about your school

L'école ..... { commence à .... { neuf } heures.
{ finit { quatre }

Comme ... { premier cours .... { le lundi .... { j'ai .... { l'anglais.
{ deuxième { le mardi { il a { le français.
{ troisième { le mercredi { elle a { les maths.

L'allemand est ma matière préférée .... { et } je suis .... { fort(e).
J'aime } l'histoire { moyen(ne).
Je n'aime pas } la biologie } .... { mais } { faible.
Je déteste } la géographie { nul(le).

Je fais partie .... du } club .... { de l' } association sportive.
On peut participer .... au } { à l' }

L'argent de poche

How to...

- Say what pocket money you get
- Say what you earn besides, and how
- Say what you do with it

Combien?

Sur cette page tu vois l'argent de poche de: Richard, Christophe, Aziza, Chantal, Hafid, Francesca, Gérard, Josiane et Laurent. Mais qui est-ce qui reçoit chaque somme?

L'argent de poche	L'argent de poche	L'argent de poche
de (A) .... (B) par	de (A) .... (B) par	de (A).......... *Francesca* .... (B) par .....*semaine*........ **EXEMPLE**
L'argent de poche	L'argent de poche	L'argent de poche
de (A) .... (B) par	de (A) .... (B) par	de (A) .... (B) par ....
L'argent de poche	L'argent de poche	L'argent de poche
de (A) .... (B) par	de (A) .... (B) par	de (A) .... (B) par ....

Action 1 !

1 Ecoute la Cassette. Chacun des neuf dit combien d'argent de poche il/elle reçoit. Ecris son nom dans la bonne case A. Chacun dit aussi tous les combien il reçoit son argent de poche. Dans la case B, écris 'par mois' ou bien 'par semaine'.

2 Dans ton Dossier, complète les phrases suivantes:

Hafid reçoit .... francs par ....

Laurent reçoit .... francs par ....

.... reçoit cent-dix francs par ....

Gérard reçoit .... francs par ....

.... reçoit cent francs par ....

.... reçoit cinquante francs par ....

Francesca reçoit ..*vingt*.. francs par ..*semaine*.. .

Aziza reçoit .... francs par ....

.... reçoit trente francs par ....

Moi, je reçois .... livres par ....

reçoit <recevoir – *to receive*   la somme – *sum* par mois – *per month*   par semaine – *per week*

Un petit job

Pour gagner un peu d'argent, beaucoup de jeunes ont un petit job – au week-end, par exemple, ou bien pendant les vacances.

Christophe est serveur. Il apporte les boissons aux clients.
Chantal est caissière. Elle encaisse l'argent des clients.
Laurent encaisse le péage des automobilistes.
Francesca vend le pain et les gâteaux.
Josiane vend les fleurs et les plantes.

Gérard livre les journaux.
Hafid nettoie les blocs sanitaires.
Richard est pompiste. Il sert l'essence.
Aziza vend les légumes et les fruits.
Sabine travaille dans un camping.

///Action 2!

Sur chaque photo, écris le nom de la jeune personne qui y travaille.

.... travaille
à la station-service.

.... travaille
dans un supermarché.

.... travaille
au marché.

...*Christophe*... travaille
dans un café.

.... travaille
chez un fleuriste.

.... travaille
dans un camping.

.... travaille
à la maison de la presse.

.... travaille
dans une boulangerie-pâtisserie.

.... travaille
sur l'autoroute.

le job – *job*	gagner – *to earn*	apporter – *to bring*	livrer – *to deliver*
encaisser – *to take (money)*	nettoyer – *to clean*	le bloc sanitaire – *toilet-block*	
le péage – *toll*	l'automobiliste – *motorist*	le pompiste – *filling-station attendant*	
il sert < servir – *to serve*	l'essence – *petrol*	la fleur – *flower*	la plante – *plant*

Les dépenses

Que font les jeunes avec leur argent?

Christophe et Francesca préfèrent acheter des cassettes et des disques.

Richard, Chantal et Laurent préfèrent acheter des habits.

Hafid et Josiane préfèrent payer leurs sorties (disco, match de football, cinéma, etc.).

Aziza et Gérard préfèrent faire des économies.

Action 3!

Avec son argent de poche, et l'argent qu'il gagne par son petit job, Richard préfère acheter des habits. Tu vois aussi les préférences de Christophe, Aziza, Chantal, Hafid, Francesca, Gérard, Josiane et Laurent.

Voici ce qu'on sait maintenant au sujet de Richard et de son argent: Comme argent de poche, Richard reçoit cinquante francs par semaine. Pour gagner un peu d'argent il travaille comme pompiste à la station-service. Avec son argent il préfère acheter des habits.

Écris dans ton Dossier ce que tu sais au sujet de Christophe et de son argent. Ensuite, essaie d'écrire quelque chose au sujet de toi et de ton argent.

la dépense – *outlay (of money)*
la sortie – *excursion, trip, going out*
faire des économies – *to save (money)*
la préférence – *preference*
sait < savoir – *to know*
maintenant – *now*

info+

La monnaie

~ 770 avant Jésus Christ: la monnaie la plus ancienne – des pièces chinoises.

~ 368–399 AD: le plus grand billet. (1 yuan chinois: 22,8 x 33 cm.)

~ 1664: la pièce la plus lourde: une pièce de 10 dalers suédoise (19,710 kg).

~ 1685: Jacques de Meulle paie ses soldats avec des cartes à jouer.

~ 1798: En Egypte, on paie les marchands avec les boutons d'uniforme des soldats français.

~ Au milieu du XIXe siècle, on paie les ouvriers du Yucatan avec du cacao.

~ 1920–21: Le plus petit billet (1–3 pfennigs, de Passau). Il mesure 18mm x 18,5mm.

~ Qu'est-ce que c'est, un billetophile? C'est un collection-neur de billets!

la monnaie – *money, currency*
ancien – *old*
lourd – *heavy*
suédois – *Swedish*
le soldat – *soldier*
la carte à jouer – *playing card*
l'Egypte – *Egypt*
l'uniforme – *uniform*
le milieu – *middle*
le siècle – *century*
l'ouvrier – *worker*
mesurer – *to measure*
le cacao – *cocoa*
le collectionneur – *collector*

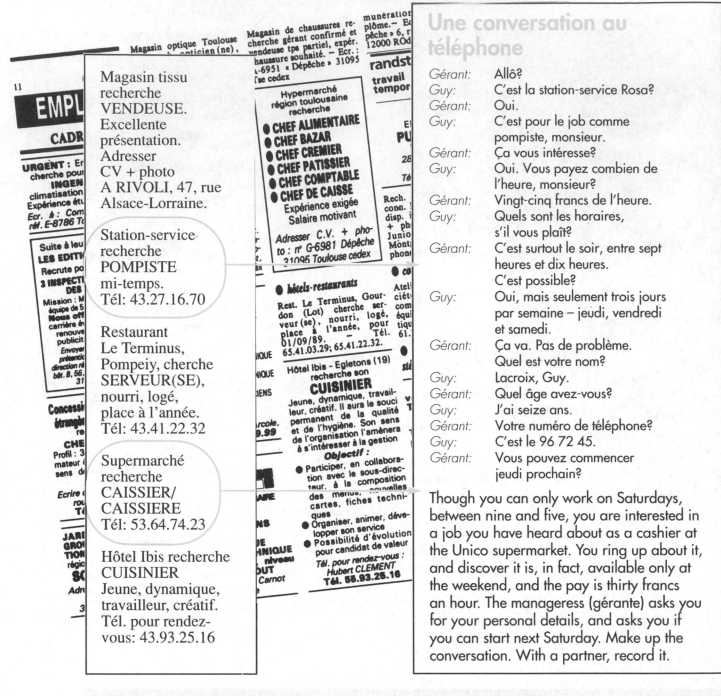

Gérant:	Allô?
Guy:	C'est la station-service Rosa?
Gérant:	Oui.
Guy:	C'est pour le job comme pompiste, monsieur.
Gérant:	Ça vous intéresse?
Guy:	Oui. Vous payez combien de l'heure, monsieur?
Gérant:	Vingt-cinq francs de l'heure.
Guy:	Quels sont les horaires, s'il vous plaît?
Gérant:	C'est surtout le soir, entre sept heures et dix heures. C'est possible?
Guy:	Oui, mais seulement trois jours par semaine – jeudi, vendredi et samedi.
Gérant:	Ça va. Pas de problème. Quel est votre nom?
Guy:	Lacroix, Guy.
Gérant:	Quel âge avez-vous?
Guy:	J'ai seize ans.
Gérant:	Votre numéro de téléphone?
Guy:	C'est le 96 72 45.
Gérant:	Vous pouvez commencer jeudi prochain?

Though you can only work on Saturdays, between nine and five, you are interested in a job you have heard about as a cashier at the Unico supermarket. You ring up about it, and discover it is, in fact, available only at the weekend, and the pay is thirty francs an hour. The manageress (gérante) asks you for your personal details, and asks you if you can start next Saturday. Make up the conversation. With a partner, record it.

Magasin tissu recherche VENDEUSE. Excellente présentation. Adresser CV + photo A RIVOLI, 47, rue Alsace-Lorraine.

Station-service recherche POMPISTE mi-temps. Tél: 43.27.16.70

Restaurant Le Terminus, Pompeiy, cherche SERVEUR(SE), nourri, logé, place à l'année. Tél: 43.41.22.32

Supermarché recherche CAISSIER/ CAISSIERE Tél: 53.64.74.23

Hôtel Ibis recherche CUISINIER Jeune, dynamique, travailleur, créatif. Tél. pour rendez-vous: 43.93.25.16

---

le gérant – *manager*   intéresser – *to interest*   combien de l'heure? – *how much an hour?*   le soir – *evening*
seulement – *only*   le samedi – *Saturday*   le problème – *problem*   vous pouvez < pouvoir – *to be able to*

Talking about your money

Comme argent de poche .... { je reçois .... { (...) francs par .... { semaine.
{ il/elle reçoit { (...) livres { mois.

Pour gagner de l'argent...
...je ⎫
...il ⎬ travaille .... { au marché/à la station-service, etc.
...elle ⎭ { dans un camping/une boulangerie, etc.
{ chez un fleuriste.
{ comme pompiste/caissier/caissière, etc.

Je ⎫
Il ⎬ préfère .... { acheter des cassettes/des disques/des habits, etc.
Elle ⎭ { payer mes/ses sorties.
{ faire des économies.

Une sortie en France

How to...

- Say what the weather's like
- Say what you're going to do

 Action 1!

1 Dans chaque case 1–9, dessine un symbole pour représenter le temps indiqué à côté.
Exemple: numéro 2 – il fait du soleil.

Quel temps fait-il?

1. Il fait beau
2. Il fait du soleil
3. Il fait chaud
4. Il ne fait pas beau
5. Il pleut
6. Il neige
7. Il fait froid
8. Il fait du vent
9. Il fait du brouillard

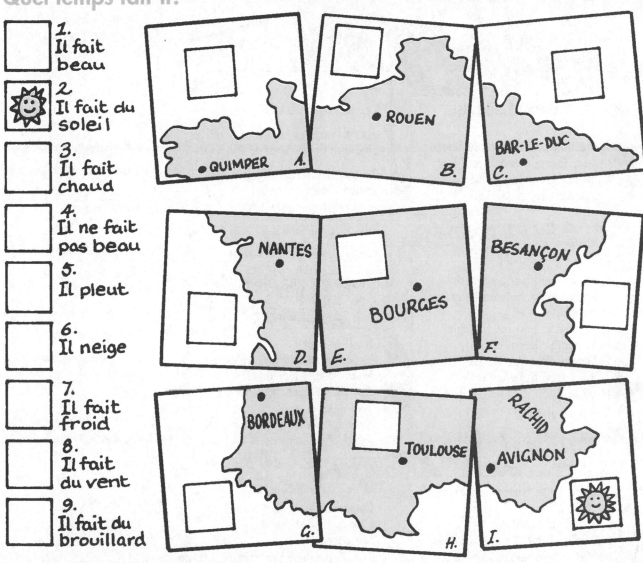

2 Ecoute la Cassette. Geneviève, Jacques, Pierre Ducours, Rachid, Lucienne, Mlle Dauba, Jean-Paul, M. Hacquard et Mme Larrat disent:
a) où ils sont, et
b) quel temps il fait.
Dans chaque case A–I, écris le nom de la personne qui est dans la ville indiquée, et dessine le symbole du temps qu'il fait.
e.g. Rachid est à Avignon, où il fait du soleil.

Quel temps fait-il? – *what's the weather like?*	il fait beau – *it's fine*	il fait du soleil – *it's sunny*
il fait chaud – *it's hot* il ne fait pas beau – *it's not fine*	il pleut – *it's raining*	il neige – *it's snowing*
il fait froid – *it's cold* il fait du vent – *it's windy*	il fait du brouillard – *it's foggy*	

Qu'est-ce qu'on va faire?

En France, au mois d'août, tu vois une affiche:

Course Landaise

Vendredi 9 août.
Spectacle comico-taurin au Moulin Neuf. Course avec écarteurs, jeux dans l'arène, et toro de fuégo.
Renseignements: 73 65 91 11

Barbaste

Dimanche 18 août.

15 heures: Championnat du Monde des Cracheurs de graines de Melon.
17 heures: Jeux intervillages.
20 heures: Repas aux Demoiselles Gasconnes.
22 heures: Bal gratuit.

Renseignements: 63 97 00 14
Réservations: 63 97 00 75

Le Fréchou

Découverte. Sur les sentiers de Gascogne.
Mercredi 7 août.
21h30: Départ de la place de la Mairie pour une randonnée pédestre nocturne.
Le parcours de 5 à 6 kilomètres, agrémenté d'une animation musicale et folklorique, se terminera par une soupe au fromage (se munir de piles ou de torches).
Inscription pour la soupe au fromage: jusqu'au 4 août:
67 29 42 85

Montréal du Gers

Samedi 17 août.

Repas et bal gascon.

Apéritif et repas gascon.
'Poule au pot' à partir de 20h.

Bal traditionnel animé par le groupe 'Octet' et ses huit musiciens à partir de 22h.

Prix de la soirée: 120F.

Renseignements: 56 65 41 49

Francescas

Jeudi 15 août.
Exposition de produits régionaux.
Matin: course à pied.
A midi: concours pétanque.
20h: repas et bal.
Renseignements et réservations:
73 05 77 46

Mézin

Dimanche 4 août.
Fête de l'Académie des Menteurs.
10h: Exposition-Vente de produits régionaux.
11h: danses, musique folklorique.
15h: concours international des menteries et sacre du roi des menteurs.
12h et 20h: repas champêtres sur la place du Fort. (Prix 80F.)
Réservations recommandées:
54 65 45 10

Moncrabeau

---

gascon – *from the area of Gascogne, in the south-west of France*

la course landaise – *a kind of bullfight, but without bulls (cows are used). There's no fighting, either: those taking part (the 'écarteurs') do such things as leaping over the cows' heads as they charge towards them*

l'arène – *arena*

le toro de fuégo – *fireworks producing the outline of a bull*

l'apéritif – *drink before a meal*

la poule – *chicken*

le pot – *pot*

animer – *to animate*

le musicien – *musician*

la soirée – *evening*

le championnat – *championship*

le cracheur – *spitter*

la graine de melon – *melon pip*

l'exposition – *exhibition*

régionaux<régional – *regional*

la pétanque – *bowls*

le sentier – *pathway*

la randonnée pédestre – *ramble*

nocturne – *at night*

le parcours – *route*

se terminer – *to end*

se munir de – *to provide oneself with*

la pile, la torche – *torch*

l'inscription – *inscription*

l'académie – *academy*

le menteur – *liar*

agrémenté – *accompanied*

la musique folklorique – *folk-music*

la menterie – *telling lies*

le sacre – *coronation*

le roi – *king*

champêtre – *rural*

recommander – *to recommend*

//////Action 2!

Au Festival Gascon 1: Les Anglais

These people don't know French. What do you say?

1 WHAT NUMBER DO YOU RING TO TAKE PART IN THE RACE? WHAT ELSE IS GOING ON?

2 WHAT TIME DOES THE MEAL START AT FRANCESCA'S? WHAT IS THERE TO EAT? IS THERE ANYTHING ON AFTERWARDS?

3 WHAT IS THE NAME OF THAT PLACE WHERE THEY DO THOSE SILLY GAMES WITH COWS? WHEN IS IT TAKING PLACE?

4 THEY CALL THE WINNER THE KING OF <u>WHAT</u>? WHAT KINDS OF THINGS ARE THERE TO EAT? IS THERE ANY MUSIC?

5 DO YOU HAVE TO RING UP TO TAKE PART IN THE RAMBLE? HOW LONG IS IT? WHAT TIME DOES IT START? WHAT DOES THAT MEAN: 'AGRÉMENTÉ D'UNE ANIMATION MUSICALE'? WHAT HAPPENS AFTER THE RAMBLE? WHAT DOES IT SAY TO TAKE WITH YOU?

6 YOU MUST BE JOKING?! THE WORLD CHAMPION <u>WHAT</u>?!

Au Festival Gascon 2: Les Français

Tout dépend du temps qu'il fait! Complète les bulles.

1 Je veux bien aller à Moncrabeau, mais apporte ton parasol. Au soleil il fait très ....

2 Mais quelle idée de cracher des graines de melon quand il fait du ...... comme ça!

3 Oui, on va participer à la randonnée nocturne. A cette heure-là il ne fait pas trop ....

4 Puisqu'il ...... on va voir l'exposition des produits régionaux.

5 Mais il fait du ...... ! On ne voit même pas les écarteurs!

le parasol – *parasol* l'idée – *idea*
cracher – *to spit* puisque – *since*
même – *even*

Un champion du monde

~ Le troisième dimanche d'août. Le Fréchou – un petit village de Gascogne – est la capitale de la bonne humeur, puisque c'est là que se déroule le Championnat du Monde des Cracheurs de Graines de Melon.

~ De quoi s'agit-il? Il s'agit, pour les candidats, de choisir une graine de melon et de la projeter le plus loin possible sur un 'Mélodrome'.

~ Il faut poser la question: le champion du monde sera-t-il encore français cette année? Et qui fera mieux que Philippe Calbo, recordman avec 8,55 m? (Le record féminin est de 6,20 m).

~ Cette compétition est ouverte à tous: même sans entraînement, les résultats sont toujours spectaculaires!

le champion – *champion*
la capitale – *capital*
la bonne humeur – *good humour*
il s'agit de – *it's a question of, it's about*
le candidat – *candidate*
projeter – *to project*
il sera < être – *he will be*
il faut – *one has to*
encore – *still*   l'année – *year*
il fera < faire – *he will do*
mieux que – *better than*
le recordman – *record-holder*
le record – *record*   féminin – *feminine*
la compétition – *competition*
spectaculaire – *spectacular*

Talking about the weather

$$
\text{S'il ..}
\begin{cases}
\text{fait...}
\begin{cases}
\text{beau,} \\
\text{du soleil,} \\
\text{froid,} \\
\text{du vent,} \\
\text{du brouillard,}
\end{cases} \\
\text{pleut,} \\
\text{neige,}
\end{cases}
\begin{cases}
\text{on va aller} \dots \\
\text{je vais}
\end{cases}
\begin{cases}
\text{à Barbaste.} \\
\text{au championnat, au bal, au repas…} \\
\text{à la fête, à l'exposition…}
\end{cases}
$$

$$
\left.
\begin{array}{l}
\text{Où} \\
\text{Quel jour} \\
\text{Quelle date} \\
\text{A quelle heure}
\end{array}
\right\}
\text{est-ce que ça se déroule?} \dots
\left\{
\begin{array}{l}
\text{A Mézin.} \\
\text{Le jeudi.} \\
\text{Le 15 août.} \\
\text{A 17 heures.}
\end{array}
\right.
$$

//////Action 3 !

Un coup de téléphone

Un ami te téléphone au sujet de la course à pied à Mézin.

– La course à pied, c'est quel jour?
– Le jeudi.
– Le 15 août, alors?
– Oui.
– Où est-ce que ça se déroule?
– A Mézin.
– A quelle heure?
– Je ne sais pas. Le matin.
– Tu as le numéro de téléphone pour avoir des renseignements?
– Oui, c'est le 73 05 77 46.

Un autre ami te téléphone au sujet de la Fête des Menteurs. Imagine le dialogue.

le coup de téléphone – *telephone call*
sais < savoir – *to know*

//////Action 4 !

Et toi?

Tu es au Festival Gascon. Complète les phrases suivantes:

'S'il fait beau, je vais aller
....,'

'S'il ne fait pas beau, je ne vais pas aller
....
je vais aller ....,'

'S'il fait froid, je vais aller
....,'

'S'il pleut, je vais aller
....,'

'S'il fait du brouillard, je ne vais pas aller
....,
je vais aller ....,'

'S'il fait du vent, je
....,'

UNITE 24 — *Le logement*

1 Les Ligier

1 night — A

les Ruralies

HOTEL**
LES RURALIES

AIRE D'AIFFRES
VOUILLÉ
79230 PRAHECQ
☎ 49.75.67.66

How to...

- Check in at a hotel, campsite or youth hostel
- Say what you need

On arrive!

On a le choix: l'hôtel, le camping
ou bien l'auberge de jeunesse.

3 Les Payrat

A

CAMPING LE MOULIN

CAMPING MUNICIPAL
LE MOULIN **
SALLES SUR MER

capacité 50 emplacements
forfait par jour
1 personne   16,70
adulte en +   9,90
enfant - 7 ans   6,40   ENTRÉE →

2 Les Baillet

POUR TOUS RENSEIGNEMENTS
ET INSCRIPTIONS:
écrire à

AUBERGE DE JEUNESSE
Place du Monturu
19120 BEAULIEU-SUR-DORDOGNE
Tél: (16)66.91.13.82

A

4 Les Bosselli

Commune de
POIX DE PICARDIE

Camping
Le Bois des Pé...

A

Face à la baie du Mont Saint Michel
In front of Mont Saint Michel bay

auberge de jeunesse
youth hostel

AVRANCHES

f.J.t. 15, rue du Jardin des Plantes 50300 AVRANCHES

Tél : (33)

Ouvert toute l'année
Open all year

5 Les Chana

A

HOTEL RESTAURANT
les grenettes

"entre les pins et la mer"

RD 201
17740 Ste Marie de Ré
Tél 46 30 22 47 – Fax 46 30 24 64

6 Les Narran

A

///// Action 1 !

En arrivant il faut dire
a) combien de personnes on est et
b) combien de nuits on veut rester.
Ecoute la Cassette. Un groupe de personnes arrive dans chaque endroit (1–6).
Dans chaque case A, fais un dessin pour indiquer combien de personnes il y a dans le groupe.
Ajoute le nombre de nuits.

e.g. à l'hôtel les Ruralies; il y a trois adultes et un enfant (la famille Ligier);
ils veulent rester une nuit.

le logement – *accommodation*	l'auberge de jeunesse – *youth hostel*	la nuit – *the night*
rester – *to stay*		

A l'hôtel

Les Ligier à la réception de l'hôtel les Ruralies

M. Ligier:	Vous avez des chambres de libre?
Hôtelier:	Bien sûr. Que voulez-vous comme chambres?
M. Ligier:	Nous sommes trois adultes et un enfant. On a besoin de deux chambres pour une personne (avec douche) et une chambre pour deux personnes, avec salle de bains.
Hôtelier:	Pour combien de nuits, s'il vous plaît?
M. Ligier:	Pour une nuit.
Hôtelier:	Pas de problème, monsieur.
M. Ligier:	Combien coûtent les chambres?
Hôtelier:	La chambre pour une personne coûte cent cinquante francs; la chambre pour deux personnes coûte deux cents francs.
M. Ligier:	Est-ce que le petit déjeuner est compris?
Hôtelier:	Il y a un supplément de trente francs pour le petit déjeuner.
M. Ligier:	D'accord.
Hôtelier:	Votre nom, s'il vous plaît?
M. Ligier:	Ligier.

la réception – *reception*
des chambres de libre – *rooms vacant*
l'hôtelier – *hotel-keeper* le supplément – *supplement*

//// Action 2 !

1 Invent the dialogue when the Narran family (see page 101) arrive at the reception of the Hotel des Grenettes. (Single rooms 120F, double 175F, breakfast included.) The children need a room with a bath.

2 Imagine a conversation when you and your family, or a group of friends, arrive at a hotel in France.

info +

Les gîtes

~ Beaucoup de gens préfèrent louer un gîte que d'aller à l'hôtel.

~ un gîte est une maison individuelle, ou une partie d'une maison, située près d'un village ou d'une ferme.

~ Les propriétaires ne sont pas des professionnels du tourisme: ils souhaitent traiter leurs locataires comme des amis qui partagent le plaisir d'être à la campagne.

~ Le logement est loué meublé et il comprend une cuisine et une salle de séjour, une ou plusieurs chambres, une salle d'eau et des WC intérieurs.

individuel – *individual*	la partie – *part*
situé – *situated*	près de – *near to*
professionnel – *professional*	
souhaiter – *to wish*	traiter – *to treat*
le locataire – *guest, tenant*	
partager – *to share*	meublé – *furnished*
comprendre – *to include*	intérieur – *inside*

MINISTÈRE DE LA JEUNESSE, DES SPORTS ET DES LOISIRS
DIRECTION DU TOURISME

UN CAMPEUR AVERTI EN VAUT DEUX

FIL

Action 3 !

Au camping

Les Payrat au camping le Moulin

Mme Payrat:	Vous avez de la place, monsieur?
Gardien:	Vous êtes combien, madame?
Mme Payrat:	Nous sommes deux adultes, et trois enfants.
Gardien:	Pour combien de nuits?
Mme Payrat:	Quatre.
Gardien:	Qu'est-ce que vous avez comme équipement?
Mme Payrat:	Nous avons une caravane, et une tente: Et la voiture, bien sûr.
Gardien:	Ça va aller, oui. Vous voulez le branchement électrique?
Mme Payrat:	Merci, oui. Pour le bloc sanitaire, s'il vous plaît?
Gardien:	Tout droit, et sur votre gauche.
Mme Payrat:	Vous avez une épicerie?
Gardien:	Le premier chemin à droite.

The Bosselli family (see page 101) arrive at the Camping Le Bois des Pêcheurs. They have 2 caravans, 3 tents, and 2 cars. They don't want electric current. They are told that the toilet block is straight on, and then second on the right. When they ask if there is a restaurant, the warden tells them it is the third path on the left: it is on their right. Make up the conversation.

le gardien – *camp warden*   la place – *space*
l'équipement – *equipment*   la tente – *tent*
le branchement électrique – *electric current*

averti – *well-informed* deux fois plus – *twice as much*
l'espace – *space*   exister – *to exist*
la région touristique – *tourist area*
briller – *to shine*   le territoire – *territory*
presque – *almost*
documenté – *provided with information*
le terrain – *site*   la formule – *formula*
aménagé – *fully equipped*   l'aire naturelle – *rest area*
la chance – *good fortune, luck*
l'itinéraire – *route*   vers – *towards*
la détente – *relaxation*   l'embouteillage – *traffic jam*
ne ... jamais – *never*   faire la queue – *to queue*
autour de – *around*   réveiller – *to wake*
réussir – *to make a success of*   pleinement – *fully*

A l'auberge de jeunesse

Les Baillet à l'Auberge de Jeunesse de Beaulieu

M. Baillet: Vous avez de la place pour nous,
s'il vous plaît?

Gardien: Vous êtes combien?

M. Baillet: Quatre. C'est-à-dire, deux
adultes et deux enfants.

Gardien: Pour combien de nuits?

M. Baillet: Cinq.

Gardien: Ça va, oui, pas de problème.
Vous voulez le petit-déjeuner?

M. Baillet: Oui, merci.

Gardien: Le repas du soir?

M. Baillet: Ça coûte combien?

Gardien: Trente francs.

M. Baillet: Non, merci.

Gardien: Vous avez des sacs de couchage?

M. Baillet: Oui.

The Chana family (see page 101) want to stop for 4 nights at the youth hostel in Avranches. They don't want breakfast, but they would like the evening meal, which costs forty francs. They don't have sleeping bags. How does the conversation go?

c'est-à-dire – *that's to say*
le sac de couchage – *sleeping bag*

Action5 !

Rando-vélo

De l'auberge de jeunesse de Beaulieu on peut faire des randonnées en vélo:

1750F pour 10 jours
du samedi repas du soir au mardi petit-déjeuner

DATES: 9/7 au 19/7
23/7 au 2/8
6/8 au 16/8
20/8 au 30/8

Ce prix comprend: la pension complète, dix nuits en auberges de jeunesse, la location du vélo, et l'accompagnement.
Chaque jour on effectue un parcours différent de 40 à 50 kms à l'aide de vélos dix vitesses, munis de deux sacoches pour tes effets personnels et les provisions de la journée.
Le soir tout le monde participe à la préparation des repas.

Tu dois emporter un sac de couchage, un imperméable (ou cape de vélo), une gourde, une paire de tennis, des vêtements de rechange, et de la crème solaire. Et n'oublie pas d'emporter avec toi une grande dose de bonne humeur!

Ecris une lettre (en anglais) à un ami, expliquant ce que c'est, le rando-vélo.

la pension complète – *full board*
l'accompagnement – *escort*   effectuer – *to do*
à l'aide de – *with the help of*
la vitesse – *gear*   la sacoche – *saddle bag*
les effets personnels – *personal belongings*
les provisions – *food*   la préparation – *preparation*
emporter – *to take with you*
l'imperméable – *raincoat*
la cape de vélo – *cycle cape*
la gourde – *water bottle*   la paire – *pair*
les tennis – *tennis shoes*
des vêtements de rechange – *a change of clothes*
la crème solaire – *sun cream* la dose – *dose*

Booking into accommodation

Vous avez des chambres de libre?/de la place?   Nous sommes... { un adulte   et.. { un enfant.
{ deux adultes   { deux enfants.

On a besoin .... { d'une chambre   pour ... { une personne   avec .... { douche.
{ de deux chambres   { deux personnes   { salle de bains.

Pour une nuit/deux nuits.   Nous avons .... { une caravane   et............... { une tente.
{ deux caravanes   { deux tentes.

On voudrait .... { le petit déjeuner/le repas du soir.
{ un branchement électrique.
{ louer des sacs de couchage.

Le gros lot

How to...

- Say what's going to happen
- Say what you're going to eat
- Say where you're going to live

Il mangera quoi?

Le rêve de Didi – s'il gagne le gros lot – c'est de manger chez McBidule tous les jours. Voici ce qu'il dit:

> Lundi
> je mangerai un
> McOmeletteburger

> Mardi
> je mangerai un
> McBœufburger

> Mercredi
> je mangerai un
> McFritesburger

> Jeudi
> je mangerai un
> McPoissonburger

> Vendredi
> je mangerai un
> McSaucissonburger

> Samedi
> je mangerai un
> McFromageburger

> Dimanche
> je mangerai un
> McHamburgerburger

McBidule MENU

	LUNDI McFromageburger
	MARDI McSaucissonburger
	MERCREDI McPoissonburger
	JEUDI McBoeufburger
	VENDREDI McFritesburger
	SAMEDI McHamburgerburger
	DIMANCHE McOmeletteburger

///Action 1!

Mais comme tu vois, au menu il n'y a pas de McOmeletteburger le lundi – il y a seulement des McFromageburgers. Alors, lundi Didi mangera un McFromageburger. Qu'est-ce qu'il mangera les autres jours? Ecris-le dans ton Dossier.

le gros lot – *jackpot*   il mangera — *he'll eat*
le rêve – *dream*

A toi le choix

Si tu gagnes le gros lot –

1 Où est-ce que tu habiteras?

A Dans une grande maison en Angleterre?

B Dans un ranch aux Etats-Unis?

C Dans un château en France?

2 Où est-ce que tu voyageras?

A En Europe?

B En Afrique?

C Sur la lune?

3 Qu'est-ce que tu achèteras?

A Une grande voiture?

B Des habits à la mode?

C Des millions de disques?

///Action 2!

1 Ecoute la Cassette. Brigitte, Daniel, Jean-Christian, Louise et Patrice répondent à ces trois questions.
Dans ton Dossier, note leurs réponses:

	Brigitte	Daniel	Jean-Christian	Louise	Patrice
1	C				
2	B				
3	B				

2 Si elle gagne le gros lot, Brigitte habitera dans un château en France; elle voyagera en Afrique; et elle achètera des habits à la mode. Ecris ce que tu sais au sujet des autres. Et qu'est-ce que tu feras, toi? ('Si je gagne le gros lot, j'habiterai ...')

	Derrick	Rajinder	Mark
1			
2			
3			

3 Pose les mêmes questions à des copains. Continue à noter les réponses.

---

le ranch – *ranch*　　　　　l'Afrique – *Africa*　　　　　l'Europe – *Europe*
la lune – *moon*　　　　　continuer – *to continue*

Action 3!

Whose telephone number is 36 65 33 64? Why would you call? What would it cost? What information would you have to give?

de vive voix – *in person*
personalisé – *personalised*
un être cher – *someone dear to you*
confier – *to confide*

quotidien – *daily*
celui de – *that of*
simplement – *simply*

Action 4!

Un horoscope

Demande à tes amis a) leurs dates de naissance et b) le jour de leur naissance.

e.g.

Toi:	Quelle est ta date de naissance?
Ami(e):	Je suis né(e) le 17 mars.
Toi:	Quel jour?
Ami(e):	Mercredi.

(poissons/mercredi = 3)

Toi: 'Le prof te rendra un devoir. Tu auras une surprise!'

	LUNDI	MARDI	MERCREDI	JEUDI	VENDREDI	SAMEDI	DIMANCHE
BELIER (21 MARS–20 AVRIL)	2	3	1	4	6	7	5
TAUREAU (21 AVRIL–20 MAI)	3	2	6	5	4	1	7
GEMEAUX (21 MAI–21 JUIN)	6	5	7	3	1	4	2
CANCER (22 JUIN–22 JUILLET)	4	7	5	2	3	6	1
LION (23 JUILLET–23 AOUT)	1	4	2	7	5	3	6
VIERGE (24 AOUT–23 SEPTEMBRE)	5	2	1	3	4	6	7
BALANCE (23 SEPTEMBRE–22 OCTOBRE)	6	4	2	5	7	1	3
SCORPION (23 OCTOBRE–22 NOVEMBRE)	3	1	6	7	2	5	4
SAGITTAIRE (23 NOVEMBRE–21 DECEMBRE)	2	6	7	1	3	4	5
CAPRICORNE (22 DECEMBRE–19 JANVIER)	4	3	5	6	1	7	2
VERSEAU (20 JANVIER–19 FEVRIER)	5	1	4	6	7	2	3
POISSONS (20 FEVRIER–20 MARS)	7	6	3	1	2	5	4

1 Tu te concentreras sur ton travail. Sinon, la semaine prochaine sera désagréable.

2 Tes projets se réaliseront sans problèmes. Tu iras vers le succès.

3 Le prof te rendra un devoir. Tu auras une surprise.

4 Les journées ne seront pas assez longues pour le travail que tu auras à faire.

5 Quelqu'un à l'école essayera de t'embêter. Tu resteras cool.

6 Ton travail continuera à être un enchantement pour toi. Tes professeurs seront super-cool.

7 Tu écriras un devoir formidable en français. Ton prof sera surpris.

l'horoscope – *horoscope*
se concentrer sur – *to concentrate on*
sera < être – *will be*
le projet – *project*
iras < aller – *will go*
rendre – *to give back*
la surprise – *surprise*
formidable – *excellent, great*

je suis né(e) – *I was born*
sinon – *otherwise*
désagréable – *disagreeable, unpleasant*
se réaliser – *to be realised*
le succès – *success*
auras < avoir – *will have*
assez – *enough*
embêter – *to annoy*
surpris – *surprised*

Action 5!

Les signes du zodiaque

A côté de chaque signe, écris son nom.

_____

_____

_____

_____

_____

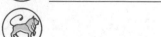
_____

_____

les signes du zodiaque – *signs of the zodiac*

////Action 6!

Qui parle à qui?

Chantal, Franck, Yvette, Jacquot, Marie-Line et Bruno (1–6) disent ce qu'ils feront s'ils gagnent le gros lot.

Frédéric, Ghis, Valérie, Eric, Patrick et Suzy (A–F) leur répondent. Mais qui est-ce qui répond à qui?

Si *je gagne le gros lot* ...

> ...je passerai mes vacances aux Etats-Unis!

> ...j'irai à tous les concerts des Stones!

> ...je boirai du champagne tous les jours!

1 Chantal   2 Franck   3 Yvette

> ...j'aurai une grande maison!

> ...je ferai le tour du monde!

> ...j'abandonnerai mon travail!

4 Jacquot   5 Marie-Line   6 Bruno

Et si *tu ne gagnes pas le gros lot* ...

> ...tu boiras de l'eau!

> ...tu continueras à travailler!

> ...tu achèteras un disque!

A Frédéric   B Ghis   C Valérie

> ...tu resteras à la maison!

> ...tu n'auras pas de vacances!

> ...tu auras un petit appartement!

D Eric   E Patrick   F Suzy

le concert – *concert*   abandonner – *to give up*

Saying what's going to happen

VERBS IN –ER	VERBS IN –RE	SOME OTHERS
Je mangerai...	Je rendrai...	NB Je serai (< être)
Tu habiteras...	Tu écriras...	Tu iras (< aller)
Il voyagera...	Il boira...	Il aura (< avoir)
Elle achètera...	Elle construira...	Elle fera (< faire)
Ils passeront...	Ils vivront...	Ils deviendront (< devenir)

La santé

How to...

- Tell a doctor what's wrong with you
- Say which part of you hurts
- Say what you do to keep fit

Ça fait mal

1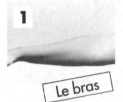
Le bras

2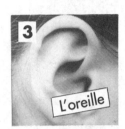
La tête

3
L'oreille

4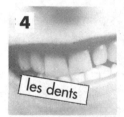
les dents

5
Le doigt

6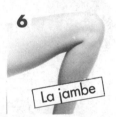
La jambe

7
La langue

8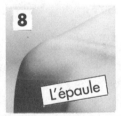
L'épaule

9
Les yeux

10
Le genou

11
Le cou (La gorge)

12
Le nez

13
la main

14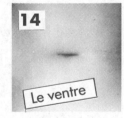
Le ventre

15
Le coude

16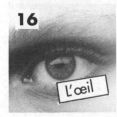
L'œil

17
Le pied

18
La bouche

Action 1!

1 Les photos 1–18 indiquent des parties du corps humain. Découpe (d'un journal ou d'un magazine) la silhouette d'une personne et colle-la dans ton Dossier. Ajoute des étiquettes pour identifier les parties de son corps.

2 Imagine que les personnes dans les photos 1–18 ont mal. Voici ce que disent les personnes numéros 1–4:

1 > J'ai mal au bras!

2 > J'ai mal à la tête!

3 > J'ai mal à l'oreille!

4 > J'ai mal aux dents!

Dans ton Dossier, dessine des bulles pour indiquer ce que disent les personnes numéros 5–18.

la santé – *(good) health*
fait mal – *it hurts*
la partie – *part*
le corps humain – *human body*
identifier – *to identify*
la tête – *head*
le doigt – *finger*
la langue – *tongue*
l'épaule – *shoulder*
la gorge – *throat*
le ventre – *stomach*
la silhouette – *figure*
le pied – *foot*
j'ai mal à... – *my ... hurts*
le bras – *arm*
la dent – *tooth*
la jambe – *leg*
le cou – *neck*
la main – *hand*
le coude – *elbow*

////Action 2!

Au secours!

Which do you choose?
1 You've got toothache.
2 You've caught the flu.
3 Your friend's dog is poorly.
4 You need an x-ray.
5 You need a nurse.

A

B

C

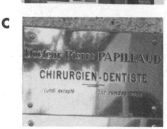

D

E

au secours! – *help!*
la médecine générale –
general medicine
la clinique – *private hospital*
vétérinaire – *veterinary*
le chirurgien – *surgeon*
le dentiste – *dentist*
l'infirmière – *nurse*
la radiologie – *radiology*

Chez le médecin

Docteur: Ça ne va pas?
Toi: C'est mon père qui est malade, Docteur.
Docteur: Ah? Qu'est-ce qu'il a?
Toi: Il a mal à la tête, et il a de la fièvre.
Docteur: Il a la grippe, peut-être …

////Action 3!

1 The doctor asks you what's wrong: tell him/her it's your mother who is poorly. When he asks you what the matter is, say she's got stomach-ache and diarrhoea. He suggests it might be indigestion.

2 This time, tell the doctor it's your friend who is not well. He/she's got a headache, and his/her eyes hurt. The doctor thinks it might be sunstroke.

le médecin – *doctor*
j'ai de la fièvre – *I've got a temperature*
la grippe – *flu*
un rhume – *a cold*
une indigestion – *an upset stomach, indigestion*
une insolation – *sunstroke*
le docteur – *doctor (title)*

////Action 4!

A la pharmacie

1 De chaque question (A–D) trace une ligne jusqu'à un des médicaments 1–4. (Choisis bien un médicament approprié. On ne met pas de sparadrap pour le mal de gorge!)

A
Avez-vous quelque chose pour le mal de gorge?

2
une crème

C
Avez-vous quelque chose pour une ampoule au pied?

4
du sirop

1
du sparadrap

B
Avez-vous quelque chose pour la diarrhée?

3
des comprimés

D
Avez-vous quelque chose pour une piqûre de guêpe?

2 Complète les dialogues suivants:

Client(e) 1:   Est-ce que vous avez quelque chose pour
.... ?

Pharmacien: Oui. Mettez un sparadrap.
Client(e) 2:   Est-ce que vous avez quelque chose pour
.... ?

Pharmacien: Oui. Mettez de cette crème.
Client(e) 3:   Est-ce que vous avez quelque chose pour
.... ?

Pharmacien: Oui. Prenez ces comprimés.
Client(e) 4:   Est-ce que vous avez quelque chose pour
.... ?

Pharmacien: Oui. Prenez ce sirop.

| le médicament – *medicine* | le sparadrap – *plaster* | le mal de gorge – *sore throat* |
| la piqûre de guêpe – *wasp sting* | l'ampoule – *blister* | le comprimé – *tablet* |

////Action 5!

Qu'est-ce qu'il y a?

Ecoute la Cassette. Guy, Ghislaine, M. Dautun et Mme Fillol sont soit chez le médecin soit à la pharmacie. Dans chaque case A, écris où il/elle a mal. Dans chaque case B, écris le nom de la maladie. Dans chaque case C, écris ce que le médecin/le pharmacien lui donne.

Guy		Ghislaine		M. Dautun		Mme Fillol
A		A		A		A
B		B		B		B
C		C		C		C

| soit … soit … – *either … or …* | | la maladie – *illness* |

As-tu la forme?

Chaque fois, note a, b, ou c.

1 Je préfère manger a) un hamburger b) des frites c) de la viande grillée.

2 a) Je mange des produits laitiers (lait, fromage, yaourt) tous les jours.
b) Je mange des produits laitiers de temps en temps. c) Je ne mange pas de produits laitiers.

3 a) Je préfère manger des fruits crus. b) Je préfère manger des fruits en conserves.
c) Je ne mange jamais de fruits.

4 a) Je mange beaucoup de sucreries (des gâteaux, des bonbons).
b) Je ne mange jamais de sucreries. c) Je mange des sucreries de temps en temps.

5 Je préfère boire a) de la limonade b) de l'eau c) de l'alcool.

6 a) Je consulte mon dentiste quand j'ai mal aux dents. b) Je ne consulte jamais mon dentiste.
c) Je consulte mon dentiste deux fois par an.

7 a) Je me brosse les dents trois fois par jour. b) Je ne me brosse jamais les dents.
c) Je me brosse les dents une fois par jour.

8 a) Je bois moins de six tasses de café par jour. b) Je bois plus de six tasses de café par jour.
c) Je ne bois pas de café.

9 a) Je ne fais jamais de sport. b) Je fais du sport plusieurs fois par semaine.
c) Je fais du sport une fois par semaine.

10 Je me couche normalement a) avant 22h00 b) entre 22h00 et 24h00 c) après minuit.

Réponses: additionne tes points.

1 a–1, b–0, c–2	**2** a–2, b–1, c–0	**3** a–2, b–1, c–0	**4** a–0, b–2, c–1	**5** a–1, b–2, c–0
6 a–1, b–0, c–2	**7** a–2, b–0, c–1	**8** a–1, b–0, c–2	**9** a–0, b–2, c–1	**10** a–2, b–1, c–0

Si tu as 14–20 points: bravo! Tu as la forme.   Si tu as 8–13 points: attention!
Si tu as 0–7 points: oh là là!

as-tu la forme? – *are you fit?*	grillé – *grilled*	les produits laitiers – *dairy products*
le yaourt – *yoghurt*	cru – *raw, uncooked*	en conserves – *tinned*
les sucreries – *sweet things*	l'alcool – *alcohol, strong drink*	se brosser les dents – *to brush one's teeth*
additionner – *to add up*	bravo! – *bravo! well done!*	oh là là! – *oops!*

info +

La santé

~ Nombre de médecins en France: 1955 – 39 100; 1991 – 169 051 (femmes 52,9%)

~ Nombre de dentistes en France: 1909 – 1 788; 1990 – 41 670 (12 483 femmes)

~ En France, il faut payer le médecin: avant de partir en France, demande à la poste la fiche E 111. Avec ça tu peux te faire rembourser 70%–80%.

~ Le corps humain contient 60% d'eau. Poids de différentes parties: muscles et chair – 52,5 kg; tête – 7 kg; bras – 7 kg; jambes – 11 kg; cerveau 1,6 kg.

se faire rembourser – *to be paid back*	contenir – *to contain*	le poids – *weight*
la chair – *flesh*	le cerveau – *brain*	

Talking about being unwell

J'	.......ai	}	....	{	mal au bras, à la tête, à l'oreille, aux dents…
Il	.......a				de la fièvre
Elle					un rhume, une indigestion, une insolation
					la grippe, la diarrhée

En voiture

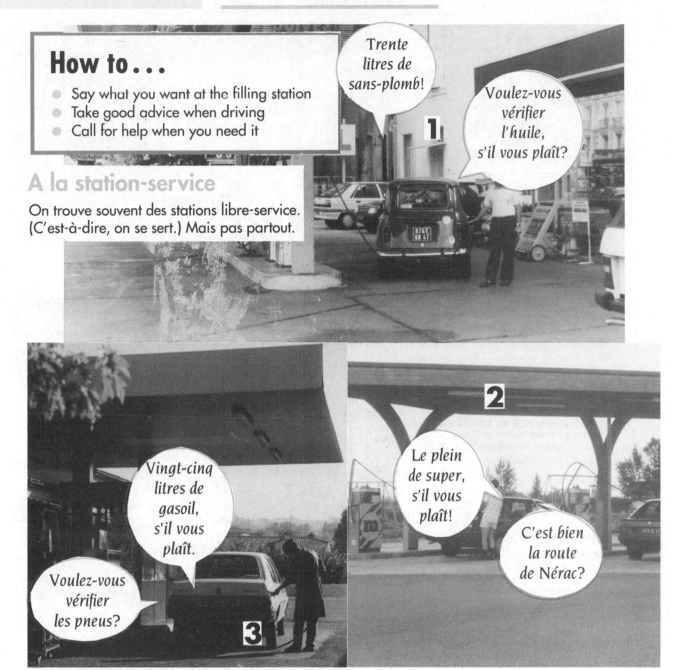

How to...

- Say what you want at the filling station
- Take good advice when driving
- Call for help when you need it

A la station-service

On trouve souvent des stations libre-service.
(C'est-à-dire, on se sert.) Mais pas partout.

Trente litres de sans-plomb!

1

Voulez-vous vérifier l'huile, s'il vous plaît?

Vingt-cinq litres de gasoil, s'il vous plaît.

Voulez-vous vérifier les pneus?

3

2

Le plein de super, s'il vous plaît!

C'est bien la route de Nérac?

//// Action 1!

1 Dans ton Dossier, note (en anglais) ce que demande chaque automobiliste (1–3).

2 Ecoute la Cassette. Dans ton Dossier, note (en anglais) ce que demande a) Mme Fuentes
b) M. Lamotte c) Jean Tarozzi.

3 What do you say if:

a) You want the attendant to fill up your car with unleaded petrol, and check your tyres?

b) You want him or her to give you thirty litres of diesel, and tell you whether this is the Nérac road?

c) You want him or her to give you twenty litres of four-star petrol, and check your oil?

libre-service – *self-service*	c'est-à-dire – *that's to say*	se servir – *to serve yourself*
partout – *everywhere*	sans-plomb – *unleaded*	l'huile – *oil*
le super – *four-star petrol*	le gasoil – *diesel*	le pneu – *tyre*

Des conseils

Voici six conseils pour les automobilistes.

6 CONSEILS
POUR NE PAS FIGURER DANS NOTRE PROCHAINE EDITION

Respectez la réglementation et surveillez votre vitesse.

Ne prenez jamais le volant après avoir bu "juste un verre de trop"

Attachez votre ceinture.

Arrêtez-vous immédiatement en cas de fatigue ou de somnolence.

N'oubliez jamais d'éclairer votre 2 roues.

Respectez les autres sur votre route, particulièrement les piétons et les 2 roues.

Et si vous êtes déjà un bon conducteur, continuez à améliorer vos qualités : prudence, réflexes, vérification de l'état de votre véhicule...

///Action 2 !

Un petit clic...

vaut mieux qu'un grand choc

Ce dessin humoristique représente un des six conseils ci-dessus. Dans ton Dossier, fais des dessins humoristiques pour illustrer les cinq autres conseils.

respecter – *to respect*
la réglementation – *regulations*
surveiller – *to watch*
le volant – *steering-wheel*
après avoir bu – *after having drunk*
le verre – *glass*   de trop – *too many*
la ceinture – *(seat) belt* s'arrêter – *to stop*
immédiatement – *immediately*
en cas de – *in case of*
la fatigue – *tiredness*
la somnolence – *sleepiness*
éclairer – *to light up*
la deux-roues – *two-wheeled vehicle*
particulièrement – *particularly*
le piéton – *pedestrian*
le dessin humoristique – *cartoon*

Au secours!

Néanmoins, on peut avoir besoin d'aide.

Une panne, par exemple...

...ou bien un accident,

Qu'est-ce qu'on fait? On cherche immédiatement une borne d'appel d'urgence.

néanmoins – *nevertheless*   l'aide – *help*
la panne – *breakdown*
par exemple – *for example*   l'accident – *accident*
la borne d'appel d'urgence – *emergency telephone*

OÙ
les trouver?...

...sur **routes équipées**, l'intervalle entre bornes est d'environ 4 km.

...sur **autoroutes** tous les 2 km.

Sachez repérer une borne :

sur autoroutes | **sur routes**
Un panneau vous signale direction et distance :

400 m et 800 m

500 m, 1.500 m et 2.000 m

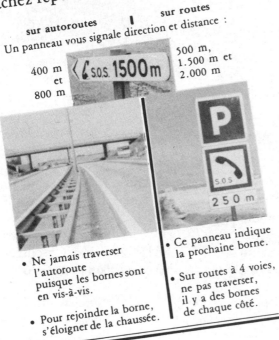

- Ne jamais traverser l'autoroute puisque les bornes sont en vis-à-vis.

- Pour rejoindre la borne, s'éloigner de la chaussée.

- Ce panneau indique la prochaine borne.

- Sur routes à 4 voies, ne pas traverser, il y a des bornes de chaque côté.

COMMENT
les utiliser?...

...il vous suffit d'appuyer sur le bouton, d'attendre la réponse et de parler devant l'appareil.

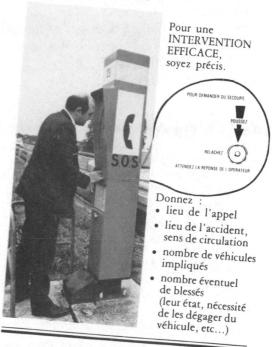

Pour une INTERVENTION EFFICACE, soyez précis.

Donnez :
- lieu de l'appel
- lieu de l'accident, sens de circulation
- nombre de véhicules impliqués
- nombre éventuel de blessés (leur état, nécessité de les dégager du véhicule, etc...)

//// *Action3!*

Les bornes d'appel d'urgence

So, in case of accident or breakdown, you call for help. Write an article (in English) for a UK motoring magazine, explaining how the system works.

Explain: Where emergency phones are to be found; how to use the phones; what information you'd be expected to give; safety precautions.

appuyer sur – *to push*	attendre – *to wait for*	l'appareil – *apparatus*
l'intervention – *intervention*	efficace – *efficient*	soyez < être – *to be*
précis – *precise*	pousser – *to push*	relâcher – *to let go*
l'opérateur – *operator*	le lieu – *place*	le sens – *direction*
la circulation – *traffic*	le véhicule – *vehicle*	impliqué – *involved*
éventuel – *possible*	blessé – *injured*	l'état – *state*
la nécessité – *necessity*	dégager – *to remove*	la route équipée – *normal road*
l'intervalle – *interval*	environ – *about*	repérer – *to find*
signaler – *to indicate*	la direction – *direction*	la distance – *distance*
traverser – *to cross*	vis-à-vis – *opposite*	la voie – *lane* le côté – *side*

J'ai un pneu crevé.

Le moteur chauffe.

Le pare-brise est cassé.

Une panne d'essence.

Le moteur ne démarre pas.

Automobiliste:	Ma voiture est en panne.
Dépanneur:	Quel est le problème?
Automobiliste:	J'ai un pneu crevé.
Dépanneur:	Qu'est-ce que c'est comme voiture?
Automobiliste:	Une Peugeot bleue, immatriculation 5164 AX 75.
Dépanneur:	Où êtes–vous?
Automobiliste:	Sur la N10, à 20 km au sud de Tours.

///Action 4!

The owners of these cars need help. Make up the conversations they will have with a mechanic.

	Car	Reg.	Problem	Where?
1	Red Citroën	G956 SYG	overheating	N25, 15 km N of Amiens
2	Yellow Renault	3726 MT 33	no petrol	D836, 10 km W of Bordeaux
3	Black Rover	J43 MUM	puncture	A61, 25 km E of Carcassonne
4	Green Ford	8432 BF 49	won't start	N157, 20 km N of Limoges

le pneu crevé – *puncture*
le moteur – *engine*
le dépanneur – *breakdown mechanic*

le pare-brise – *windscreen*
chauffer – *to (over)heat*
l'immatriculation – *car number*

cassé – *broken*
démarrer – *to start*

info +

Les accidents de la route

~ Quand? Surtout le week-end et la nuit. Conduite de nuit + vitesse + alcool = 40% des accidents mortels. 25% de ces accidents – des jeunes sortant de discothèques.

~ Comment? Quand on est tout seul; dans un virage; chaussée mouillée.

~ Pourquoi? Sur 100 accidents mortels: 52% – vitesse; 40% – infraction au code; 38% – fatigue; 37% – mauvais réflexes; 36% – alcool; 20% – mauvais état du véhicule; 15% – conducteurs dangereux.

la conduite – *driving*
mortel – *fatal*
sortant < sortir – *to leave*
seul – *alone*
le virage – *bend*

la chaussée – *road*
mouillé – *wet*
sur – *out of*
l'infraction – *not observing*
le conducteur – *driver*

mauvais – *bad*
le code (de la route) – *highway code*
le réflexe – *reflex*
l'état – *state*
dangereux – *dangerous*

Talking about motoring

Le plein,
30 litres de super/sans plomb,
Voulez-vous vérifier les pneus/l'huile,
C'est bien la route de...? } s'il vous plaît.

Ma voiture est en panne/
J'ai un pneu crevé/Le pare brise est cassé/
Une panne d'essence/Le moteur chauffe/
Le moteur ne démarre pas

Le week-end

How to...

- Talk about the weekend
- Say what you like to do then
- Say what people are going to do

////Action 1!

Bruno

Salut! Je m'appelle Bruno Savignol. J'ai 14 ans. Mon anniversaire est le 28 juillet. J'ai un frère, Julien, qui a 7 ans. Mon père, Jean-Louis Savignol, est contremaître dans une usine. Ma mère, Marie-Yvonne Savignol, est secrétaire de mairie. Ils se fâchent avec moi quand je ne travaille pas à l'école.

A l'école, que je déteste, je fais: le français, les maths, les sciences naturelles, la physique, la musique (pouah!), le sport, le dessin, l'espagnol (pouah, pouah!), l'histoire et la géographie. Matières préférées: dessin, sport.

Le week-end: mon passe-temps préféré est sans doute les jeux-vidéos, mais il y a des passe-temps secondaires, comme la pêche et la chasse. Le dessin fait partie de mes loisirs préférés: je dessine des Lucky Luke, qui est mon héros de bandes dessinées préféré. Il arrive parfois que j'affiche dans ma chambre mes propres dessins.

Il y a un autre loisir que je vous citerai: c'est de draguer les filles. Je suis réputé pour mon charme irrésistible. Ce n'est pas garanti, mais il y a 80% de réussite, au moins. Pour cela j'ai un copain, Rachid, qui m'aide. Nous faisons une équipe imparable.

Je fais aussi du vélo. Deux copains et moi nous avons établi un véritable record: 8 minutes 22 secondes pour faire 5 km.

Join up the halves:

1 Bruno was born on the 28th July and so...
2 His 7-year-old brother...
3 His father, Jean-Louis...
4 His mother, Marie-Yvonne...
5 Bruno's parents are annoyed when he...
6 At school, Bruno...
7 As far as hobbies are concerned, he...
8 As for secondary hobbies, he...
9 Bruno draws Lucky Luke and...
10 He is well known because he...
11 He has an 80% success rate when he...
12 With two friends he...

a ...is a factory foreman.
b ...runs after girls.
c ...doesn't work at school.
d ...claims a bicycle speed record.
e ...hangs the drawings on his wall.
f ...is called Julien.
g ...has an irresistible charm.
h ...most likes playing video games.
i ...works for the town hall.
j ...is 14 years old.
k ...goes fishing and hunting.
l ...likes drawing and sport.

le père – *dad*
se fâcher – *to get annoyed*
secondaire – *secondary, less important*
propre – *own*
réputé – *well known*
garanti – *guaranteed*
l'équipe – *team*

le contremaître – *foreman*
sans doute – *without doubt*
le héros – *hero*
citer – *to mention*
le charme – *charm*
la réussite – *success*
imparable – *incomparable*

le/la secrétaire – *secretary*
le jeu-vidéo – *video game*
afficher – *to pin up*
draguer – *to run after*
irrésistible – *irrésistible*
le copain – *friend*

C'est pas sûr

Bruno

...si Bruno apporte sa radio-cassette!

Nous écouterons des cassettes...

Rachid

Une question pour Rachid: 'Toi et ton copain Bruno – qu'est-ce que vous ferez le week-end prochain?'

Les intentions

Et bien, peut-être …
...nous écouterons des cassettes.
...nous irons à la pêche.
...nous ferons des dessins.
...nous ferons du vélo.
...nous jouerons avec des jeux-vidéos.
...nous regarderons la télévision.
...nous draguerons les filles.
...nous ferons le devoir d'espagnol pour l'école.

Les conditions

...si papa me prête son ordinateur.
...si je trouve ma canne à pêche.
...s'il y a un bon programme.
...si nous avons du papier.
...si le vélo de Bruno marche.
...si on va en ville.
...si Bruno apporte sa radio-cassette.
...si nous avons le temps.

///Action 2!

Dans ton Dossier, complète chaque intention en ajoutant une condition.
e.g. Nous écouterons des cassettes, si Bruno apporte sa radio-cassette.

sûr – *sure*	ferez < faire – *will do*
l'intention – *intention*	irons < aller – *will go*
la condition – *condition*	prêter – *to lend*
la canne à pêche – *fishing rod*	
le programme – *programme*	
marcher – *to work*	papa – *dad*

////Action 3!

Qui fera quoi?

1 Ecoute la Cassette. Tu entendras Eric, Sabine, Sophie, Christophe, Anthony, Christine, Cathy et Mohammed, qui diront ce qu'ils feront le week-end prochain. Ecris leurs noms dans les cases qui indiquent les activités.
e.g. Christine fera du vélo, et elle fera des dessins.

Christine

Christine

2 Complète les phrases suivantes.

....
joueront avec des jeux-vidéos.

....
regarderont la télévision.

...*Christine, Sophie et Cathy*...............
feront du vélo.

....
feront leurs devoirs pour l'école.

....
iront à la pêche.

....
feront des dessins.

....
écouteront des cassettes.

entendre – *to hear*

On regardera quoi?

Une sélection d'émissions pour samedi.

	TF1	France 2	France 3
12.30	Le juste prix (Jeu)		
13.45		Falcon Crest (Feuilleton)	
14.00			Le pays du kangourou (Documentaire animalier)
15.55		Les Grands Déserts (Documentaire)	
18.30	Les Professionnels (Policier)		
18.50	La roue de la fortune (Jeu)		
20.00	Le Journal – Météo (Actualités)		
20.30		Benny Hill Show (Variétés)	
20.35	Une Clé pour Deux (Pièce de théâtre)		Popeye (Dessins animés)
22.15			Les Dents de la Mer (Film)
23.25	Formule sport (Sports)		
23.45		Les enfants du rock (Magazine pop)	

///// Action 4 !

Sabine, qui aime les dessins animés, et Marcelle, qui aime les feuilletons, discutent le programme de télévision de samedi.

Marcelle: Qu'est-ce que tu aimes regarder à la télé, toi?
Sabine: J'aime bien les dessins animés.
Marcelle: Il y a Popeye.
Sabine: Sur quelle chaîne?
Marcelle: France 3.
Sabine: A quelle heure?
Marcelle: A 20h35.
Sabine: Et toi, Marcelle, qu'est-ce que tu aimes regarder à la télé?
Marcelle: Moi, j'aime les feuilletons.
Sabine: Il y a Falcon Crest.
Marcelle: A quelle heure?
Sabine: A 13h45.
Marcelle: Sur quelle chaîne?
Sabine: France 2.

Imagine les conversations:

1 Entre René (qui aime les actualités) et Bernard qui aime (les documentaires).
2 Entre d'autres couples. Choisis entre: Régine (les documents animaliers); Chantal (les films); Valérie (les jeux); Franck (les magazines pop); Cécile (les pièces de théâtre); Gilbert (les policiers); Hubert (les shows): Antoine (les sports): et toi.

la sélection – *selection*	l'émission – *programme (radio/TV)*	le dessin animé – *cartoon*
le feuilleton – *soap opera*	la chaîne – *channel*	le couple – *couple*
les actualités – *news*	le documentaire – *documentary*	le film – *film*
le documentaire animalier – *nature programme*		le jeu – *game show*
le magazine pop – *pop magazine*	le policier – *police series*	le show – *variety*

Sabine et Nicky

Extrait d'une lettre écrite par Sabine à son amie anglaise, Nicky.

Voici l'organisation du week-end que tu passeras avec nous! Tout d'abord, le samedi matin, on fera une ballade en mobylette,
ce qui prendra toute la matinée. A midi on pique-niquera à côté du canal, avec du coca,
des sandwichs, des gâteaux - plein de choses qui sont bonnes, surtout quand on les mange ensemble!

Puis, on discutera jusqu'à deux ou trois heures et on partira à l'aventure dans les bois. Et à quatre heures nous goûterons avec les restes de midi et quelques gâteaux que ma grand-mère nous aura faits. Puis, vers cinq heures, nous rentrerons à la maison et nous dis-cuterons jusqu'au dîner.

Le dimanche matin on se réunira tous devant la salle de basket et on ira jusqu'à Aiguillon en mobylette. A midi on cherchera une forêt pour casser la croûte. On se reposera le temps de la digestion et vers trois heures on ira se baigner à la piscine. Il paraît qu'à Aiguillon il y a une superbe piscine. Après la piscine la journée sera presque terminée.

On rentrera vers six heures pour le dîner. Le soir tu m'aideras à faire mon devoir d'anglais, peut-être? On passera un week-end formidable!

////Action 5!

In your Dossier, note down in diary form what Nicky is going to be doing. Make entries for Saturday (morning, 12.00, 2/3pm, 4pm, 5pm), Sunday (morning, 12.00, about 3pm, about 4pm, evening).

l'extrait – *extract*
l'organisation – *organisation*
la ballade – *trip* la matinée – *morning*
pique-niquer – *to picnic* le canal – *canal*
plein de choses – *lots of things*
ensemble – *together* l'aventure – *adventure*
les bois – *woods*
goûter – *to have a snack*
les restes – *leftovers* se réunir – *to meet up*
la salle de basket – *sports hall*
casser la croûte – *to have a snack*
la digestion – *digestion* se baigner – *to bathe*
paraître – *to appear* superbe – *superb*

Talking about the weekend

Mon passe-temps préféré est (les jeux-vidéos).
J'aime (les dessins animés).
J'aime (aller à la pêche).
Tu passeras le week-end avec nous.
Il/elle fera des dessins.
On regardera la télévision.
Nous écouterons des cassettes.
Ils/elles feront du vélo.

Communiquer

How to...

- Write all about yourself to a French-speaking pen-friend
- Write to book accomodation in a hotel, on a campsite, or in a youth hostel
- Get the stamps you need
- Make phone calls

La poste /////Action 1 !

Envoyer une lettre – c'est facile!

> *Je voudrais envoyer une lettre en Grande-Bretagne.*

Si tu veux envoyer autre chose?

une lettre

une carte postale

un paquet

Et si tu veux l'envoyer ailleurs?

1 Un jeu:

Je voudrais envoyer ...

1 une lettre	1 en Grande-Bretagne
2 des lettres	2 en Allemagne
3 une lettre recommandée	3 en Italie
4 un paquet	4 en Suisse
5 une carte postale	5 au Canada
6 des cartes postales	6 aux Etats-Unis

Tu prends deux dés. Tu les jettes. Tu vois, par exemple, un trois et un cinq.

Tu dis: 'Je voudrais envoyer (3) une lettre recommandée (5) au Canada.'

Pas de problème! (C'est un jeu qu'on peut jouer avec un copain ou un parent.)

2 You'd like to send:
a some postcards to the USA
b a registered letter to Germany
c a parcel to GB
What do you say?

communiquer – *to communicate*   facile – *easy*
le bureau de poste – *post office*
autre chose – *something else*   le paquet – *parcel*
la carte postale – *postcard*
ailleurs – *somewhere else*   le Canada – *Canada*
la lettre recommandée – *registered letter*

/////Action 2 !

Les timbres

On achète les timbres-poste soit à la poste, soit dans un bar-tabac.

1 = un timbre à cinquante centimes
2 = un timbre à un franc quarante.
3 = un timbre à deux francs.

4 = ? ....
....
5 = ? ....
....
6 = ? ....
....

Ecoute la Cassette:
Denis, Mme Breuil et Arnaud achètent des timbres. Ecris le nom de chaque personne à côté des timbres (A–C) qu'il/elle achète.

A

B

C

le bar-tabac – *combined bar and tobacconist's*

Cathy

Cathy écrit une lettre

Cher ami/chère amie,

Je m'appelle Cathy. J'ai 15 ans. Quel âge as-tu? Mon anniversaire est le 4 février. Et toi? Où habites-tu? Moi, j'habite à Barbaste, dans le sud-ouest de la France. C'est un village, mais nous avons malgré tout deux épiceries, une boulangerie, deux boucheries, un bar-tabac, une librairie-maison de la presse. Il y a aussi, bien sûr, la mairie, qui se trouve dans le centre du village. Et il y a le château du roi Henri IV, avec une cascade qui rejette l'eau vers le pont romain qui traverse la Gélise (rivière). C'est une très belle région et je suis contente d'y vivre. Dans la région il y a aussi un parc ornithologique et un poney-club.

Nous avons une petite maison. Au rez-de-chaussée il y a la cuisine, et la salle à manger. A l'étage il y a trois chambres et la salle de bains. Nous avons un grand jardin.

J'ai un frère, Jacques, qui a 16 ans, deux sœurs – Laurence, qui a 17 ans, et Françoise, qui a 13 ans. As-tu des frères ou des sœurs? J'ai un petit chien blanc, il s'appelle Naro. Il est gentil. As-tu un animal à la maison?

Mon père s'appelle Henri. Il est beau, il est grand, il a les cheveux blonds et les yeux bleus. Malheureusement, il est chômeur. Maman travaille comme vendeuse dans un supermarché à Nérac. (Nérac est une ville à 6 km de Barbaste).

Mon école s'appelle le Collège de la Plaine, Lavardac. J'y vais en mobylette – je mets cinq minutes pour y aller. Comment est-ce que tu vas à l'école? Je ne déteste pas l'école. Mes matières préférées sont l'histoire, l'anglais et le dessin. (Je suis forte en histoire, mais moyenne en anglais, mais je l'aime.) Et toi? Tu as combien de vacances scolaires? (Nous avons neuf semaines en été). Quelles matières as-tu? Es-tu content(e) de ton emploi du temps? (Moi, je pense que la journée commence trop tôt – 8h 35). Et tes professeurs – sont-ils patients et abordables? Est-ce qu'on peut participer à des clubs à ton école? Moi, je fais partie du club d'informatique.

Un jour, j'ai envie de passer mes vacances dans un camping au bord de la mer! Si je gagne le gros lot, je passerai mes vacances, avec mes parents, à l'hôtel à Euro-Disney!

J'ai un passe-temps préféré – la baignade. J'adore me baigner! Moi, souvent, en été (quand il fait beau!) je vais me baigner au Martinet (☐ un lac, avec autour des balançoires, et un petit bar où on sert des bonbons, ou des boissons comme le coca-cola, qui vient d'Angleterre). Un jour, j'irai en Angleterre, qui est sûrement un beau pays. Tu aimes le coca-cola, toi? Est-ce que tu as un plat préféré? Moi, j'aime les sardines grillées. J'aime aussi regarder la télévision – surtout les feuilletons et les dessins animés, et le week-end j'aime bien faire des promenades à pied et pique-niquer dans les bois. Et toi? Je fais aussi partie du club de tennis dans le village. J'y vais deux fois par semaine (samedi et mardi). Est-ce que tu aimes le sport, toi?

Je reçois 30F d'argent de poche, mais pour ça je dois ranger ma chambre et faire la vaisselle. Est-ce que tu as un petit job le week-end? Moi, je travaille dans une station service (Esso) comme pompiste (deux jours par semaine). Je gagne 25F de l'heure. Avec l'argent que je gagne, je préfère acheter des disques. Et toi?

Ecris-moi bientôt, s'il te plaît!

Ton amie française,

Cathy.

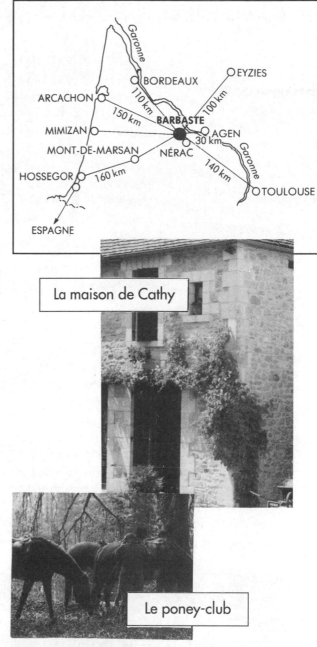

La maison de Cathy

Le poney-club

//////Action 3!

Le lac

Le parc ornithologique

1 Imagine que tu dois parler à tes copains à l'école (en anglais) au sujet de ton amie française, Cathy. Dans ton Dossier, écris des notes pour ton discours.
2 Ecris une lettre à Cathy à ton sujet (en français, bien sûr).

malgré tout – *all the same*
la cascade – *fountain*   rejeter – *to throw*
romain – *roman*   la rivière – *river*
le parc ornithologique – *bird garden*
le chômeur – *unemployed person*
la vendeuse – *sales assistant*
le lac – *lake*   la balançoire – *swing*
le bonbon – *sweet*
sûrement – *for sure*

le 17 mars

Monsieur,
Je voudrais réserver des chambres à votre hôtel du 8 juin au 12 juin. Nous sommes deux adultes et deux enfants: nous voudrions deux chambres pour deux personnes, avec douche/bain. Je voudrais savoir les prix des chambres, et si le petit déjeuner est compris. Veuillez agréer, monsieur, l'assurance de mes sentiments distingués,

le 25 mai

Madame,
Je voudrais réserver un emplacement dans votre camping du 13 juillet au 17 juillet. Nous sommes quatre adultes et trois enfants. Nous avons une caravane, deux voitures et une tente. Je voudrais savoir le prix de l'emplacement, et si vous avez une épicerie dans le camping. Veuillez agréer, madame, l'assurance de mes sentiments distingués,

le 15 juillet

Monsieur,
Je voudrais réserver des places dans votre auberge de jeunesse du 5 septembre au 7 septembre. Nous sommes trois adultes (dont deux hommes et une femme) et quatre enfants (dont deux garçons et deux filles). Je voudrais savoir le prix des places et si on peut avoir le repas du soir. Veuillez agréer, monsieur, l'assurance de mes sentiments distingués,

////Action 3!

1 Write a letter to reserve rooms with a shower in a hotel from the 10–15 October for one adult and three children. Ask for the prices of the rooms, and whether breakfast is included.
2 Write a letter to a camping site to reserve space from 30 May to 3 June. It's for three adults and two children, with one car and three tents. Ask the price, and whether there's a restaurant on the site.
3 Write a letter to a youth hostel to reserve accommodation from the 23–28 August, for two adults (one man and one woman) and four children (one girl and three boys). Ask what it will cost, and whether you can have breakfast.

veuillez agréer, monsieur/madame, l'assurance de mes sentiments distingués – *yours faithfully*   dont – *including*

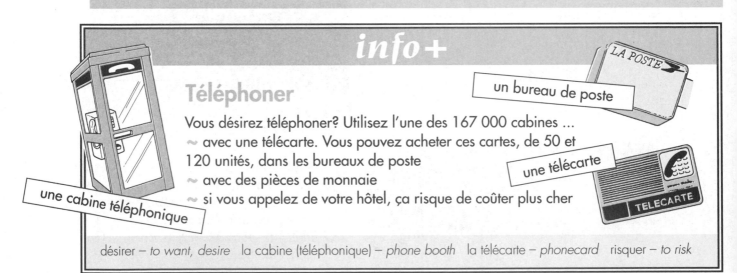

info +

Téléphoner

un bureau de poste

Vous désirez téléphoner? Utilisez l'une des 167 000 cabines …
~ avec une télécarte. Vous pouvez acheter ces cartes, de 50 et 120 unités, dans les bureaux de poste
~ avec des pièces de monnaie
~ si vous appelez de votre hôtel, ça risque de coûter plus cher

une télécarte

une cabine téléphonique

désirer – *to want, desire*   la cabine (téléphonique) – *phone booth*   la télécarte – *phonecard*   risquer – *to risk*

About writing letters

(Informal)   Cher Michel/Chère Michèle…
           …Ton ami David/Ton amie Julie
(Formal)   Monsieur/Madame…
           …Veuillez agréer, monsieur/madame, l'assurance de mes sentiments distingués,…
Je voudrais envoyer…
……… { une lettre/des lettres
       une carte postale/des cartes postales ……………… { en Angleterre.
       un paquet   en France.
                                                          en Allemagne.

La musique

Le hit-parade

Voici le hit-parade du 17 février.

1   **La première fois: Axel Briand**
2   **A cause de lui: Télégraphe**
3   **Tout ce que j'aime: Paulette Lejeune**
4   **Encore une fois: Jean-Jacques Feldman**
5   **Jeanne la féline: Nathalie**
6   **Oublie-le: Michèle Sébastien**
7   **Jamais, jamais: Nils Kershore**
8   **Suzanne: Patricia Mas**
9   **Débranche: Sticks**
10 **Les Yehs Yehs: Johnny Holliday**
11 **Que c'est beau: Martine Bachelet**
12 **Viens te faire chahuter: Charlie X**
13 **Je t'ai pas touchée: Metropolis**
14 **I wonder when: Roland Lahaye**
15 **Désirs: Cyndi Bianco**
16 **La folie anglaise: Les Charlots**
17 **Bravo le dragueur: Stevie Delon**
18 **Le plus sauvage: Horoscope**
19 **Je suis seule: Billie**
20 **Un coup de soleil: Break Machine**

How to . . .

- Talk about the top twenty
- Say what instruments you play
- Invite someone to a concert

Dans la semaine suivante: Paulette Lejeune monte en première place. Roland Lahaye monte de cinq places. Jean-Jacques Feldman monte en troisième place. Patricias Mas reste dans la même position. Johnny Holliday descend de cinq places. Sticks monte de trois places. En dix-septième position il y a Etienne Lavoine, avec sa chanson 'Chaque matin'. Charlie X reste toujours en douzième position. Axel Briand descend de trois places. Nathalie est entre Sticks et Patricia Mas. Break Machine disparaît. Horoscope ne bouge pas. Stevie Delon monte de six places. Michèle Sébastien est entre Johnny Holliday et Etienne Lavoine. Cyndi Bianco n'y est plus. Billie reste en dix-neuvième position. Les Charlots montent de trois places. En vingtième position il y a le groupe Radio Show avec leur chanson 'I want you back'. Nils Kershore monte de deux places. Télégraphe ne bouge pas. Martine Bachelet est entre Roland Lahaye et Stevie Delon. Metropolis est en quatorzième position.

Action 1!

Dans ton Dossier, écris le hit-parade du 24 février.

le hit-parade – *top twenty*	monter – *to climb, go up*	descendre – *to go down*	rester – *to stay, remain*
la position – *position*	dix-septième – *seventeenth*	la chanson – *song*	toujours – *still, always*
disparaître – *to disappear*	bouger – *to move*	ne … plus – *no longer*	dix-neuvième – *nineteenth*
quatorzième – *fourteenth*			

Un orchestre

///Action 2!

1 Arrange les lettres dans le nom de chaque musicien pour trouver son instrument.

e.g. **T o m   B r e o n** = *t r o m b o n e* (Les instruments sont: un accordéon, un basson, une clarinette, une contrebasse, une flûte, une guitare, un harmonica, une harpe, un luth, un piano, un saxophone, un trombone, une trompette, un tuba, et un violon.) Ensuite, écris une phrase au sujet de chaque membre de ce drôle d'orchestre.

e.g. Tom Breon joue **du** *trombone.*
Clair Enett joue **de la** *clarinette.*

2 Découpe des photos de musiciens, et colle-les dans ton Dossier. Écris en-dessous de quel instrument chacun joue.

e.g. Stéphane Grapelli joue **du** *violon.*

l'orchestre – *orchestra*	jouer d'un instrument – *to play an instrument*	trombone – *trombone*
la clarinette – *clarinet*	l'accordéon – *accordion* le basson – *bassoon*	la contrebasse – *double bass*
la flûte – *flute*	la guitare – *guitar* l'harmonica – *harmonica*	la harpe – *harp* le luth – *lute*
le saxophone – *saxophone*	le piano – *piano* la trompette – *trumpet*	le tuba – *tuba* le violon – *violin*

Les concerts

1 Ecoute la Cassette. Tu entendras Martin, Alain, Gilbert et Odette. Chacun invite un ami/une amie à un concert. Trace des lignes pour joindre les cases qui indiquent

a qui donne l'invitation
b qui reçoit l'invitation
c à quel concert

d l'heure du concert
e où est-ce qu'ils se rencontreront
f à quelle heure

e.g. Martin invite Yvette à un concert de jazz, à 21h00.
Ils se rencontreront au café du Parc à 20h00.

MARTIN	ALAIN	GILBERT	ODETTE
RENE	JACQUES	YVETTE	MICHELLE

un concert de musique pop

AU CONCERT STEVIE WONDER

un concert de jazz
JAZZ IN MARCIAC

IT – Lundi 14 août 1989, à 21 h
FRANZ SCHUBE
un concert de musique classique
Montauban – Tél. 63.63.
62.66.40.09 – GRAMONT – Tél. 63.94.05.2

FESTIVAL INTERCELTI DE LORIENT
14 AOUT 198
un concert de musique folklorique

20.30	20.00	22.00	21.00

la gare routière

au café

à la gare

au restaurant

20.15	19.45	20.00	19.30

2 Imagine les dialogues quand Alain, Gilbert ou Odette invite un ami/une amie au concert.

e.g.

Martin: Yvette – est-ce que tu as envie d'aller à un concert de jazz ce soir?
Yvette: Oui, je veux bien. C'est à quelle heure?
Martin: A vingt et une heures
Yvette: Où est-ce qu'on se rencontre?
Martin: Au café du Parc? A quelle heure?
Yvette: Vingt heures?

tracer – *to draw*
le jazz – *jazz*
la musique folklorique – *folk music*

l'invitation – *invitation*
la musique classique – *classical music*

se rencontrer – *to meet*
la musique pop – *pop music*

info+

La musique

~ Nombre de groupes de rock en France: 25 000.
~ Nombre de Français qui pratiquent la musique: 5 000 000.
~ Pourcentage des 15–19 ans qui pratiquent la musique: 50%.
~ Nombre d'instruments vendus tous les ans en France: 13 500 000.
~ L'opéra le plus long: 'Les Maîtres Chanteurs de Nuremberg' (Richard Wagner – 5h 15mn).
~ 1956: Premier Concours Eurovision de la Chanson.
~ Pays gagnants:

5 fois: France (1958, 1960, 1962, 1969, 1977)
      Irlande (1970, 1980, 1987, 1992, 1993)
      Luxembourg (1961, 1965, 1972, 1973, 1983)

4 fois: Grande-Bretagne (1967, 1969, 1976, 1981)
      Pays-Bas (1957, 1959, 1969, 1975)

3 fois: Suède (1974, 1984, 1991)

2 fois: Italie (1964, 1990)
      Suisse (1956, 1988)
      Espagne (1968, 1969)
      Israël (1978, 1979)

1 fois: Allemagne (1982)
      Autriche (1966)
      Belgique (1986)
      Danemark (1963)
      Monaco (1971)
      Norvège (1985)
      Yougoslavie (1989)

~ Quelques chansons gagnantes:
A-ba-ni-bi (1978)
Boom-bang-a-bang (1969)   Ding-donge-dong (1975)
Diggi-loo-diggi-ley (1984)   La-la-la (1984)

le groupe de rock – *rock group*
pratiquer – *to practise*
le pourcentage – *percentage*
vendu – *sold*
tous les ans – *every year*
l'opéra – *opera*
gagnant – *winning*
le Luxembourg – *Luxemburg*
les Pays-Bas – *Netherlands*
la Suède – *Sweden*
l'Allemagne – *Germany*
la Belgique – *Belgium*
le Danemark – *Denmark*
l'Israël – *Israel*
Monaco – *Monaco*
la Norvège – *Norway*

Talking about music

Axel Briand est en première position dans le hit-parade.

Je   ⎫
Il   ⎬ joue........................ ⎰ du violon.
Elle ⎭   ⎱ de la flûte.

J'ai ⎫ envie ... d'aller à un concert ce soir?
As-tu ⎭

C'est un concert de .... ⎰ musique pop/classique/folklorique.
                            ⎱ jazz.

On se rencontrera .... ⎰ à 20h00.
                                ⎱ au café.

SECTION JAUNE FIN

UNITE 31 — *Je l'ai fait*

How to...

- Say what you have done, or did
- Describe a holiday you had
- Say where you went and what you did

A

B

Les vacances (1)

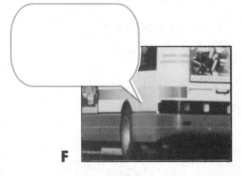

C

D

E

F

G

H

//// Action 1!

Chaque photo (A–I) est une illustration d'une des phrases suivantes:

1 'J'ai passé mes vacances au bord de la mer.'
2 'J'ai passé mes vacances à la montagne.'
3 'J'ai passé mes vacances à la campagne.'
4 'On a voyagé par le train.'
5 'On a voyagé par le car.'
6 'On a loué une voiture.'
7 'Nous avons logé à l'hôtel.'
8 'Nous avons campé.'
9 'Nous avons loué un gîte.'

Ecris chaque phrase dans la bonne bulle.

je l'ai fait – *I did it, I have done it*   l'illustration – *illustration*

I

'J'ai pêché.'

Ecoute la Cassette. Anthony, Carole, Franck, Gaby, Rachid et Sophie parlent de ce qu'ils ont fait en vacances.

▱▱▱▱▱Action 2 !

'J'ai fait de l'équitation.'

Complète les phrases suivantes en écrivant le nom de la personne qui a fait l'activité. (Chacun en a fait trois.)

e.g. *Anthony* a pêché.

.... a vu une animation western.

.... a vu beaucoup d'animaux et d'oiseaux.

.... a campé à la ferme.

.... a dansé.

.... a vu des dinosaures.

.... a fait de l'équitation.

.... a joué au golf.

.... a fait du karting.

.... a fait du kayak.

.... a joué au mini-golf.

..*Anthony*... a pêché.

.... a loué un pédalo.

.... a joué à la pétanque.

.... a fait un pique-nique.

.... a mangé au restaurant.

.... a joué au tennis.

.... a fait du tir à l'arc.

.... a loué un vélo.

'J'ai joué au golf.'

'J'ai joué au tennis.'

'J'ai fait du vélo.'

l'animation western – *western show*
a vu – *saw, has seen*
le dinosaure – *dinosaur*
a fait – *did, has done*
le karting – *karting*
la kayak – *kayak*
le mini-golf – *mini-golf*
le pédalo – *water-bicycle*
le pique-nique – *picnic*

'J'ai mangé au restaurant.'

▰▰▰ Action 3!

Les vacances (3)

1 Regarde (page 130) les trois activités faites par chaque personne (Anthony, Carole, Franck, Gaby, Rachid et Sophie).

2 Ensuite, regarde les réclames sur cette page – et décide quel parc d'attractions il/elle a visité. (Choisis entre: Aqualoisirs, l'Etang de la Faïencerie, les Grottes de Fontirou, le Parc animalier de Jorignac, et le Plan d'eau Cherveux-St Christophe.)

3 Ecris-le dans ton Dossier.
e.g. (Anthony – pêche, restaurant, animation western) 'Anthony a visité l'Etang de la Faïencerie.'

4 Ensuite, écris ce qu'il/elle a fait.
e.g. 'Il a pêché, il a mangé au restaurant, et il a vu une animation western.'

la réclame – *advertisement*
le parc d'attractions – *theme park*

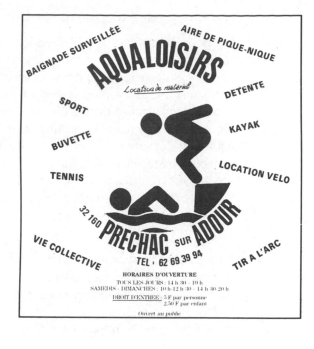

PARC DE LOISIRS
ETANG DE LA FAIENCERIE
DANS UN SITE CALME VERDOYANT ET NATUREL

- PECHE
- PETANQUE
- TRICYCLES ET PEDALOS AQUATIQUES
- JEUX GRATUITS POUR LES ENFANTS
- SALLE DE JEUX
- CALECHE ET PONEY
- ANIMATION WESTERN
- PIQUE-NIQUE
- RESTAURANT AVEC TERRASSE OMBRAGEE
- SOIREE DANSANTE GRATUITE TOUS LES SAMEDIS SOIRS

PLAN D'EAU CHERVEUX-ST CHRISTOPHE

Dans un cadre de verdure :
Plage - Pédalos - Tennis - Parc d'attractions - Pêche - Équitation - Golf 18 trous à 10 km

CAMPING ★★ ☎ 49.05.21.38 ● Mairie ☎ 49.75.01.77
BAR - RESTAURANT DU PLAN D'EAU

☎ **49.05.25.13**

VISITEZ LE PARC ANIMALIER ET ORNITHOLOGIQUE DE JORIGNAC

80 ESPECES DIFFERENTES EN MILIEU NATUREL

visites commentees camping à la ferme
pêche
pique nique
aux bords des étangs
Tél. 46.90.03.84

GEMOZAC ──── CÔZES
vers PONS | PARC | St ANDRE de LIDON — vers ROYAN
CRAVANS | JORIGNAC RIOUX
vers SAINTES

ZOO PRÉHISTORIQUE
des **GROTTES DE FONTIROU**
Super Mini Golf
BABY-KART électrique
(Formule 1)

UNIQUE DANS DANS LE SUD-OUEST
RN 21 entre Agen et Villeneuve/Lot
CASTELLA
Tél. 53.40.15.29

▰▰▰▰ Action 4!

Christine Vecchi

Christine nous a raconté un week-end pendant les vacances.

La deuxième semaine des vacances, nous sommes allés, mes parents, mon frère et moi, à la montagne dans les Pyrénées pour un week-end. Le samedi matin nous sommes partis très tôt et nous sommes arrivés vers 9h. On a rencontré mon oncle, ma tante et mes deux cousines. Nous avons pris le petit déjeuner ensemble. Puis nous sommes allés faire le marché dans la ville qui se trouve à côté. L'après-midi nous avons fait de la marche dans les montagnes. Le soir nous avons été à la fête du village. Mes cousines et moi, nous sommes allées au bal, qui s'est déroulé sur la place. Nous avons bien dansé! Nous avons fait la connaissance de garçons très gentils et nous avons passé la soirée avec eux. Le dimanche matin nous sommes allés avec mes parents à une exposition artisanale. On a retrouvé nos copains de la veille. Le reste de la journée nous l'avons passé à visiter les petits villages des alentours. A neuf heures nous sommes rentrés chez nous.

1 Which mountains did Christine go to in the holidays? With whom? When? When did they leave home? What time did they arrive? Whom were they met by? What did they all do together? How did they spend the morning? Where? What did they do in the afternoon? What took place in the evening? What did Christine do with her cousins? Whom did they get to know? Where did Christine go with her parents on Sunday morning? Whom did they bump into? What happened in the afternoon? What time did they get home?

2 Note down in your Dossier how Christine said: 'We went … to the mountains', 'we left very early', 'we arrived towards 9', and 'we returned home'.

rencontrer – *to meet*	nous avons pris < prendre – *we took*	nous avons été < être – *we were*
faire la connaissance de – *to get to know*	le garçon —*boy*	l'exposition artisanale – *craft exhibition*
retrouver – *to rediscover*	la veille – *evening before*	les alentours – *the surroundings*

▰▰▰▰ Action 5!

In your Dossier, write a brief account in French of a weekend spent in France. Mention where you spent your holiday (seaside, mountains, or countryside); how you travelled (train, coach or car); what time you left home, and what time you arrived; where you stayed (hotel, campsite, or gîte); which of the theme parks on page 131 you visited, and what you did there. What time did you arrive home?

Talking about what you did or have done

J'ai	logé à l'hôtel.
Il/elle/on a........................	campé.
Nous avons	loué un gîte.

J'ai	vu des dinosaures.
Il/elle/on a........................	pêché.
Nous avons	été à la fête.

info+

Un peu d'histoire

~ 1804: Napoléon est devenu Empereur de France.

~ 1844: Alexandre Dumas a écrit *Les Trois Mousquetaires*.

~ 1869: Ferdinand de Lesseps a construit le canal de Suez.

~ 1895: Louis et Auguste Lumière ont inventé le cinématographe.

~ 1895: Marie Curie a découvert le radium.

~ 1909: Louis Blériot a survolé la Manche.

devenu < devenir – *become*	
l'empereur – *emperor*	a écrit < écrire – *wrote*
le mousquetaire – *musketeer*	
construit < construire – *built*	
découvert < découvrir – *discovered*	
le cinématographe – *cinematograph*	
le radium – *radium*	survoler – *to fly over*
la Manche – *English Channel*	

Nous sommes allés/partis/arrivés/rentrés.

Je m'entends

How to...

- Say how well you get on with your parents
- Say what they're like with you
- Say when they get annoyed

2 'Comment t'entends-tu avec ta mère?'
'Je m'entends très bien avec elle' – 33%
'Je m'entends assez bien avec elle' – 46%
'Je ne m'entends pas bien avec elle' – 7%
'Je m'entends mal avec elle' – 6%
'Je n'ai pas de mère' – 8%

Les 'PPH'

(Quand les jeunes parlent de quelqu'un qu'ils considèrent vieux, ils les appellent des 'PPH' = 'ils ne **P**asseront **P**as l'**H**iver'.)

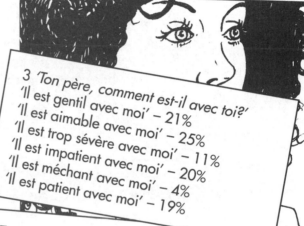

3 'Ton père, comment est-il avec toi?'
'Il est gentil avec moi' – 21%
'Il est aimable avec moi' – 25%
'Il est trop sévère avec moi' – 11%
'Il est impatient avec moi' – 20%
'Il est méchant avec moi' – 4%
'Il est patient avec moi' – 19%

Nous avons posé des questions à un groupe de jeunes personnes:

1 'Comment t'entends-tu avec ton père?'
2 'Comment t'entends-tu avec ta mère?'
3 'Ton père, comment est-il avec toi?'
4 'Ta mère, comment est-elle avec toi?'

4 'Ta mère, comment est-elle avec toi?'
'Elle est gentille avec moi' – 27%
'Elle est aimable avec moi' – 21%
'Elle est patiente avec moi' – 32%
'Elle est trop sévère avec moi' – 12%
'Elle est impatiente avec moi' – 6%
'Elle est méchante avec moi' – 2%

Voici les résultats de notre sondage:

//// Action 1!

In your Dossier, note what percentage of the interviewees said they:
1 got on very well with their fathers?
2 got on fairly well with their mothers?
3 got on badly with their mothers?
4 didn't get on well with their fathers?
5 got on very well with their mothers?
6 didn't get on well with their mothers?
7 got on fairly well with their fathers?
8 got on badly with their fathers?
9 didn't have a father?
10 didn't have a mother?

What percentage said:
11 their father was impatient with them?
12 their mother was patient with them?
13 their father was kind to them?
14 their father was nasty to them?
15 their mother was impatient with them?
16 their father was too strict with them?
17 their mother was nice to them?
18 their mother was nasty to them?
19 their father was nice to them?
20 their mother was kind to them?
21 their mother was too strict with them?
22 their father was patient with them?

s'entendre – *to get on with, agree*
mal – *badly*

considérer – *consider*
aimable – *kind*

bien – *well*
sévère – *strict*

▰▰▰Action 2 !

Et toi?

Comment t'entends-tu avec tes parents?
1 Coche (✓) tes réponses à toi.
2 Ecoute la Cassette. Coche les réponses de Stéphane, Valérie, Mohammed, et Régine.
3 Pose les mêmes questions à des copains. Coche leurs réponses.
4 Calcule les totaux.

1
Comment t'entends-tu avec ton père?
très bien? ....
assez bien? ....
pas bien? ....
mal? ....
Je n'ai pas de père ....

2
Comment est-il avec toi?
gentil? ....
aimable? ....
patient? ....
trop sévère? ....
impatient? ....
méchant? ....

3
Comment t'entends-tu avec ta mère?
très bien? ....
assez bien? ....
pas bien? ....
mal? ....
je n'ai pas de mère ....

4
Comment est-elle avec toi?
gentille? ....
aimable? ....
patiente? ....
trop sévère? ....
impatiente? ....
méchante? ....

cocher – *to tick*   les totaux < le total – *total*

▰▰▰Action 3 !

Ne te fâche pas

De temps en temps, les parents se fâchent avec leurs enfants. Les illustrations à gauche montrent quelques raisons pourquoi.
Dans ton Dossier, copie ces dessins humoristiques. Ensuite ajoute des bulles, en choisissant une des phrases suivantes:
'...quand je lui prends ses habits', '...quand j'embête ma sœur', '...quand je me bats avec mon frère', '...quand je ne les écoute pas', '...quand je ne mange pas la nourriture qu'elle m'a faite', '...quand je rentre tard le soir', '...quand je ne range pas ma chambre', '...quand je ne travaille pas à l'école', '...quand je veux regarder une chaîne de TV et que lui il veut en regarder une autre.'
e.g. (Numéro 1): '...quand je ne travaille pas à l'école'.

la raison – *reason*   embêter – *to annoy*   se battre avec – *to fight with*   la nourriture – *food*

Le courrier du cœur

Jouez à deux. Vous avez besoin d'un dé et de deux jetons.

Avant de commencer, le joueur A met son jeton sur le départ A, et le joueur B met son jeton sur le départ B.
Puis, A jette le dé, et il/elle avance son jeton. En arrivant sur la case indiquée par le dé, il lit son problème, par exemple (il/elle a jeté un 3): 'J'ai l'impression que mon père ne m'aime pas. S'il vous plaît, aidez-moi.'

A son tour, B jette le dé, avance son jeton, et lit le conseil trouvé dans la case indiquée par le dé.
e.g. (il/elle a jeté un 2): 'Ne sors pas avec lui. Il a besoin de se reposer à son âge.'

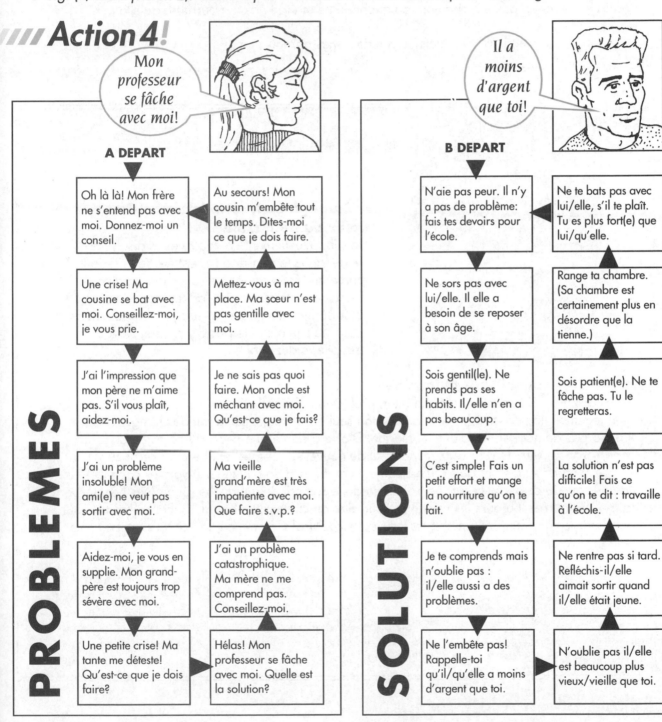

//// **Action 4!**

Mon professeur se fâche avec moi!

Il a moins d'argent que toi!

A DEPART

B DEPART

PROBLEMES

Oh là là! Mon frère ne s'entend pas avec moi. Donnez-moi un conseil.

Au secours! Mon cousin m'embête tout le temps. Dites-moi ce que je dois faire.

Une crise! Ma cousine se bat avec moi. Conseillez-moi, je vous prie.

Mettez-vous à ma place. Ma sœur n'est pas gentille avec moi.

J'ai l'impression que mon père ne m'aime pas. S'il vous plaît, aidez-moi.

Je ne sais pas quoi faire. Mon oncle est méchant avec moi. Qu'est-ce que je fais?

J'ai un problème insoluble! Mon ami(e) ne veut pas sortir avec moi.

Ma vieille grand'mère est très impatiente avec moi. Que faire s.v.p.?

Aidez-moi, je vous en supplie. Mon grand-père est toujours trop sévère avec moi.

J'ai un problème catastrophique. Ma mère ne me comprend pas. Conseillez-moi.

Une petite crise! Ma tante me déteste! Qu'est-ce que je dois faire?

Hélas! Mon professeur se fâche avec moi. Quelle est la solution?

SOLUTIONS

N'aie pas peur. Il n'y a pas de problème: fais tes devoirs pour l'école.

Ne te bats pas avec lui/elle, s'il te plaît. Tu es plus fort(e) que lui/qu'elle.

Ne sors pas avec lui/elle. Il elle a besoin de se reposer à son âge.

Range ta chambre. (Sa chambre est certainement plus en désordre que la tienne.)

Sois gentil(le). Ne prends pas ses habits. Il/elle n'en a pas beaucoup.

Sois patient(e). Ne te fâche pas. Tu le regretteras.

C'est simple! Fais un petit effort et mange la nourriture qu'on te fait.

La solution n'est pas difficile! Fais ce qu'on te dit : travaille à l'école.

Je te comprends mais n'oublie pas : il/elle aussi a des problèmes.

Ne rentre pas si tard. Refléchis-il/elle aimait sortir quand il/elle était jeune.

Ne l'embête pas! Rappelle-toi qu'il/qu'elle a moins d'argent que toi.

N'oublie pas il/elle est beaucoup plus vieux/vieille que toi.

le courrier du cœur – *agony column*	le jeton – *counter*	avancer – *to move forward*	l'impression – *impression*
avoir peur – *to be afraid*	la crise – *crisis*	prier – *to ask*	désordonné – *untidy*
la tienne – *yours*	sois < être – *be*	insoluble – *insoluble*	la solution – *solution*
supplier – *to beg*	toujours – *always*	catastrophique – *catastrophic*	
comprendre – *to understand*	réfléchir – *to think, reflect*	il/elle aimait – *he/she used to like*	
il/elle était – *he/she was*	hélas – *alas*	se rappeler – *to remember*	

Action 5!

Mes parents et moi

Patrice écrit au sujet de ses parents.

Je m'entends assez bien avec mon père. Il est trop sévère avec moi, mais il est gentil. Il se fâche avec moi quand je ne travaille pas à l'école, et quand je lui prends ses habits! Je ne m'entends pas très bien avec ma mère. Elle est aimable, mais elle est très impatiente avec moi. Elle se fâche quand je ne range pas ma chambre ou quand je ne mange pas la nourriture qu'elle fait.

Dans ton Dossier, écris 60–70 mots au sujet de 'Mes parents et moi'.

info+

SOS

~ Carole a écrit cette lettre au Courrier du Cœur du magazine OK!

'Je suis actuellement en vacances, mais, hélas! je ne fais que penser à la rentrée. Je la redoute, parce que cette année, je vais changer d'école. Donc, je ne reverrai plus les copines et copains. Bien sûr, je sais que je ne suis pas la seule dans mon cas, mais je n'arrête pas d'y penser. Je vous en supplie, aidez-moi.'

~ Voici les conseils du magazine

'Tu es actuellement en vacances? Eh bien, profites-en! Détends-toi, fais-toi plein d'amis. Tu auras bien le temps de penser à la rentrée. Et si ton seul problème, c'est le fait de changer d'école, il n'y a pas de quoi en faire une montagne. D'abord parce que ce sera l'occasion de faire connaissance avec de nouveaux copains et de nouvelles copines (et tu en trouveras sûrement de très sympathiques!) Et puis, qu'est-ce qui t'empêchera de continuer à voir les copains et les copines que tu as déjà? Personne! Le mercredi, le samedi, le dimanche (quand les devoirs sont faits!), tu pourras toujours les retrouver pour aller au cinéma, en boum… . Et profites-en pour présenter tes nouvelles copines et tes nouveaux copains! Comme ça, la bande s'agrandira et elle sera encore plus sympa!'

actuellement – *at the moment*	la rentrée – *going back (to school)*	redouter – *to dread*
donc – *so, therefore*	revoir – *to see again*	la copine – *(girl) friend*
le cas – *case* profiter de – *to make the most of, take the opportunity*		se détendre – *to relax*
le fait – *the fact*	l'occasion – *opportunity*	sympa(thique) – *nice*
empêcher – *to prevent*	personne – *nobody*	en boum – *to a party*
présenter – *to introduce, present*	la bande – *group*	s'agrandir – *to get bigger*

Talking about relationships

Je.............. { m'entends (très/assez) bien/mal   avec .... { mon père/lui.
                { ne m'entends pas bien/mal   { ma mère/elle

il   } est .... { gentil/patient/impatient/méchant   } .... avec moi.
Elle }   { gentille/patiente/impatiente/méchante }

Il/elle est aimable/(trop) sévère.

Il/elle se fâche quand je ne travaille pas/rentre tard.

UNITE 33   Au secours!

How to ...

- Say what you've lost or had stolen
- Give an idea where and when it happened
- Describe the items in question
- Get things repaired and cleaned

Objets trouvés

Perdu–trouvé

Dialogue au bureau des objets trouvés
– J'ai perdu mon appareil photo.
– Où ça?
– Dans la rue.
– Et quand?
– Lundi.

Action 1!

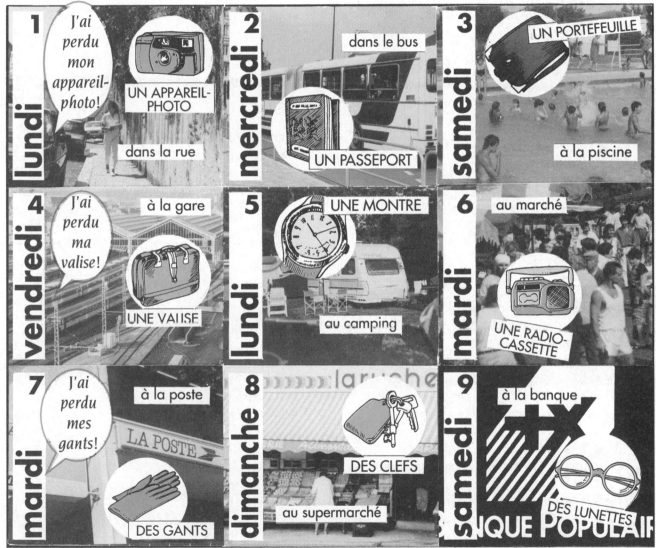

1 Imagine les dialogues concernant les objets 2–9.

2 You've lost (i) your passport at the supermarket on Tuesday (ii) your watch at the swimming pool on Sunday (iii) your keys in the street on Wednesday and (iv) your wallet at the campsite on Saturday. Make up the conversations you have when you report them to the lost property office.

perdu–trouvé – *lost and found*	le bureau des objets trouvés – *lost property office*	
perdu < perdre – *lost*	la valise – *suitcase*	le gant – *glove*
la clef – *key*	le portefeuille – *wallet*	concernant – *concerning*

///// Action 2!

Au voleur!

1 On m'a volé mon porte-monnaie.

UN PORTE-MONNAIE

2

UN SAC A MAIN

3

UNE VOITURE

4

DES CHEQUES DE VOYAGE

Voici des objets volés.
La première victime dit: 'On m'a volé mon porte-monnaie!' Ecris dans les bulles ce que disent les victimes 2–4.

le voleur – *thief*	au voleur – *stop thief!*	voler – *to steal*	le porte-monnaie – *purse*
le sac à main – *handbag*		la victime – *victim*	

///// Action 3!

Voici des descriptions des objets perdus (page 137) et des objets volés (page 138). Sous chaque description, écris le nom de l'objet. *e.g. Ils sont en laine rouge – les gants.*

1 'Ils sont en laine verte.'
.... *Les gants* ....
2 'Elle est nouvelle.
Dimensions: 45cm x 30cm x 15cm.'
....

3 'Il est en cuir noir, contenant
trois cents francs et des photos.'
....

4 'Il est en plastique, contenant
un porte-monnaie et du maquillage.'
....

5 'C'est un Monovox Stéréo.'
....

6 'Il est vieux, contenant des pièces
de monnaie et une clef.'
....

7 'Il y en a 5, à la valeur de 250 livres.'
....

8 'C'est un Praktica 35mm
automatique avec télé-objectif.'
....

9 'Elles ont une monture verte.'
....

10 'Il est britannique,
au nom de David Johnson.'
....

11 'C'est une Renault Clio noire.'
....

12 'Elles sont pour une voiture,
et une chambre d'hôtel.'
....

13 'Elle n'est pas digitale, avec un bracelet
en plastique.'
....

la laine – *wool*	les dimensions – *size*	le cuir – *leather*	contenant < contenir – *containing*
le plastique – *plastic*	le maquillage – *make-up*	la valeur – *value*	automatique – *automatic*
le télé-objectif – *zoom lens*		la monture – *frame*	nouveau – *new*
le type – *type*	européen – *European*	digital – *digital*	le bracelet – *bracelet*

Ça ne marche pas

1

– C'est ma **radio-cassette** qui ne marche pas.
– Depuis quand?
– Depuis **deux jours**. Vous pourrez la réparer?
– J'essayerai.
– Je l'aurai quand?
– Passez **dans une semaine**.

2

– C'est mon **appareil photo** qui ne marche pas.
– Depuis quand?
– Depuis **les vacances**. Vous pourrez le réparer?
– J'essayerai.
– Je l'aurai quand?
– Passez **dans dix jours**.

///// *Action 4 !*

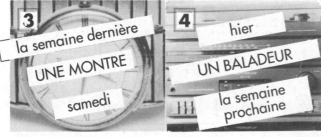

Imagine les dialogues au sujet des objets 3–6.

> depuis quand? – *since when?*
> depuis deux jours – *for two days*
> pourrez < pouvoir – *(you) will be able to*
> réparer – *to repair*   passer – *to call in*
> un baladeur – *personal stereo*
> hier – *yesterday*
> demain – *tomorrow*

///// *Action 5 !*

Au pressing

1

– Je voudrais faire nettoyer ce pull, s'il vous plaît.
– Oui. Vous le voulez quand?
– Demain? C'est possible?
– Bien sûr!
– Ça me coûtera combien?
– Ça vous coûtera 10 francs.

2

– Je voudrais faire nettoyer cette jupe, s'il vous plaît.
– Oui. Vous la voulez quand?
– Samedi. C'est possible?
– Bien sûr!
– Ça me coûtera combien?
– Ça vous coûtera 20 francs.

Imagine les dialogues quand tu veux faire nettoyer un pantalon, une veste, une robe et un manteau.

> le pressing – *dry cleaner*
> la veste – *jacket*
> le manteau – *overcoat*
> faire nettoyer – *to have cleaned*

////Action6!

Qui et quoi?

Listening to the Cassette, note down in your Dossier the answers to the following questions:

1 What has Andrea lost?
2 Where?
3 When?
4 Describe two of its features.
5 What has Mrs Gabriel had stolen?
6 Describe two of its features.

7 What has Sean broken?
8 How long has it been broken?
9 When can he come to collect it?
10 What does Mr Thompson want to have cleaned?
11 For when?
12 What will it cost?

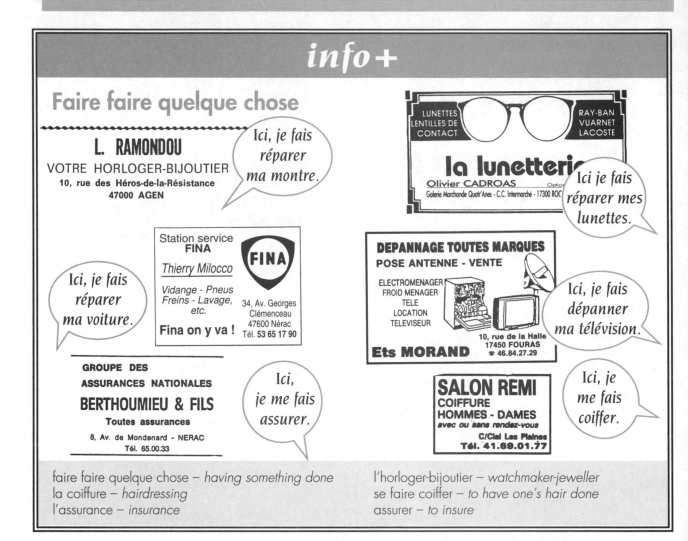

info+

Faire faire quelque chose

L. RAMONDOU
VOTRE HORLOGER-BIJOUTIER
10, rue des Héros-de-la-Résistance
47000 AGEN

Ici, je fais réparer ma montre.

LUNETTES
LENTILLES DE CONTACT
RAY-BAN
VUARNET
LACOSTE

la lunetteri
Olivier CADROAS   Optici
Galerie Marchande Quat'Anes - C.C. Intermarché - 17300 ROC

Ici je fais réparer mes lunettes.

Station service
FINA
Thierry Milocco
Vidange - Pneus
Freins - Lavage,
etc.
Fina on y va !

FINA

34, Av. Georges
Clémenceau
47600 Nérac
Tél. 53 65 17 90

Ici, je fais réparer ma voiture.

DEPANNAGE TOUTES MARQUES
POSE ANTENNE - VENTE
ELECTROMENAGER
FROID MENAGER
TELE
LOCATION
TELEVISEUR
Ets MORAND
10, rue de la Halle
17450 FOURAS
☎ 46.84.27.29

Ici, je fais dépanner ma télévision.

**GROUPE DES
ASSURANCES NATIONALES**
BERTHOUMIEU & FILS
Toutes assurances
8, Av. de Mondenard - NERAC
Tél. 65.00.33

Ici, je me fais assurer.

SALON REMI
COIFFURE
HOMMES - DAMES
avec ou sans rendez-vous
C/Cial Les Plaines
Tél. 41.69.01.77

Ici, je me fais coiffer.

faire faire quelque chose – *having something done*
la coiffure – *hairdressing*
l'assurance – *insurance*

l'horloger-bijoutier – *watchmaker-jeweller*
se faire coiffer – *to have one's hair done*
assurer – *to insure*

Taking action about problems

J'ai perdu................ { un ....portefeuille,...... { une ....montre,.......... { des ....clefs.
On m'a volé { mon { ma { mes

Il } est en...... { cuir.
Elle } { plastique blanc.
{ laine blanche.

Depuis .... { hier .... { mon baladeur....ne marche pas. Vous pourrez ... { le ...réparer?
{ ce matin { ma montre { la

Je voudrais faire nettoyer .... { un.......pull.   Vous .... { le ....voulez quand?
{ ce
{ une .....jupe. { la
{ cette

En pleine forme

How to...

- Find out about a sports centre
- Talk about what you do to keep fit
- Say where you went and what you did there

Action 1!

Sport et Vie

Centre sportif 35–37 rue Gambetta
47600 Molignac
Tél: 63 64 23 01

Musculation
Temps d'accès à la salle illimité
La séance 40F
10 séances 279F
(carte valable 2 mois)
Le mois 300F
Couple: le mois 500F

Squash/Tennis
Location du court 40 minutes
Par personne 30F
Essai pour 1 mois 100F
Pour 4 parties avec prêt de raquettes
Location de raquette gratuite

Stretching-gymnastique
Cours assurés par un kinésithérapeute
Tarif pour la saison: 450F

Sauna (sur réservation)
35F (Durée 20 minutes)
300F les 10 séances

Solarium (sur réservation)
50F (Durée 20 minutes)
450F les dix séances

*   *   *   *

Un salon de détente avec boissons
non-alcoolisées et énergétiques à votre
disposition
Ambiance et accueil agréables

This place, 'Sport et Vie' – what is it? Where do I find it?

What will a session of body-building cost me? How long does it last? Are there any reduced rates?

How much does it cost to use a squash court? How long do you get? What's the special offer at 100F? What does it cost to hire a racquet?

Is the gymnastics supervised? What would a season ticket cost?

How long can you spend in the sauna? Is there a reduced rate? Do I have to reserve it? What about the solarium?

Where can I get a drink afterwards? What kind?

en pleine forme – *fit*	la vie – *life*	le centre sportif – *sports centre*	l'accès – *access*
illimité – *unlimited*	la séance – *session*	la carte – *ticket*	le squash – *squash*
par personne – *per person*	l'essai – *trial*	la partie – *match*	le prêt – *loan*
la raquette – *racquet*	le stretching-gymnastique – *gymnastics*	le kinésithérapeute – *physiotherapist*	
le sauna – *sauna*	la durée – *length*	le solarium – *solarium*	
le salon de détente – *rest room*	énergétique – *energising*	l'accueil – *welcome*	

Des interviews

Armed with the following information, we interviewed some young people about how they kept fit – asking them what they did, how often they went, and on what days, and how long they'd been doing it.

	Participant	Activity	Day(s)	How long?
1	Jacques	body-building	Mon, Thu, Sat	3 years
2	Françoise	squash	Sun	6 months
3	Isabelle	gymnastics	Tue, Thu	4 years
4	Mohammed	tennis	Wed, Fri, Sat, Sun	10 months

1: Jacques

Interviewer: Jacques – qu'est-ce que tu fais pour rester en forme?
Jacques: Je fais de la musculation.
Interviewer: Tous les combien?
Jacques: J'y vais trois fois par semaine – tous les lundis, tous les jeudis, et tous les samedis.
Interviewer: Depuis quand fais-tu de la musculation?
Jacques: Depuis trois ans.

2: Françoise

Interviewer: Françoise – qu'est-ce que tu fais pour rester en forme?
Françoise: Je joue au squash.
Interviewer: Tous les combien?
Françoise: Une fois par semaine – tous les dimanches.
Interviewer: Depuis quand joues-tu au squash?
Françoise: Depuis six mois.

/////Action 2!

1 Make up interviews, first with Isabelle and then with Mohammed.

2 Listen to the interviews on the Cassette, and fill in on the grid below (in English) similar details about Pascal, Christine and François.

	Participant	Activity	Day(s)	How long?
5	Pascal			
6	Christine			
7	François			

Un peu de sport

Pour rester en pleine forme…

Bernard est allé à Mimizan, où il a fait de l'équitation. Hélène est allée à Lagord, où elle a joué au tennis. Antoine et Vincent sont allés à Nérac, où ils ont fait de la natation. Julie et Estelle sont allées à Pusocq, où elles ont joué au golf.

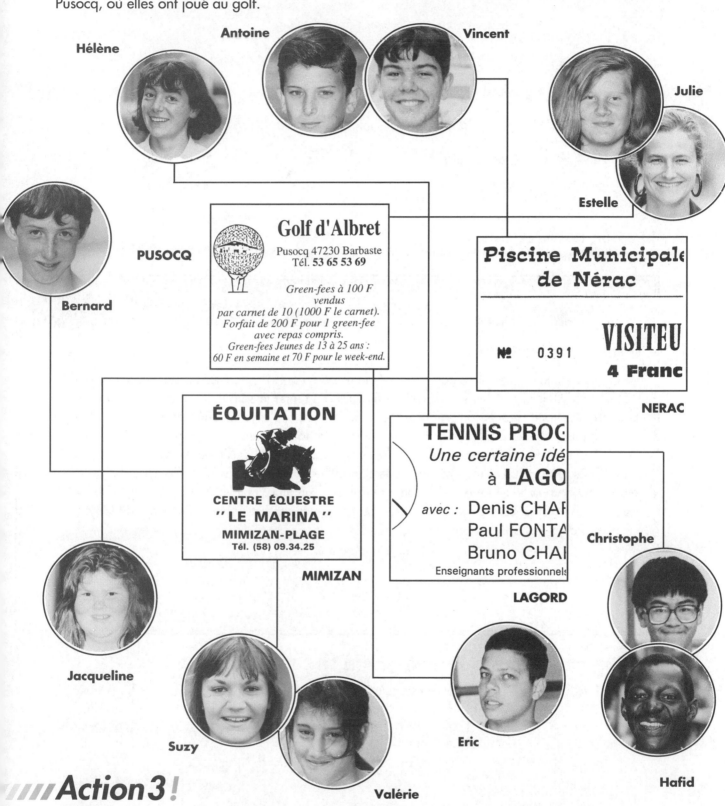

Hélène · **Antoine** · **Vincent** · **Julie** · **Estelle**

PUSOCQ

Golf d'Albret
Pusocq 47230 Barbaste
Tél. **53 65 53 69**

*Green-fees à 100 F
vendus
par carnet de 10 (1000 F le carnet).
Forfait de 200 F pour 1 green-fee
avec repas compris.
Green-fees Jeunes de 13 à 25 ans :
60 F en semaine et 70 F pour le week-end.*

Bernard

Piscine Municipale de Nérac

№ 0391

VISITEU

4 Franc

NERAC

ÉQUITATION

**CENTRE ÉQUESTRE
"LE MARINA"**
MIMIZAN-PLAGE
Tél. (58) 09.34.25

MIMIZAN

TENNIS PROG
*Une certaine idé
à **LAGO***

avec : **Denis CHAF
Paul FONTA
Bruno CHAF**
Enseignants professionnels

LAGORD

Christophe

Jacqueline · **Suzy** · **Valérie** · **Eric** · **Hafid**

////Action 3 !

Dans ton Dossier, écris où sont allés a) Eric b) Jacqueline c) Christophe et Hafid d) Suzy et Valérie – et ce qu'ils ont fait.

Marc

Voici une lettre écrite par Marc – en code.

01 02 03 04		04 05 06 07 05 04		05 08	01 09 05 10 08 05		11 02 04 12 05 13	14 05
P O U R		E S T			N L I		F M ,	J
11 15 10 06	16 05	09 15	12 03 06 18 03 09 15 07 10 02 08 19	10 09	20	15		
A	D		C		y			
03 08	18 05 08 07 04 05	06 01 02 04 07 10 11	01 15 06	09 02 10 08				
16 23 10 18 10 19	16 05 01 03 10 06	16 05 03 21	15 08 06	14 23 20				
'		X						
22 15 10 06	16 05 03 21	11 02 10 06	01 15 04	06 05 12 15 10 08 05	24			
V					-			
07 02 03 06	09 05 06	09 03 08 16 10 06	05 07	07 02 03 06	09 05 06			
06 15 12 05 16 10 06 19								

1 Déchiffre la lettre de Marc.
2 Dans ton Dossier, écris 40–50 mots sur ce que tu fais pour rester en pleine forme.

---

info+

Guy, rugbyman

~ Guy travaille comme dessinateur dans une usine où on fait des citernes, de 8h à 12h et de 15h à 18h30. Il aime bien son travail, mais quand il rentre le soir, il ne pense qu'à une chose – le rugby. Il y joue depuis son enfance, mais récemment on l'a sélectionné pour l'équipe de rugby de Molignac, la ville où il habite. Pour ça, il faut être toujours en pleine forme, et Guy va à l'entraînement au stade municipal deux fois par semaine, c'est-à-dire le mardi soir et le jeudi soir, après le travail. Les matchs ont lieu le dimanche après-midi. En plus, Guy fait de la musculation chez lui, il joue au squash une fois par semaine, et il va à la piscine aussi souvent que possible. C'est un régime strict et dur. Est-ce que ça vaut la peine? 'Bien sûr!' dit Guy, surpris. 'Pas question! J'adore ça!'

le dessinateur – *designer*	le rugby – *rugby*	l'enfance – *childhood*	récemment - *recently*
sélectionner – *to choose, select*	municipal – *municipal*	c'est-à-dire – *that is to say*	le match – *match*
avoir lieu – *to take place*	aussi … que possible – *as … as possible*		le régime – *régime*
strict – *strict*	vaut< valoir – *to be worth* la peine – *trouble*		

Talking about sport and keeping fit

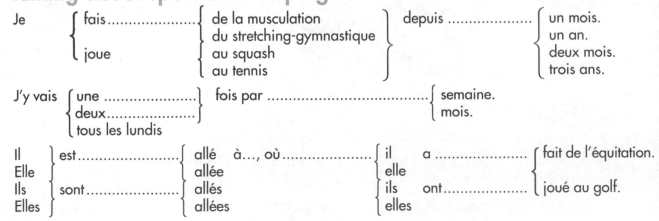

Je { fais .... / joue } { de la musculation / du stretching-gymnastique / au squash / au tennis } depuis .... { un mois. / un an. / deux mois. / trois ans. }

J'y vais { une .... / deux .... / tous les lundis } fois par .... { semaine. / mois. }

Il / Elle	est	allé / allée	à…, où	il / elle	a	fait de l'équitation.
Ils / Elles	sont	allés / allées		ils / elles	ont	joué au golf.

Les animations

How to...

- Find out about events
- Discover when and where things are on
- Say what you did at the fête

On s'amuse

Firstly, some fun events. (Not all 'animations' you'll find in France are as crazy as these three!)

2 L'escargot de vitesse

Au village de Lagardère, le record du monde de vitesse pour escargots est tombé – de deux secondes. Le petit racé gris qui a le premier franchi la ligne d'arrivée n'a mis que deux minutes pour couvrir les cinquante et un centimètres de course. (Le précédent record était de deux minutes et deux secondes).

1 L'homme le plus fort du monde

Les hommes les plus forts du monde se sont rencontrés le week-end. Au menu: renverser des voitures, soulever d'énormes troncs d'arbres et des rochers de granit, tirer des camions… L'américain Bill Kazmeier – que l'on voit ici – n'a pas gagné. C'est l'Anglais Jamie Reeves qui est devenu 'L'homme le plus fort du monde'.

Jeudi 11 AOUT

CONCOURS DU PLUS GROS

MANGEUR DE

3 Le plus gros mangeur de spaghetti

SPAGHETTI

avec la PIZZERIA NAPOLI

////Action 1 !

1 What did Bill Kazmeier fail to do?	6 By how much?
2 Who won?	7 How long was the course?
3 What four things did competitors have to do?	8 What was the winner's time?
4 What took place in Lagardère?	9 What took place on the 11th August?
5 Which world record was broken?	10 Sponsored by whom?

renverser – *to overturn*	soulever – *to lift up*	énorme – *enormous*	le tronc d'arbre – *tree-trunk*
le rocher – *rock*	le granit – *granite*	tirer – *to pull, drag*	le camion – *lorry*
américain – *American*	devenir – *to become*	tomber – *to fall*	la seconde – *second*
racé – *pedigree*	franchir – *to cross*	mis < mettre – *taken (or put)*	couvrir – *to cover*
la course – *race*	précédent – *previous*	le mangeur – *eater*	les spaghetti – *spaghetti*

La fête

Voici un poster qui indique les animations à la fête de Molignac.

SPECTACLE DE VARIÉTÉS

COURSE DE BAIGNOIRES

SOUPER AUX CONFITS DE CANARDS

GRANDE CORRIDA
sans mise à mort

COURSE AUX CANARDS

DÉFILÉ DE CHARS

FEU D'ARTIFICE

PARADE COMIQUE

CORSO FLEURI

BAL avec

FLASH STORY

CONCOURS DE PÉTANQUE

BAL DISCO

CONCOURS DE PÊCHE

GRANDE COURSE CYCLISTE

BAL MUSETTE GRATUIT

CONCOURS DE MANILLE

DÉFILÉ AUX LAMPIONS

ÉLECTION DE MISS 15 AOÛT

/////Action 2!

1 Make a list in English of the six events you would most like to go to.

le spectacle de variétés – *variety show*	le confit de canard – *conserve of duck*	
la corrida – *bullfight*	sans mise à mort – *without killing*	le défilé – *procession*
le char – *float*	le feu d'artifice – *fireworks*	la parade – *parade*
comique – *comic*	le corso fleuri – *procession decorated with flowers*	
la course cycliste – *cycle race*	le bal musette – *dance to accordion music*	
la manille – *a card game*	le défilé aux lampions – *lantern procession*	l'élection – *election*

2 Ecoute la Cassette, et complète ces renseignements sur la fête de Molignac.

	Jour	Date	Heure	Animation
6	....	....	21 heures	spectacle de variétés
2	....	.... août	21 heures	élection de Miss 15 août
3	samedi	11 août	....	concours de pétanque
4	dimanche	12 août	....	course de baignoires
1	lundi	13 août	21 heures	... *bal musette*...
8	mardi	14 août	21 heures	....
5	mercredi	15 août	9 heures	....
9	mercredi	15 août	16 heures	....
10	mercredi	15 août	....	feu d'artifice
7	jeudi	16 août	....	grande course cycliste

info +

Moncrabeau

~ Moncrabeau est un petit village charmant, perché sur une colline dans le sud-ouest de la France.

~ C'est là que tous les ans – le premier dimanche du mois d'août – se déroule la 'Fête de l'Académie des Menteurs'.

~ Sur la petite place du village s'assemblent les membres de l'Académie', habillés dans leurs costumes pittoresques – et bien sûr des centaines de visiteurs qui sont venus s'amuser.

~ Les participants – les menteurs – viennent de partout: chacun à son tour s'assied sur le trône du Roi des Menteurs, et raconte à l'Académie – le jury – une histoire, aussi vraisemblable que possible – mais pleine de mensonges. Et celui qui, d'après le jury, raconte la meilleure histoire, devient le 'Roi des Menteurs'!

charmant – *charming*	percher – *to perch*	la colline – *hill*	s'assembler – *to gather*
le costume – *costume*	pittoresque – *picturesque*	des centaines – *hundreds*	le visiteur – *visitor*
venu < venir – *come*	s'amuser – *to enjoy oneself*	s'asseoir – *to sit*	le trône – *throne*
le jury – *jury*	l'histoire – *story*	vraisemblable – *probable*	plein de – *full of*
le mensonge – *lie*	meilleur – *best*		

La fête d'Estignac

Ce plan indique les endroits où se déroulent les animations à la fête du petit village d'Estignac.

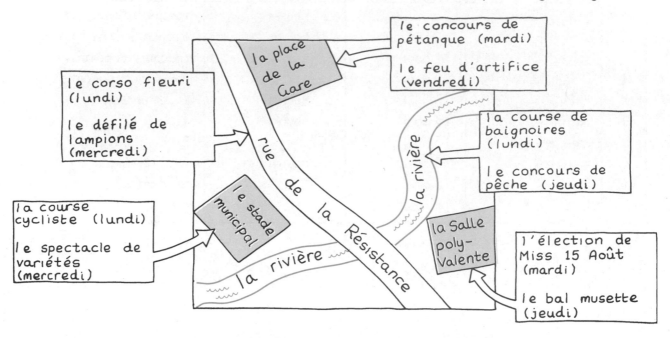

Alain, qui habite à Estignac, est allé avec des amis à la fête. Il a écrit ce récit:

> *Lundi, nous sommes allés à la rue de Résistance pour voir le corso fleuri. Le lendemain, mardi, nous avons regardé le concours de pétanque, qui a eu lieu sur la place de la Gare. Mercredi, nous avons assisté au spectacle de variétés au stade municipal, et jeudi nous sommes allés à la salle polyvalente pour le bal musette. Vendredi nous sommes allés à la rivière où nous avons participé à la course de baignoires.*

////Action 3!

While visiting Estignac, you and your friends went to the fête: on Monday you went to the river where you took part in the fishing competition; on Tuesday you watched the fireworks in the place de la Gare; the next day, Wednesday, you were present at the election of Miss 15 août in the village hall; on Thursday you went to the municipal stadium to watch the cycle race; and on Friday you went to the rue de la Résistance for the lantern procession. Write a short account in French of what you did, beginning 'Lundi, nous sommes allés ...'

la salle polyvalente – *village hall (literally 'multi-purpose hall')*   le lendemain – *next day*
assister à – *to be present at*

Talking about events you went to

Lundi, Mardi, Mercredi,	nous sommes allés au stade,..........	{ pour	{ regarder .... voir	le feu d'artifice. le corso fleuri. la course cycliste.
Jeudi, Vendredi, Le lendemain,	avons { regardé le concours de pétanque, participé .... { à la course de baignoires, assisté .... { au concours de pêche,		qui ..... { se déroule... a lieu...	

Le travail

How to...

- Say what jobs people do
- Say what you'd like to do
- Define jobs you don't know the French word for

/////**Action 1!**

Les métiers

On peut arranger les lettres dans le nom
H U E   F R A C U F pour donner son métier:
il est C H A U F F E U R.

1 Dans ton Dossier, écris les métiers des messieurs
(A–L). (Les illustrations t'aideront.)
Commence: (A) HUE FRACUF est chauffeur.

Choisis entre les métiers suivants: agriculteur;
boucher; charpentier; chauffeur; garagiste;
boulanger; coiffeur; dessinateur; électricien;
informaticien; mécanicien; pompiste.

2 Après le nom de chaque monsieur, et son
métier, écris une des définitions suivantes (1–12)

Exemple: HUE FRACUF est chauffeur. Il conduit
un car.

1 Il conduit un car.	**2** Il coupe les cheveux.	**3** Il dessine.
4 Il fait des installations électriques.	**5** Il fait le pain.	**6** Il programme les ordinateurs.
7 Il répare les machines.	**8** Il travaille le bois.	**9** Il travaille dans un garage.
10 Il travaille dans une station-service.	**11** Il travaille la terre.	**12** Il vend la viande.

le métier – *trade, job*	le chauffeur – *driver*
le garagiste – *motor mechanic*	
le mécanicien – *mechanic*	la définition – *definition*
électrique – *electrical*	la terre – *earth*

le boucher – *butcher*	le charpentier – *carpenter*
le boulanger – *baker*	le coiffeur – *hairdresser*
conduire – *to drive*	l'installation – *installation*

Les carrières

| | Quelle est la profession de ton père? | Quelle est la profession de ta mère? | Qu'est-ce que tu espères faire dans la vie? | Pourquoi? |
	A	B	C	D
Christine	menuisier	sans profession		Je veux rendre service aux autres.
Eric	mécanicien	sténo-dactylo		J'aime les animaux.
Cornet	pilote	secrétaire	*pilote*	Je veux gagner beaucoup d'argent.
Cyril	chauffeur	sans profession		Ça me plaît de voir ma mère faire la cuisine.
Christophe	contremaître	agent de mairie		J'aime dessiner.
Rachid	ouvrier	sans profession		Je veux travailler avec les autres.
Christian	agent technique	employée PTT		Je suis fou de l'informatique.
Cathy	chômeur	sans profession		Je veux gagner de l'argent.
Sabine	charpentier	secrétaire		J'adore créer des vêtements.
Anthony	chauffeur	agricultrice		Ça m'intéresse.
Norbert	contremaître	assistante maternelle		J'aime être avec des gens plus jeunes et plus vieux.

---

la carrière – *career*   espérer – *to hope*   le menuisier – *joiner*   rendre service – *to help*
la sténo-dactylo – *shorthand typist*   le pilote – *pilot*   plaît < plaire – *to please*
faire la cuisine – *to cook*   l'agent de mairie – *town-hall clerk*   l'ouvrier – *manual worker*
l'agent technique – *technician*   fou – *mad*   créer – *to create*
l'agricultrice – *(female) farmer*   l'assistante maternelle – *nursery nurse*

////Action 2 !

1 Ecoute la Cassette, et dans la colonne C, écris les réponses à la question 'Qu'est-ce que tu espères faire dans la vie?'

Choisis entre: architecte; coiffeur; coiffeuse; cuisinier; électricien; électrotechnicien; pilote; programmeur; sténo-dactylo; styliste de mode; vétérinaire.

2 Une interview avec Christine

Interviewer: Christine – quelle est la profession de ton père?
Christine: Mon père est menuisier.
Interviewer: Et ta mère?
Christine: Elle est sans profession
Interviewer: Qu'est-ce que tu espères faire dans la vie?
Christine: J'espère être coiffeuse.
Interviewer: Pourquoi?
Christine: Parce que je veux rendre service aux autres.

Invente des interviews avec Eric, deux autres – et toi-même.

3 Answer these questions in your Dossier.

  1 Why does Cornet want to be a pilot?
  2 What is his mother's job?
  3 What does Christine's father do?
  4 What reason does she give for going in for her career?
  5 Who wants to be a vet?
  6 What is his mother's job?
  7 What reason does Christian give for wanting to go in for his career?
  8 What does his father do?
  9 Whose father is unemployed?
 10 What does she hope to be?
 11 Who likes creating clothes?
 12 What does she want to be?
 13 Whose father is a foreman and wants to work with younger and older people?
 14 What is his mother's job?
 15 Whose father is a driver and his mother a farmer?
 16 What does he want to be?
 17 Who wants to be an architect?
 18 Where does his mother work?
 19 What does Cyril like doing at home?
 20 What career is he hoping for?
 21 What does Rachid's father do?
 22 What reason does Rachid give for choosing his career?

la colonne – *column*	l'architecte – *architect*	la coiffeuse – *(female) hairdresser*
le cuisinier – *chef*	l'électricien – *electrician*	l'électrotechnicien – *electrotechnician*
le programmeur – *computer programmer*	le vétérinaire – *vet*	le/la styliste de mode – *dress designer*

Les personnes actives

Nombre de personnes actives (des gens qui travaillent) en France
~ 1901: 19 600 000 (51% de la population)
~ 1991: 24 369 000 (43% de la population)
~ 2000 (prévision): 26 449 000 (45,6% de la population)

Actifs dans l'agriculture 1962: 3 900 000, 1990: 2 026 000
Chômeurs 1965: 141 300 (0,7%) 1991: 2 354 000 (9,2%)
Chômage dans les grands pays industriels (1991)

Espagne 16,9%	Italie 11,3%	Canada 10,1%	France 9,0%	Belgique 9,3%
Pays-Bas 8,3%	Royaume-Uni 6,1%	ex RFA 5,0%	Etats-Unis 6,7%	Japon 2,2%

Où sont les 16–25 ans?

Elèves/étudiants	3 268 000 (38,2%)	Stagiaires	124 000 (1,4%)
Actifs employés	3 363 000 (39,4%)	Service national	226 000 (2,7%)
Chômeurs	747 000 (8,7%)	Inactifs	436 000 (5,1%)
Divers	393 000 (4,5%)		

actif – *active*   la population – *population*   la prévision – *forecast*   industriel – *industrial*
le Royaume-Uni – *United Kingdom*   le/la stagiaire – *trainee*   le service national – *national service*

//// *Action 3!*

Les définitions

A côté de chaque définition, écris le mot qui est défini.

Exemple   *
S E   *C R E T A I R* E

1 Je travaille dans un bureau, comme sténo-dactylo. Je suis…

2 Je conduis un avion. Je suis…   _ _ _ _ _ E

3 Je suis un monsieur qui fait la cuisine. Je suis…   _ _ _ _ _ _ _ E _

4 Je suis une femme qui travaille la terre. Je suis…   _ _ _ _ _ _ _ _ _ _ _ E

5 Je travaille avec les mains. Je suis…   _ _ _ _ _ _ _ E _

6 Je suis une femme qui coupe les cheveux. Je suis…   _ _ _ _ _ E _ _ E

7 Je programme les ordinateurs. Je suis…   _ _ _ _ _ _ _ _ E _ _

8 Je soigne les animaux. Je suis…   _ _ _ _ _ _ _ _ _ _ E

9 Je dessine les bâtiments. Je suis…   _ _ _ _ _ _ E _ _ E

10 Je dessine et fais les vêtements. Je suis…   _ _ _ _ _ _ _ E _ E _ _ _ E

11 Comme un charpentier, je travaille le bois. Je suis… _ E _ _ _ _ _ E _

12 Je n'ai pas de travail. Je suis…   _ _ _ _ E _ _

Ecris ici le mot qui apparaît sous * (une personne qui surveille le travail des autres!)

soigner – *to care for, look after*   le bâtiment – *building*   apparaître – *to appear*

Talking about jobs and careers

Je suis ……………………⎫
J'espère être ……………⎬ secrétaire, vétérinaire, coiffeur (coiffeuse)…

Il est …………………⎫ secrétaire, vétérinaire, coiffeur, sténo-dactylo, mécanicien…
Elle est …………………⎭ secrétaire, vétérinaire, coiffeuse, sténo-dactylo, mécanicienne…

Autrefois

How to...

- Talk about how things used to be
- Say what people used to do

La rue du Temple

Des élèves du collège d'Estignac ont fait des recherches sur l'histoire de leur village.
Dans la rue du Temple il y a maintenant un grand supermarché Unico. Qu'est-ce qu'il y avait autrefois? C'est M. Gilbert qui a répondu.
Voici ce qu'il a dit:

1 'Au numéro 3 il y avait une boulangerie.'

2 'Au numéro 2 il y avait une boucherie.'

3 'Au numéro 1 il y avait un photographe.'

4 'Au numéro 5 il y avait un coiffeur.'

5 'Au numéro 4 il y avait un garage.'

6 'Le photographe s'appelait Moutou.'

7 'Le coiffeur s'appelait Vasquez.'

8 'Le garagiste s'appelait Castin.'

9 'Le boucher s'appelait Clément.'

10 'Le boulanger s'appelait René.'

11 'M. Moutou était photographe.'

12 'M. Castin était boulanger.'

13 'M. Clément était coiffeur.'

14 'M. Vasquez était boucher.'

15 'M. René était garagiste.'

1	GARAGE **M. VASQUEZ** Agent CITROEN AGHAT VENTE REPRISE
2	Boulangerie Viennoiserie **T. MOUTOU** Ses Spécialités: Pains de campagne seigle, et complet
3	BOUCHERIE Viande de premier choix **M. CASTIN**
4	COIFFURE HOMMES ET DAMES **CHEZ RENÉ**
5	PHOTOS TOUS GENRES **Studio** **Jean Clement**

////Action 1!

C'est évident que M. Gilbert s'est trompé. *e.g. au numéro trois il y a avait une boucherie (pas une boulangerie).* Dans ton Dossier, corrige tout ce qu'a dit M. Gilbert.

autrefois – *in bygone days*	des recherches – *research*	maintenant – *now*
il y avait – *there used to be, there was*	répondu < répondre – *replied*	le numéro – *number*
le photographe – *photographer*	s'appelait – *was called*	évident – *obvious*

info+

Mme Danton

Mme Danton parle de l'ancienne rue du Duc à Estignac: 'Autrefois, la rue du Duc était bien plus jolie! On allait souvent au café du Commerce, qui se trouvait au numéro un. La propriétaire était Mme Maudire, qui était très gentille. En face, au numéro deux, était la quincaillerie de Mme Vaillant. Et à côté de la quincaillerie, au numéro quatre, se trouvait une poissonnerie, dont le propriétaire était M. Heynard, où on allait tous les vendredis. De l'autre côté, au numéro six, il y avait un restaurant – on y mangeait tous les dimanches en famille. Le propriétaire, M. Videau, faisait toujours la cuisine lui-même. Et en face, au numéro cinq, habitait sa sœur, Mme Ludis, qui était la propriétaire du pressing. Et à côté de son magasin, au numéro trois, habitait M. Dujean, qui tenait une alimentation.

était < être – *was*	plus joli – *prettier*	dont – *whose*
en famille – *as a family*	lui-même – *himself*	tenir – *to keep*

/////Action 2 !

Bienvenue à Estignac

Luc a eu l'idée d'interviewer des personnes d'un certain âge qui habitent à Estignac, mais qui sont nées ailleurs. Voici son interview avec Madame Costa.

Luc: Madame Costa, depuis quand habitez-vous à Estignac?
Mme Costa: J'habite ici depuis trente ans.
Luc: Où habitiez-vous avant?
Mme Costa: J'habitais en Espagne.
Luc: Qu'est-ce que vous aviez comme climat?
Mme Costa: Il faisait toujours du soleil!

1 Ecoute la Cassette, et trace des lignes pour indiquer: A chaque personne qui parle; B depuis combien d'années elle habite Estignac; C où elle habitait avant; D le climat qu'elle avait.

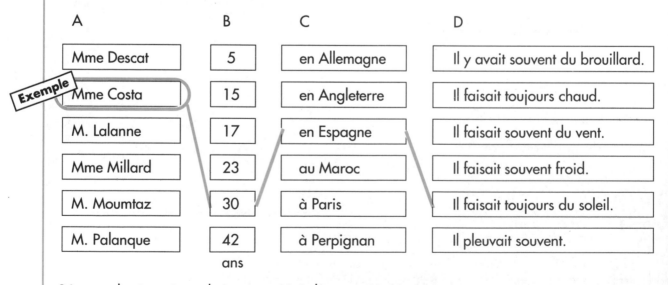

A	B	C	D
Mme Descat	5	en Allemagne	Il y avait souvent du brouillard.
Mme Costa *(Exemple)*	15	en Angleterre	Il faisait toujours chaud.
M. Lalanne	17	en Espagne	Il faisait souvent du vent.
Mme Millard	23	au Maroc	Il faisait souvent froid.
M. Moumtaz	30	à Paris	Il faisait toujours du soleil.
M. Palanque	42 ans	à Perpignan	Il pleuvait souvent.

2 Invente les interviews de Luc avec M. Lalanne et M. Moumtaz.

bienvenue – *welcome*	eu < avoir – *had*	d'un certain âge – *of a certain age*
né < naître – *born*	le climat – *climate*	le Maroc – *Morocco*

Sans télé

Emilie a posé la question suivante à des couples: 'Il n'y avait pas de télévision quand vous étiez jeunes. Qu'est-ce que vous faisiez le soir alors?'

Il n'y a pas que les personnes âgées qui perdent la mémoire! Voici les notes d'Emilie:

M. et Mme Labadie faisaient des jeux.

M. et Mme Pimont bricolaient.

M. et Mme Ferrer lisaient.

M. et Mme Michaud allaient au cinéma.

M. et Mme Bourret écoutaient la radio.

M. et Mme Reuge jouaient du piano.

////Action 3 !

Dans ton Dossier, corrige les notes d'Emilie.
Commence: M. et Mme Labadie écoutaient la radio...

il n'y a pas que... – *it's not only...*   âgé – *elderly*   perdre la mémoire – *to be forgetful*   la note – *note*

////Action 4 !

Monsieur Laubenheimer

Monsieur Laubenheimer has lived in Estignac for 20 years. Before that, he lived in Germany. (It was always cold.) He used to be a baker. The baker's shop used to be at number 10, rue de la Résistance. At number 12 was a butcher's shop (the owner was called Barbat) and opposite, at number 7, was a hairdresser's. He was called M. Debreuille. When there was no television, M. Laubenheimer and his wife used to read and listen to the radio.
In your Dossier, write a note about him, in French, for the pupils doing the 'Autrefois' project.

L'éléphant, que faisait-il?

Dans chaque verbe, il manque une lettre de l'alphabet, indiqué par *.

1	ils éco*taient	24	ils b*icolaient	47	il s'est tro*pé	61	il éta*t
2	on ma*geait	25	il se tro*vait	48	on y *angeait	62	il s'est *rompé
3	il *tait	26	ils lisaie*t	49	il s'app*lait	63	vous av*ez
4	elle s'appe*ait	27	vous avi*z	50	ils é*outaient	64	il s'appe*ait
5	elle *tait	28	il f*isait	51	ils lisai*nt	65	ils b*icolaient
6	il s' a*pelait	29	ils li*aient	52	ils *ouaient	66	on mang*ait
7	elle *abitait	30	j'habitai*	53	elle s'app*lait	67	ils é*outaient
8	il y av*it	31	il s'appela*t	54	il se tro*vait	68	ils j*uaient
9	ils jouaie*t	32	ils bricolai*nt	55	ils *isaient	69	il s'est tro*pé
10	on allai*	33	ils jouaien*	56	j'h*bitais	70	on *angeait
11	j'habitai*	34	on allai*	57	on *angeait	71	il s'app*lait
12	il t*nait	35	on mang*ait	58	il ple*vait	72	ils jouaie*t
13	il ha*itait	36	d	59	ils fai*aient	73	ils bri*olaient
14	on mange*it	37	vous éti*z	60	il y av*it	74	vous faisi*z
15	elle s'appe*ait	38	il *aisait				
16	il se trouv*it	39	vous *viez				
17	ils faisaie*t	40	il habita*t				
18	ç	41	il s'app*lait				
19	ils écout*ient	42	ils allaie*t				
20	ils joua*ent	43	ils bri*olaient				
21	il y avai*	44	il s'app*lait				
22	j'habitai*	45	ils bri*olaient				
23	elle se tro*vait	46	il se tr*uvait				

//////Action 5!

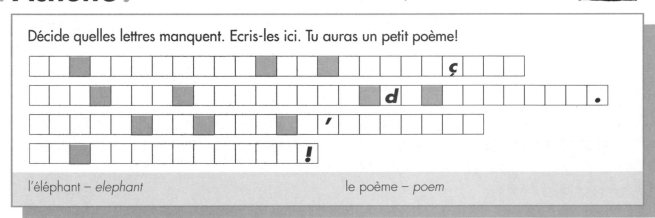

Décide quelles lettres manquent. Ecris-les ici. Tu auras un petit poème!

l'éléphant – *elephant* le poème – *poem*

Talking about how things used to be

Il y avait une boulangerie.
Il s'appelait Vasquez. Il était boucher.

J'habitais
Il/elle/on habitait
Vous habitiez
Ils habitaient
} .... en Espagne

On sort

How to...

- Find out about places to go to for a night out
- Talk about the cinema
- Say where you went, and what it was like

20 H 30 NUIT DU JAZZ
TRADITIONNEL
RUBY BRAFF (USA)
DOC CHEATHAM (USA)
et la plupart des formations participant au Festival OFF:
RED ROSE RAGTIME JAZZ BAND (USA)
JAZZPHONICS (CS)
BLACK EAGLES (USA)
COLIN DAWSON ONWARD JAZZ BAND (RFA)
BANANA JAZZ (F)
NEW ORLEANS GLOBE TROTTERS (F)
TING A LING (F)
SWING (F)

PRIX DES PLACES:
206F repas-concert
116F concert uniquement

Mais où?

1 Au théâtre?

LE BARBIER
DE SEVILLE

Beaumarchais

BALADINS

Château de POUDENAS
47170 POUDENAS D 656 Mézin 909
Mardi 8 Août 1989   Réservations : 53.65.70.93

Entrée : 80 Francs
- 18 ans : 50 Francs

LES NUITS DE POUDENAS
ÉTÉ 1989
THÉATRE
Mardi 08 Août   - 21 heures
BALADINS EN AGENAIS
LE BARBIER DE S
de BEAUMARCH
interprété par LES BALADINS EN AGENAIS
CHATEAU DE POUDENAS
Réservations : Tél. 53.65.70.93

Au concert?

LES CLOWNS –
QUELLE
RIGOLADE!

ON VIENT RIRE
CE SOIR AVEC
LES CLOWNS

LES CANICHES
SAVANTS

DANS VOTRE
VILLE CE SOIR
21H.
PRIX 45F–60F

BISCARROSSE
PLAGE – EN
PLEIN AIR

Au cirque?

DISCOTHEQUE
La Hulotte
Terrasse d'été
dans un cadre de verdure

OUVERT
Les vendredi, samedi,
et veilles de fêtes
à partir de 23 h

ENTREE GRATUITE le vendredi pour les demoiselles

A la disco?

Action 1!

1 Which play is being performed?
2 Where is it on?
3 On what day and date?
4 At what time?
5 What is the company called?
6 What price are the seats?
7 Are there any reductions?
8 What number do you ring to book?
9 What kind of concert is it?

10 Where is the venue?
11 What are the day and date?
12 What do you get for 116F?
13 And for 206F?
14 What is the English name of the disco?
15 What days is it open?
16 At what time?
17 How are the surroundings described?
18 Who gets in free?

19 When?
20 Where is the circus?
21 What kind of tent is it?
22 What time does it start?
23 What is the seat-price range?
24 Which two acts are mentioned?

le barbier – *barber*	interpréter – *to interpret, present*	le chapiteau – *big top* uniquement – *only*
la hulotte – *tawny owl*	la veille – *night before*	la verdure – *greenery* la demoiselle – *young lady*
le lieu-dit – *locality*	la barrière – *level-crossing gate*	la rigolade – *fun, laughter*
rire – *to laugh*	le caniche savant – *performing poodle*	

On va au cinéma

On joue quel film? Dans quel cinéma? A quelle heure?
Et combien coûtent les places?

Cinéma	Film	Prix des places	Heure
Ciné Comédia	Le Marginal	30F	21h30
Ciné Gambetta	Batman: Le Défi	35F	20h15
Ciné Cosmos	Les Schtroumpfs	25F	16h00
Ciné Forum	Les Aristochats	30F	16h00
Ciné Pavois	Les Aventuriers de l'Arche Perdue	40F	21h30
Ciné Pathé	* Le Cercle des Poètes Disparus	50F	22h30
Ciné Studio	Retour Vers le Futur 3	35F	15h30
Ciné Mistral	Chérie, j'ai Rétréci les Gosses	45F	21h00
Ciné Escurial	James Bond: Permis de Tuer	40F	22h00
*Oscar 1990: la meilleure adaptation de scénario			

CINEMA
Programme
6 au 31 Juillet

– Au Ciné Studio, on joue 'Retour Vers le Futur'.

– On joue 'Permis de Tuer' au Ciné Escurial.

– Les places au Ciné Forum coûtent 30F.

– Les places au Ciné Gambetta sont plus chères que les places au Ciné Cosmos.

– Les places les plus chères sont au Ciné Pathé.

– Les places au Ciné Pavois sont aussi chères que les places au Ciné Escurial.

– Les places au Ciné Comédia sont moins chères que les places au Ciné Mistral.

– Les places les moins chères sont au Ciné Cosmos.

– 'Les Schtroumpfs' commence plus tôt que 'Batman'.

– Le film qui commence le plus tôt est 'Retour vers le Futur'.

– 'Chérie, j'ai Rétréci les Gosses' commence plus tard que 'Batman'.

– Le film qui commence le plus tard est 'Le Cercle des Poètes Disparus'.

– 'Les Aventuriers de l'Arche Perdue' commence à la même heure que 'Le Marginal'.

– 'Le Cercle des Poètes Disparus' a gagné un Oscar pour la meilleure adaptation de scénario.

les places les plus chères – *the most expensive, dearest seats*
les places les moins chères – *the least expensive, cheapest seats*
l'adaptation – *adaptation*   le scénario – *screenplay*

//// Action 2!

Dans chacune des phrases suivantes, il y a une erreur, qui est <u>soulignée</u>. En les copiant dans ton Dossier, corrige-les.

e.g. 1 Le film qui commence <u>le plus tôt</u> est 'Retour Vers le Futur 3'.

1 Le film qui commence <u>le plus tard</u> est 'Retour Vers le Futur 3'.
2 Les places au Ciné Studio coûtent <u>30F</u>.
3 'Le Marginal' commence <u>à la même heure</u> que 'Batman'.
4 Les places les <u>plus chères</u> sont au Ciné Cosmos.
5 Le film qui commence le <u>plus tôt</u> est 'Le Cercle des Poètes Disparus'.
6 Les places au Ciné Forum sont <u>plus chères</u> que les places au Ciné Escurial.
7 Au Ciné Pavois, on joue '<u>Les Aristochats</u>'.
8 'Permis de Tuer' commence <u>plus tôt</u> que 'Batman'.
9 On joue '<u>Chérie, J'ai Rétréci les Gosses</u>' au Ciné Comédia.
10 '<u>Permis de Tuer</u>' a gagné un Oscar pour la meilleure adaptation de scénario.
11 Les places au Ciné Comédia sont <u>moins chères</u> que les places au Ciné Forum.
12 'Les Schtroumpfs' commence <u>plus tôt</u> que 'Les Aristochats'.
13 Les places les <u>moins chères</u> sont au Ciné Pathé.
14 Les places au Ciné Pavois sont <u>aussi chères</u> que les places au Ciné Gambetta.

l'erreur – *mistake*   souligner – *to underline*

---

info+

'Le jour le plus long'

Robert Mitchum au cœur de la bataille.
(Photo KIPA.)

Dans l'histoire du cinéma 'Le jour le plus long' reste un des films les plus impressionnants. Le tournage a duré neuf mois (de mai 1961 à janvier 1962). Le producteur, Darryl F. Zanuck, a annoncé: 'L'argent n'est pas un problème: fixé initialement à 3 millions de dollars, le budget dépassera les 10 millions de dollars. L'entreprise était énorme: la construction des décors et des obstacles sur la plage a coûté 800 000 dollars. On a fabriqué six cent mille cartouches à blanc. On a retrouvé des centaines de véhicules militaires de la Seconde Guerre mondiale. Pour les décors, on a utilisé 55 tonnes de plâtre et 14 000 litres de peinture. On a brûlé 5 tonnes de vieux pneus pour faire de la fumée. On a fait sauter 15 tonnes d'explosif. On a consommé 390 000 litres d'essence. Il faut ajouter plus de cinquante stars américaines, françaises, anglaises et allemandes: John Wayne, Richard Burton, Curd Jurgens, Bourvil… C'est le plus grand film de guerre jamais réalisé.

la bataille – *battle*	impressionnant – *impressive*	le tournage – *filming*	durer – *to last*
le producteur – *producer*	annoncer – *to announce*	fixer – *to fix*	initialement – *initially*
le budget – *budget*	dépasser – *to exceed*	l'entreprise – *enterprise*	le décor – *the set*
la construction – *construction*		l'obstacle – *obstacle*	fabriquer – *to make*
la cartouche à blanc – *blank cartridge*		militaire – *military*	la tonne – *ton*
la guerre mondiale – *world war*		le plâtre – *plaster*	brûler – *to burn*
la fumée – *smoke*	faire sauter – *to explode*	l'explosif – *explosive material*	
consommer – *to use up*	la star – *(film) star*	réaliser – *to realise*	

1 Ecoute la Cassette. Trace des lignes pour indiquer
A **qui** est allé; B **où**; C avec **qui**; D **comment** ils l'ont trouvé.
e.g. ***André*** est allé ***au théâtre*** avec ***Franck***. *C'était **amusant**.*

André	Françoise	François	Michel	Michelle
DISCOT Funk, Regg	CIRQUE OS	THÉÂT Août	Z Z	CINÉMA 17, rue des Jardin 4 Salles
Julie	Franck	Emilie	Andrée	Jean-Luc
bien!	*intéressant!*	*moche!*	*génial!*	*amusant!*

Interview avec André

Interviewer: André – vous êtes sorti où?
André: Je suis allé au théâtre.
Interviewer: Avec qui?

André: Avec Franck.
Interviewer: C'était bien?
André: C'était amusant.

NB Françoise – vous êtes sortie où? Je suis allée….

2 Imagine des interviews avec a) Françoise, et b) Michel.

bien – *good*	génial – *great*	amusant – *amusing*	moche – *awful*

Talking about going out

On va au théâtre/au concert/à la disco/au cirque?
On joue 'Le Marginal' au Ciné Comédia. Les places coûtent…

Les places ……………… { au Ciné… sont plus /moins/aussi chères que…
　　　　　　　　　　　　{ les plus/moins chères…

'Permis de Tuer' commence 　{ plus …………………… { tôt
　　　　　　　　　　　　　　　　　　　　　　　　　 { tard } que
　　　　　　　　　　　　　　　{ à la même heure …

Je suis allé(e) au théâtre.
C'était bien/intéressant/moche/génial/amusant.

Les magazines des jeunes

How to...

- Talk about young people's magazines
- Say what's in them and what you like
- Have a look at some well-known French ones

////Action 1!

Pourquoi?

A Les bandes dessinées	A
1	**2**
B André **Exemple**	B
A	A
3 SYCHO RESULT	**4** MUSIQUE STARS
B	B
A	A
5	**6** ...resson, la sécurité légitime l'Etat, même ...araît impuissant à bien des égards, comm ...ncement de la sécurité...
B	B
A	A
7 Trop grande pour mon âge	**8** ...n fumé, oeuf dur coup... ...erbes et ajoutez le bouquet garni. Mett ...uile chaude, mais non brûlante. D
B	B

1 Dans les cases 1–8 tu vois des extraits de neuf choses différentes qu'on trouve dans les magazines des jeunes. Dans chaque case A, écris ce que ça représente. Choisis entre: les articles sur la mode et la beauté; les articles sur la musique pop; les bandes dessinées; le courrier du cœur; les jeux et les concours; les recettes; les reportages sur les actualités; les psycho-tests.

2 Ecoute la Cassette: neuf jeunes personnes expliquent pourquoi ils achètent des magazines. Dans chaque case B, écris le nom de la personne qui achète des magazines parce qu'elle aime surtout ce qui est représenté ci-dessus. Choisis entre: André, Bernard, Christine, Emilie, Hafid, Françoise, Jean-Luc, et Stéphane.

3 Dans ton Dossier, écris pourquoi André, Bernard et Christine achètent des magazines.

e.g. *André achète des magazines parce qu'il aime les bandes dessinées.*

le reportage – *report*   le psycho-test – *(psychological) test*

Un magazine préféré

Interviewer:	Est-ce que tu as un magazine préféré?
Nicole:	Oui.
Interviewer:	Lequel?
Nicole:	Je préfère *Bravo Girl*.
Interviewer:	Il paraît tous les combien?
Nicole:	Tous les quinze jours.
Interviewer:	Et qu'est-ce qui te plaît là-dedans?
Nicole:	Je l'achète pour les articles sur la mode et la beauté, et les psycho-tests!

/////Action 2!

Using the above dialogue as a model, in your Dossier make up two more interviews:
a) with Olivier, whose favourite magazine is *OK!*, which appears every week (he buys it for the articles on pop music – and the agony column); and
b) with yourself as the interviewee.

lequel? – *which?*

/////Action 3!

Bravo Girl et le recyclage

Quand Hélène, une lectrice, a lu dans le magazine *Bravo Girl* un article sur le recyclage, elle a écrit une lettre à la rédaction:

J'ai été très intéressée par l'article 'Que deviennent nos ordures?' paru dans le numéro 16 de *Bravo Girl*. Premièrement parce que je me sens très concernée par l'environnement et l'écologie, mais surtout parce que dans mon collège nous avons fait un reportage sur le même sujet. J'ai été chargée de faire une enquête auprès du responsable de la décharge municipale. Il a été absolument incapable de répondre à mes questions et de me dire ce que devenaient

les ordures ménagères. Cela me révolte. Des personnes aussi ignorantes ne devraient pas avoir la responsabilité de notre environnement. Je lance un appel à tous: RECYCLEZ. Hélène, 14 ans

1 What did Hélène think of the *Bravo Girl* article on recycling?
2 What two things does she feel concerned about?
3 What did she and her friends do at school?
4 What was Hélène's particular job?
5 Why was she disgusted?
6 What is her conclusion?
7 What appeal does she make?

la lectrice – *reader*	lu < lire – *read*	le recyclage – *recycling*	la rédaction – *editorial staff*
les ordures – *rubbish*	premièrement – *firstly*	se sentir – *to feel*	concerner – *to concern*
l'environnement – *environment*		l'écologie – *ecology*	le sujet – *subject*
charger – *to entrust*	faire une enquête auprès de – *to interview*		
le responsable – *person responsible*		la décharge municipale – *municipal tip*	
absolument – *absolutely*	incapable – *incapable*	les ordures ménagères – *household waste*	
révolter – *to disgust*	ignorant – *ignorant*	devraient < devoir – *ought*	
la responsabilité – *responsibility*	lancer un appel – *to launch an appeal*		recycler – *to recycle*

Action 4!

Psycho-test: Es-tu charmeur?

Tu veux savoir si tu es charmeur? Alors, vite, un crayon, et réponds à ce test tout spécialement conçu pour les lecteurs de *Dorothée* magazine! Amuse-toi bien!

1 Tu as une mauvaise note à annoncer à ta mère. Tu… **A** l'embrasses et l'aides à faire la vaisselle.
  B lui demandes d'annoncer la mauvaise nouvelle à ton père.   **C** l'oublies.

2 Tu souris… **A** quand on te sourit.   **B** tout le temps.   **C** quand ça te fait plaisir.

3 Tu as du mal à faire tes devoirs. Tu…
  A t'installes près de ta mère et lui poses des questions mine de rien.
  B pleures pour que ta mère t'aide.   **C** téléphones au meilleur élève de la classe.

4 A la cantine, tu as envie du dessert de ton voisin. Tu… **A** proposes de te sacrifier pour sa ligne.
  B louches avec envie sur son dessert.   **C** lui échanges ton fromage avec son dessert.

5 Tu es invité(e)… **A** pas assez souvent.   **B** à tous les anniversaires.
  C à certains anniversaires.

6 Tu souhaites qu'un garçon/une fille s'asseoie à côté de toi. Tu…
  A demandes à un copain/une copine de le lui dire.
  B lui proposes de s'asseoir près de toi.   **C** vas t'asseoir à côté de lui/d'elle.

7 As-tu des ennemis?   **A** Quelques-uns.   **B** Pas mal de jaloux.   **C** Aucun.

8 C'est l'anniversaire de ta mère. Tu…   **A** lui fais une bise.
  B es le premier à le lui souhaiter.   **C** le rappelles à ton père.

9 Quand tu mens à quelqu'un, il…
  A a du mal à gober ton mensonge.   **B** te traite de menteur.   **C** te croit.

10 Pour décider tes parents à t'emmener au spectacle, tu…   **A** le demandes gentiment.
   B travailles bien en classe.   **C** te roules par terre et fais une grosse colère.

Compte tes points: 1 point pour chacune des réponses suivantes: 1A 2B 3C 4A 5B 6C 7A 8B 9C 10A 2 points pour chacune des réponses suivantes: **1B 2C 3A 4B 5C 6A 7B 8C 9A 10B** 3 points pour chacune des réponses suivantes: **1C 2A 3B 4C 5A 6B 7C 8A 9B 10C**

Tu obtiens de 10 à 12 points: tu es un grand charmeur. Tout le monde tombe sous ton charme. Tes parents ont sûrement bien du mal à te dire 'non'. Ton charme rend fous de rage tous ceux qui voudraient être comme toi.

Tu obtiens de 13 à 22 points: tu es, toi aussi, un charmeur, mais tu n'en es pas toujours conscient. Tu devrais utiliser ton charme plus souvent: tu seras surpris des résultats!

Tu obtiens de 23 à 30 points: tu as du charme, mais tu le caches. Un sourire n'engage pas à grand chose. Ça te fait passer tout au moins pour quelqu'un d'aimable!

le charmeur – *charmer*   le crayon – *pencil*   spécialement – *specially*
conçu < concevoir – *conceived*   le lecteur – *reader*   la note – *mark*
embrasser – *to embrace*   sourire – *to smile*   faire plaisir – *to please*
avoir du mal à – *to have difficulty in*   mine de rien – *as if it weren't important*
pleurer – *to weep*   pour que – *so that*   la cantine – *canteen*   le voisin – *neighbour*
proposer – *to suggest*   se sacrifier – *to sacrifice oneself*   la ligne – *figure*
loucher – *to gaze longingly*   échanger – *to exchange*   être invité(e) – *to be asked out*
certain – *certain*   l'ennemi – *enemy*   quelques-uns – *a few*   pas mal de – *quite a few*
jaloux – *jealous*   aucun – *none*   faire la bise – *to kiss*   rappeler – *to remind*
mentir – *to tell a lie*   gober – *to swallow*   croire – *to believe*   emmener – *to take*
gentiment – *nicely*   se rouler – *to roll*   la colère – *fit of anger*   compter – *to count*
rendre – *to make*   fou de rage – *mad with rage*   conscient – *aware*
le sourire – *smile*   engager – *to commit*   passer – *to pass*

Bande dessinée:

//// Action5!

Dans ton Dossier, écris (en anglais) l'histoire de 'Look Suicide'.

éponger – *to sponge up*	sécher – *to dry*
un coup de gel – *a bit of gel*	pauvre – *poor*
paniquer – *to panic*	l'amour – *love*
en avance – *early*	mon Dieu! – *my God!*
le suicide – *suicide*	le chagrin – *sorrow, grief*
probablement – *probably*	repêcher – *to fish out*
l'héroisme – *heroism*	bizarre – *strange*

Talking about magazines

Mon magazine préféré est... }
Je préfère... } Il paraît....... { tous les quinze jours.
{ toutes les semaines.

Je l'achète pour les articles sur.../les bandes dessinées...

//// Action6!

Jeu: Demi-mots

Dispose dans cette grille les demi-mots ci-dessous pour obtenir cinq mots complets à l'horizontale. Tu verras apparaître un cinquième mot, de cinq lettres, à la verticale, au centre du jeu.

ANIMA FRAMB VIONS
HARMO ROUTE

1						O	I	S	E
2	A	U	T	O				
3						T	I	O	N
4	T	R	O	U				
5						N	I	C	A

!

disposer – *to arrange*
la grille – *grid*
le demi-mot – *half-word*
ci-dessous – *below*
apparaître – *to appear*

---

info+

Les magazines

Nombres de magazines en France:
~ des jeunes: 27
~ magazines de TV, radio, spectacles: 33
~ bande dessinée: 149 (enfant 132, adulte 17)
~ maison et décoration, jardin: 21
~ mode: 13
~ arts ménagers: 13
~ santé-beauté: 9
~ mots croisés: 105
~ photo, cinéma, vidéo:27
~ bricolage, modélisme:26
~ hi-fi, musique, instruments: 22
~ jeux: 15
~ antiquités: 16
~ chasse, pêche, nature:15
~ informatique: 21
~ tourisme, voyage, gastronomie: 8

How to...

● Check what you have learned and done as you have worked through this book

Action 1!

Serge

Listen to the Cassette, and listen to Serge being interviewed. In box A, write Serge's answers (in English).

A

A Are you in any clubs at school?

B Do you have a job to earn pocket money?

C Do you like school?

D Do you like watching television?

E Do you live in town, or in the country?

F Where is it?

G Do you play a musical instrument?

H Have you any brothers or sisters?

I Have you a pet?

J How do you go to school?

K How old are you?

L What did you do at the fête?

M What did you do yesterday?

N What do you do at the weekend?

O And when it's not fine?

P What do you do to keep fit?

Q What do you hope to do in life?

R What do you like to read?

S What is your favourite school subject?

T What is your name? **Example** *Serge*

U What will you do if you win the jackpot?

Test-jeu

This revision test is in the form of a game. It can be tackled either alone or with a friend or friends. You need a counter, or coin, and a dice. Put the counter on DEPART. Shake the dice, (in turn, if there is more than one player) and move the coin forwards the appropriate number of squares. Then answer the question you find there. (The illustration gives you a clue to the answer.) If you get it right (answers on page 199), you score one point.

DEPART

Est-ce que tu habites en ville? (6)	Quel temps fait-il? (23)	Comment vas-tu à l'école? (13)	Quel est le problème? (23)
Qu'est-ce que tu fais pour gagner de l'argent? (22)	Où se trouve le village? (4)	Qu'est-ce que tu as perdu? (33)	Cette dame a les cheveux comment? (7)
A quelle heure part ton bateau? (20)	Est-ce qu'il aime jouer au tennis? (3)	Où vas-tu, quand il fait beau? (11)	Qu'est-ce que tu aimes regarder à la télé? (28)
Qu'est-ce qu'on achète ici? (10)	Qu'est-ce que tu espères faire dans la vie? (36)	Quel est ton passe-temps préféré? (3)	Qu'est-ce qu'on joue au cinéma? (38)
Quand est-ce que ton père se fâche avec toi? (32)	Et si tu gagnes le gros lot? (25)	Qu'est-ce que tu as fait à la fête? (35)	Ça ne va pas? (26)

Film d'aventures britannique de Guy
Avec : Sean Connery (James Bond
Sakata.
James Bond est chargé de sur
Goldfinger, dont les opérations s
Lors de son premier contact avec

Dimanche 14h, 16h30, 21h
Film de Kevin COSTNER avec Kevin COSTNER
DANSE AVEC LES LOUPS
edi, Dimanche, 14h, 17h30, 21h - Jeudi, Vendredi, Lundi, M
Salle - Son Stéréo Dolby - 7 Oscars à Hollywood- Film 20 m
Le nouveau Film d'Eric ROCHANT

If you can't answer, or get it wrong, you score zero. But then check back to the unit number shown in brackets, and work out what the answer should have been. Decide before the game how many circuits of the board you are going to do: obviously, the more the better, as each time you go round you will test yourself on more questions, and also remember the answers to any questions you didn't answer previously.

JOIES D PONEYS		SUPERMA A 100m	
Qu'est-ce que tu voudrais acheter? (5)	De quel club fais-tu partie? (15)	Est-ce que tu as un animal? (16)	Pour aller au supermarché, s'il vous plaît ? (9)
60252 = 897.3 56	rançai		
Qu'est-ce que tu as comme deuxième cours? (21)	Quelle est ta matière préférée? (1)	Oui. Vous êtes combien? (24)	Ce monsieur, comment est-il? (12)
-MUSCULAT SAUNA ET S		Jason Priestley habite dar une petite maison, qui ressemble à une ferme, dans le quartier de Woodland Hills, (sur les collines au-dessus de Los Angeles). Quand j'arrive	
Qu'est-ce que tu fais pour rester en forme? (34)	Qu'est-ce que tu voudrais acheter? (14)	Ce monsieur, comment s'appelle-t-il? (2)	Pourquoi est-ce que tu ne prends pas le sweat? (17)
		2,20 2,20 RÉPUBLIQUE FRANÇAISE	
Est-ce que tu joues d'un instrument? (30)	Tu te couches à quelle heure? (11)	Qu'est-ce que tu veux comme timbres? (29)	Vous avez des sardines? (19)
	UITE	YCHO RÉSULT	
Qu'est-ce que tu prends comme plat principal? (8)	Qu'est-ce que tu as fait? (31)	Qu'est-ce qu'il y avait autrefois ici? (37)	Qu'est-ce qui te plaît dans ton magazine? (39)

Mots croisés

Action3!

You have met all the words needed to complete this crossword as you worked your way through the book. If you happen not to remember a certain word, then the number following each clue indicates the unit where it can be found.

VERTICALEMENT

2 the (pl) (4)
3 daily (25)
4 hiring (18)
5 also (6)
6 three (2)
8 who (2)
9 of them (5)
12 to start (2)
14 to contain (26)
16 bald (12)
18 to roll, drive (18)
22 have (I have) (6)
23 not (3)
24 to do, make (10)
27 street (4)
28 black (12)
29 wet (27)
31 jewel (5)
35 wife, woman (7)
41 his, her (masc) (1)
45 year (2)

HORIZONTALEMENT

1 melon (19)
3 when (10)
4 the (fem) (1)
7 almost (24)
10 around (10)
11 my (pl) (6)
13 one, you (1)
14 case (in case of) (32)
15 here (4)
17 too (too much) (17)
19 his, her (fem) (7)
20 if (17)
21 championship (23)
24 hunger (8)
25 some (masc) (5)
26 train (13)
30 to the, at the (masc) (3)
32 are (sing) (16)
33 their (6)
34 wine (4)
36 in (in France) (2)
37 a, one (masc) (4)
38 this (masc) (1)
39 laughed (38)
40 day (16)
42 my (fem) (6)
43 work (11)
44 greedy (16)
46 appeal (39)
47 year (23)
48 watched (35)

SECTION VERTE FIN

168 *cent soixante-huit*

INFORMATION *Grammar*

Don't be afraid of grammar. It is simply a way of explaining to you how a language works. When you get familiar with a few rules, you will find it helps you to understand and use the language you are learning.

NOUNS

A word which is used as the name of a person, place or thing is called a **noun**.

Nicole	Paris	fruit

- In French, all nouns are said to be either **masculine** (in which case the word for the is **le**) or **feminine** (when the word for the is **la**). If the noun starts with a vowel, then **le** and **la** become **l'**.

le sport	la musique	l'école

Some nouns are obviously masculine (le garçon – *the boy*) and some obviously feminine (la fille – *the girl*). It is also true that a lot of feminine ones end in **–e** (la chambre, la chaise, la prune). But as there is often no way of telling whether a noun is masculine or feminine, it is best to learn **le** or **la** with each one. Nouns in the vocabulary section (pages 178–183) are normally given with either **le** or **la**. (Nouns beginning with a vowel are followed by either (**m**) – masculine, or (**f**) – feminine.

- Sometimes in French you have to put in a word for **the** where you don't in English.

J'aime la France. *I like France.*	Je déteste le sport. *I hate sport.*

PLURALS

Le and **la** are both singular (i.e. they refer to one person, place or thing). When a noun is plural (i.e. when there are more than one) then le and la (and l') both change to **les**.

le cinéma – les cinémas	la photo – les photos	l'école – les écoles

- A very common way of making a noun plural is to add **–s**, as in English.

le vélo *the bike* les vélos *the bikes*	la piscine *the swimming pool* les piscines *the swimming pools*

- **But** note the following rules:
  Nouns ending in **–eau** have a plural in **–eaux**. Nouns ending in **–al** have a plural in **–aux**.

le bateau *the boat* les bateaux *the boats*	le cheval *the horse* les chevaux *the horses*

  Nouns ending in **–eu** have a plural in **–eux**.   Nouns ending in **–s**, **–x** or **–z don't change**.

le cheveu *the (single) hair* les cheveux *the hair*	le fils *son* les fils *the sons*

(French is more logical than English here: we do have more than one hair!)

L'œil (eye); les yeux (the eyes) is quite **irregular** (i.e. it does not seem to follow any rule).

UN, UNE

- The word for 'a' or 'an' is **un** (masculine) or **une** (feminine). In the plural, you use **des** (some).

un supermarché *a supermarket*	une banque *a bank*
les magasins *shops*	des magasins *some shops*

- After a negative, **un**, **une** and **des** change to **de**.

Il y a une piscine.	*There is a swimming pool.*	Il n'y a pas de piscine.	*There isn't a swimming pool.*
J'ai des fraises.	*I have some strawberries.*	Je n'ai pas de fraises.	*I haven't any strawberries.*

When you are talking about jobs in French, you leave out **un** or **une**.

Il est chauffeur.	*He is a driver.*

- When you want to say 'some' in French, you use a form of the word **de**.

(le pain) Je mange **du** (=de + le) pain *I eat (some) bread.*
(la viande) Je mange **de la** viande. *I eat (some) meat.*
(l'argent) J'ai **de l'**argent. *I have (some) money.*
(les disques) J'achète **des** (=de + les) disques. *I buy (some) records.*

Notice that in English you can leave out the word for 'some'. In French, **du**, **de la**, **de l'** and **des** **cannot** be omitted.

When you want to buy a quantity of something, use **de**.

un kilo de tomates *a kilo of tomatoes*	une bouteille de limonade *a bottle of lemonade*

ADJECTIVES

A word that is used to describe a noun is called an **adjective**.

grand *big*	vert *green*	intelligent *intelligent*

- Adjectives are said to **agree** with the noun (the person or thing) which they describe (i.e. they tell you whether it is masculine, feminine or plural).

M. Ducasse est grand. *M. Ducasse is tall.*	Mme Marchand est grande. *Mme Marchand is tall.*
Ils sont grands. *They are tall.*	Elles sont grandes. *They are tall.*

Normally, you add **–e** if the noun is feminine, **–s** if it is plural, and **–es** if it is both feminine and plural. ('Grand' and 'grands' **sound** exactly the same, as do 'grande' and 'grandes'.)

- **But** not all adjectives simply add an –e to make the feminine form.
  If an adjective already ends –e, it **doesn't change** in the feminine form (mince (*thin*) – mince).
  If it ends in –er, this changes to **–ère**.   If it ends in –euf, this changes to **–ve**.   If it ends in –n, add **–ne**.

cher (*expensive, dear*) – chère	neuf (*new*) – neuve	bon (*good*) – bonne

If it ends in –eux, this changes to **–euse**.

paresseux (*lazy*) – paresseuse

- There is a group of common adjectives which are **irregular**.

blanc (*white*) blanche	beau (*fine, beautiful*) belle	vieux (*old*) vieille
gros (*big, fat*) grosse	gentil (*nice*) gentille	

- Though in English the adjective goes before the noun it describes, (e.g. blue eyes) this isn't usually the case in French.

Il a les yeux bleus. *He's got blue eyes.*	un nez rouge *a red nose*

- There are, however, some common exceptions to this rule.

une grande bouche *a big mouth*	de petites oreilles *small ears*

- Sometimes you will want to use adjectives when you **compare** the nouns you are describing.

cher *dear, expensive*	plus cher *dearer, more expensive*
le plus cher *dearest, most expensive*	plus cher que *dearer, more expensive than*
moins cher que *less dear, less expensive than*	aussi cher que *as dear, as expensive as*

- **But** note the following irregular adjective:

bon *good*	meilleur *better*	le meilleur *the best*

Examples:

Les places au Ciné Lux sont chères.   *Seats at the Ciné Lux are dear (expensive).*
Les places au Ciné Cosmos sont plus chères que les places au Ciné Lux.
Seats at the Ciné Cosmos are dearer (more expensive) than seats at the Ciné Lux.
Les places les plus chères sont au Ciné Pathé.   *The dearest (most expensive) seats are at the Ciné Pathé.*
Les places au Ciné Studio sont moins chères que les places au Ciné Pavois.
Seats at the Ciné Studio are less expensive than seats at the Ciné Pavois.
Les places au Ciné Studio sont aussi chères que les places au Ciné Gambetta.
Seats at the Ciné Studio are as dear (expensive) as seats at the Ciné Gambetta.

- Note that the adjective, as always, **agrees** with the noun it describes (i.e. it shows you that the noun is masculine or feminine, and whether it is singular or plural). You would say:

le vélo est plus cher   *the bike is more expensive*
les vélos sont plus chers   *the bikes are more expensive*
la maison est plus chère   *the house is more expensive*
les places sont plus chères   *the seats are more expensive*

ADVERBS

A word which answers the questions when, where or how, is called an **adverb**.

tôt *soon, early*	ci-dessus *above*	bien *well*

- Many adverbs end in **–ment**.

horizontalement *horizontally*	malheureusement *unfortunately*

When you want to **compare** things using adverbs, you do it in much the same way as you do with adjectives.

tôt *soon, early*	plus tôt *sooner, earlier*	le plus tôt *the soonest, earliest*

Notice that, unlike adjectives, there is **no agreement** between adverbs and nouns.

Sodiprix ouvre tôt. *Sodiprix opens early.*
Unico ouvre plus tôt que Sodiprix. *Unico opens earlier than Sodiprix.*
Intermarché ouvre le plus tôt. *Intermarché opens earliest.*

QUI

Qui means who, which or that.

Une coiffeuse est une femme qui coupe les cheveux. *A hairdresser is a woman who cuts hair.*
Ecris le mot qui apparaît. *Write the word which appears.*

VERBS

A word which describes an action or state is called a **verb**.

buy	write	am

The part of the verb which in English is preceded by 'to' is called the **infinitive**.

to eat	to have	to be

This is the form of the verb you will normally find listed in a dictionary or word list.

manger	avoir	être

- In French, most infinitives end in either **–er**, **–ir** or **–re**.

parler *to speak, to talk*	choisir *to choose*	vendre *to sell*

We call them **–er verbs**, **–ir verbs** or **–re verbs**.
Most verbs are **regular**, i.e. they follow certain simple rules, so that you can predict the way they will behave.

–er VERBS

Parler (*to speak*) is one of hundreds of regular verbs whose infinitive ends in –er, and you can use it as a model for them.

je parle *I speak*	nous parlons *we speak*
tu parles *you speak*	vous parlez *you speak*
il parle *he speaks*	ils parlent *they speak*
elle parle *she speaks*	elles parlent *they speak*

You need learn only 'je parle' to be able to say in French: I speak, I am speaking and I do speak.

- When you learn about verbs, you will find that people talk about the **subject** of the verb, the **direct object** of the verb, and the **indirect object** of the verb. Here's an easy way of understanding what they are. Look at this sentence:
My brother gives his friend the ball.
  1 What (action) is this sentence about?   It is about 'giving'.
  2 Which word tells you most about 'giving'?   'gives'.
     Conclusion: 'gives' is the **verb**.
  3 Who (or what) does the giving?   'my brother' does the giving.
     Conclusion: 'my brother' is the **subject** of the verb.
  4 What does my brother give?   He gives the ball.
     Conclusion: 'the ball' is the **direct object** of the verb.
  5 To whom does my brother give the ball?   He gives it to his friend.
     Conclusion: 'his friend' is the **indirect object** of the verb.

- The person (or thing) who (or which) is doing the action of the verb is called the **subject** of the verb.

Je parle français.	*I speak French* (**Je** is the subject)
Adèle achète le vin.	*Adèle buys the wine.* (**Adèle** is the subject)
Le bus arrive.	*The bus arrives.* (**Le bus** is the subject)

- **Tu** and **vous** both mean you. Use **tu** when you are talking to a close friend, a relative, a child or animals. Use **vous** to anybody else, or when you are talking to more than one person. (We used to do something similar in English when we addressed people as thee and thou, as well as you.)

The form of the verb after **il** and **elle** is always the same.

il parle	elle parle

Il means both he and it, i.e. it stands for both masculine persons and masculine things.
Elle means both she and it, i.e. it stands for both feminine persons and feminine things.
The form of the verb after **ils** and **elles** is always the same.

ils parlent	elles parlent

'Ils parlent' and 'elles parlent' both mean they speak. Use **ils** when 'they' are all masculine and **elles** when 'they' are all feminine. If 'they' are a mixture, use **ils**.
('Il parle' and 'ils parlent' sound exactly the same. So do 'elle parle' and 'elles parlent'.)

–ir VERBS

Use **choisir** (*to choose*) as your pattern. This is how it goes:
('Choisis' and 'choisit' sound exactly the same.)

je choisis	nous choisissons
tu choisis	vous choisissez
il/elle choisit	ils/elles choisissent

–re VERBS

Use **vendre** (*to sell*) as your model. This is how it goes:('vends' and 'vend' sound exactly the same.)

je vends	nous vendons
tu vends	vous vendez
il/elle vend	ils/elles vendent

REFLEXIVE VERBS

When you are doing something to or for yourself (e.g. getting washed), you use in French what is called a **reflexive verb**. A good example is **se laver**, (*to get washed* – literally '*to wash oneself*'). Here is how it goes:

je me lave	nous nous lavons
tu te laves	vous vous lavez
il/elle se lave	ils/elles se lavent

One of the commonest reflexive verbs is **s'appeller**, (*to be called* – literally '*to call oneself*').
- The reflexive verb can also give the sense of 'each other'.

On se rencontrera.	*We will meet (each other).*

Sometimes there is no apparent reason for a verb to be reflexive.

Je m'entends bien avec elle.	*I get on well with her.*	Ma cousine se bat avec moi.	*My cousin fights with me.*

INTERROGATIVES

You may want or need to ask a question. This means using a form of the verb called the **interrogative**.
- There are various ways of doing this. Use the way that suits you.

1 Use the normal form of the verb, but raise your voice at the end of the question. (Add a question mark when you are writing.)

Tu comprends?	*Do you understand?*	Tu habites où?	*Where do you live?*

2 Put **est-ce que** in front of the verb.

Est-ce que tu comprends?	*Do you understand?*	Où est-ce que tu habites?	*Where do you live?*

3 Put the subject after the verb, as we sometimes do in English.

tu as *you have*	as-tu? *have you?*

So this, for example, is how you can ask questions about 'living'.

habites-tu? *do you live?*   habitons-nous? *do we live?*   habite-t-il? *does he live?*   habitez-vous? *do you live?*
habite-t-elle? *does she live?*   habitent-ils *do they live?*   habitent-elles? *do they live?*

Notice the hyphens. Notice too the extra **t** in the il/elle forms. This is to make it easier to say. When the subject is **je**, you'll find it easier to use one of the first two methods, rather than the third.

- Many questions are introduced by question words such as:

combien? or combien de? *how much/many?*		comment? *how?*	où? *where?*
pourquoi? *why?*	quand? *when?*	qu'est-ce que? *what?*	quel? *which?*
Où est-ce que tu habites? *Where do you live?*		Ça coûte combien? *How much does it cost?*	

NEGATIVES

By putting **ne** in front of the verb and **pas** after it, you make it negative. (Negative means saying no.)

Je n'aime pas…. *I don't like….*   Tu ne joues pas…. *You aren't playing….*

Notice you use not **ne** but **n'** before a vowel.

- Other expressions which behave in the same way as **ne… pas** are:

ne…que (*only*):	Il ne coûte que 25 F. *It costs only 25F.*
ne…jamais (*never*):	Ne prenez jamais le volant. *Never take the wheel.*
ne…personne (*nobody*):	Personne ne t'empêche. *Nobody's preventing you.*
ne…plus (*no longer*):	Il n'y est plus. *He's no longer there.*
ne…rien (*nothing*):	Rien n'est plus simple. *Nothing is simpler.*

- A verb can be both interrogative and negative at the same time.

Quels jours n'allez-vous pas à l'école? *On which days do you not go to school?*

IRREGULAR VERBS

Quite a few verbs are irregular, i.e. they do not behave according to the rules. (Think of the irregular English verb *to be: I am, you are, he is,* etc.) It so happens that many irregular verbs are ones which are used a lot. (You get used to them for that very reason.) Here is an alphabetical list of those included in this book.

aller	je vais	nous allons	**pouvoir**	je peux	nous pouvons
to go	tu vas	vous allez	*to be able to*	tu peux	vous pouvez
	il/elle va	ils/elles vont		il/elle peut	ils/elles peuvent
avoir	j'ai	nous avons	**prendre**	je prends	nous prenons
to have	tu as	vous avez	*to take*	tu prends	vous prenez
il/elle a	ils/ elles ont		il/elle prend	ils/elles prennent	
connaître	je connais	nous connaissons	**recevoir**	je reçois	nous recevons
to know	tu connais	vous connaissez	*to receive*	tu reçois	vous recevez
	il/elle connaît	ils/elles connaissent		il/elle reçoit	ils/elles reçoivent
dire	je dis	nous disons	**savoir**	je sais	nous savons
to say	tu dis	vous dites	*to know*	tu sais	vous savez
	il/elle dit	ils/elles disent		il/elle sait	ils/elles savent
écrire	j'écris	nous écrivons	**servir**	je sers	nous servons
to write	tu écris	vous écrivez	*to serve*	tu sers	vous servez
	il/elle écrit	ils/elles écrivent		il/elle sert	ils/elles servent
être	je suis	nous sommes	**venir**	je viens	nous venons
to be	tu es	vous êtes	*to come*	tu viens	vous venez
	il/elle est	ils/elles sont		il/elle vient	ils/elles viennent
faire	je fais	nous faisons	**vouloir**	je veux	nous voulons
to do or to make	tu fais	vous faites	*to want or*	tu veux	vous voulez
	il/elle fait	ils/elles font	*to be willing to*	il/elle veut	ils/elles veulent
partir	je pars	nous partons	NB je voudrais *I'd like to*		
to leave or to go	tu pars	vous partez			
	il/elle part	ils/elles partent			

- When you use two verbs together, the second one is in the **infinitive**.

J'aime jouer. *I like playing.*   Je déteste dancer. *I hate dancing.*

- In English, there are verbs called **impersonal** verbs which have 'it' as their subject (e.g. it's raining). There are similar ones in French.

il fait beau *it's fine*	il fait chaud *it's hot*	il y a *there is, there are*

- There is a special form of the verb for suggesting to people what they should do (or telling them what to do, or even commanding them). This is called the **imperative**. We can use 'parler' (for –er verbs), 'choisir' (for –ir verbs) and 'vendre' (for –re verbs) as models.

1 When you are talking or writing to a friend, a relative, an animal or a child:

parle! *speak!*	vends! *buy!*	choisis! *choose!*

2 When you are talking or writing to anyone else, or more than one person:

parlez! *speak!*	vendez! *buy!*	choisissez! *choose!*

An imperative can also be negative:

The imperative of a reflexive verb:

Ne sors pas avec lui. *Don't go out with him.*	Couche-toi! *Go to bed!*

You can have a reflexive verb which is both imperative and negative.

Ne te fâche pas. *Don't get annoyed.*

TENSES

We spend a lot of time saying what we do or are doing. But often we want (or need) to know how to say what we did (or have done) in the past. We also want or need to be able to say what we are going to do, or shall do, in the future. To do this, we put the verb into different tenses.
Here are the names of the tenses used in this book.
The **present tense**: je parle   *I speak, I am speaking, I do speak*
(NB In all the examples given on page 173, the verbs are in the present tense.)
The **future tense**: je parlerai   *I shall speak, I shall be speaking*
The **past (perfect) tense:** j'ai parlé   *I have spoken, I spoke, I did speak*
The **imperfect tense**: je parlais   *I was speaking, I used to speak*

Notice that in French you have far fewer tenses to learn than if you were a foreigner learning English.

TALKING ABOUT THE FUTURE

The easiest way to say what you are going to be doing is to use the verb **aller**, and **add the infinitive** of the verb describing the action you are going to be doing.

Je vais m'amuser à la fête.   *I'm going to have fun at the fête.*

Here are rules to form the future tense.

1 **–er verbs and –ir verbs** Add the ending –ai, –as, –a, –ons, –ez, –ont to the infinitive.

je parlerai	tu parleras	Il/elle parlera	nous parlerons	vous parlerez	ils/elles parleront

2 **–re verbs** Knock off the –e from the infinitive. Add the same endings.

je vendrai	tu vendras	il/elle vendra	nous vendrons	vous vendrez	ils/elles vendront

3 As you might expect, some verbs are **irregular** – even though they use the same endings as regular verbs in the future tense. Here are some examples of verbs used in this book.

avoir	j'aurai	nous aurons	**être**	je serai	nous serons
	tu auras	vous aurez		tu seras	vous serez
	il/elle aura	ils/elles auront		il/elle sera	ils/elles seront

Others are **faire** (je ferai) **aller** (j'irai) **pouvoir** (je pourrai) and **vouloir** (je voudrai).

TALKING ABOUT THE PAST

When you want to say what you did, or what you have done, then you use the past (perfect) tense (sometimes called the 'passé composé'). With most verbs, this is made up in a way which is very similar to English, i.e. by using the present tense of the verb **avoir** (*to have*) and adding what is called a **past participle**.

	subject	verb	past participle
English	I	have	spoken
French	J'	ai	parlé

So, in full, the perfect tense of 'parler' is:

| j'ai parlé | tu as parlé | il/elle a parlé | nous avons parlé | vous avez parlé | ils/elles ont parlé |

The past participle is made up as follows:

1 –er verbs Replace –er by –é: passer > passé
2 –ir verbs Replace –ir by –i: finir > fini
3 –re verbs Replace –re by –u: vendre > vendu

Quite a few verbs have an irregular past participle. Here are some which are used in this book.

avoir > eu	boire > bu	comprendre > compris	être > été	faire > fait	dire > dit
écrire > écrit	lire > lu	mettre > mis	mourir > mort	naître > né	
ouvrir > ouvert	pouvoir > pu	prendre > pris	venir > venu	voir > vu	vouloir > voulu

- A few verbs, instead of taking **avoir** to make the perfect, take **être** instead.

| Il est arrivé. | *He has arrived.* |

These verbs take être in forming the past perfect tense:

aller *to go*	arriver *to arrive*	descendre *to go down*	entrer *to enter*
monter *to go up*	mourir *to die*	naître *to be born*	partir *to leave*
rester *to remain*	sortir *to go out*	tomber *to fall*	venir *to come*

All reflexive verbs take **être** in the perfect tense.

| Il s'est couché. | *He went to bed.* |

- The past participles of verbs taking **être** have to **agree** with the subject of the verb, as if they were adjectives. Here is an example of a verb taking **être** in the perfect tense:

je suis arrivé(e)	nous sommes arrivé(e)s
tu es arrivé(e)	vous êtes arrivé(e)s
il est arrivé	ils sont arrivés
elle est arrivée	elles sont arrivées

A boy would say or write: 'je suis arriv**é**'; a girl would say or write: 'je suis arriv**ée**'.

(This is only important when you are writing. 'Arrivé', 'arrivée', 'arrivés' and 'arrivées', all sound exactly the same.)

NEGATIVES

This is the negative form of the perfect tense:

| Je n'ai pas mangé. | *I haven't eaten/I didn't eat.* | Il n'est pas arrivé. | *He/it hasn't arrived.* |

INTERROGATIVES

If you want to ask a question using the present tense, use exactly the same ways as for the present tense.

| Tu as mangé?/ Est-ce que tu as mangé?/ As-tu mangé? | *Have you eaten?* |

Sometimes in French you find the present tense where you might expect to find the past tense.

| Ma montre ne marche pas depuis deux jours. | *My watch hasn't been going for two days.* |
| Je fais de la musculation depuis trois ans. | *I've been doing body-building for three years.* |

IMPERFECT TENSE

When you want to say what used to happen, or how things used to be, you use the imperfect tense.

| Il y avait une boulangerie. | *There used to be a baker's.* | Il était coiffeur. | *He used to be a hairdresser.* |
| J'habitais en Espagne. | *I used to live in Spain.* | Ils jouaient du piano. | *They used to play the piano.* |

To form the imperfect tense, take the **nous form** of the present tense (e.g. nous habitons, nous choisissons), leave out 'nous' and remove the **–ons** then add –ais, –ais, –ait, –ions, –iez, or –aient.

j'habitais	nous habitions	je choisissais	nous choisissions
tu habitais	vous habitiez	tu choisissais	vous choisissiez
il/elle habitait	ils/elles habitaient	il/elle choisissait	ils/elles choisissaient

PRONOUNS

A word which stands instead of a noun is called a **pronoun**.

> My brother gives his friend the ball.   He gives it to him.

'he', 'it' and 'him' are pronouns.

- Sometimes a pronoun is the **direct object** of the verb. These are the French direct object pronouns:

> me *me*   te *you*   le *him or it*   la *her or it*   nous *us*   vous *you*   les *them*

In French, these normally go **before** the verb.

> Tu prends le sweat? Oui, je le prends. *Are you taking the sweatshirt? Yes, I'm taking it.*
> Je te comprends. *I understand you.*

With the imperative, they **follow** the verb. At the same time, **me** changes to **moi**, and **te** to **toi**.

> prends-le *take it*   conseillez-moi *advise me*

- Sometimes a pronoun is the **indirect object** of the verb. The French indirect object pronouns are:

> me *to me*   te *to you*   lui *to him, to her*   nous *to us*   vous *to you*   leur *to them*

They normally go **before** the verb.

> Mon frère donne la balle à son ami.   *My brother gives the ball to his friend.*
> Mon frère lui donne la balle.   *My brother gives the ball to him.*

With an imperative, however, they **follow** the verb and, at the same time, **me** becomes **moi** and **te** becomes **toi**:

> Donnez-moi un conseil. *Give (to) me some advice.*   Pose-lui des questions. *Put questions to him (to her).*

Sometimes indirect object pronouns give the sense of 'from':

> On m'a volé mon porte-monnaie. *Someone's stolen my purse from me.*

- If you have both a direct object pronoun and an indirect object pronoun, then the direct object pronoun comes first.

> Mon frère donne la balle à son ami.   *My brother gives the ball to his friend.*
> Il la lui donne.   *He gives it to him.*

- Another kind of pronoun is called an **emphatic** pronoun. These are :

> moi *me* toi *you* lui *him* elle *her* nous *us* vous *you*   eux *them, masculine*   elles *them, feminine*

They are used after a preposition.

> Pour moi, une omelette. *For me, an omelette.*   Je m'entends bien avec lui. *I get on well with him.*

They are also used to give emphasis.

> Moi, je voudrais…. *Me, I'd like….*

Y

Y means 'there'. It normally goes before the verb.

> J'y vais tous les jours. *I go there every day.*

EN

en often means some/any of them or some/any of it.

> Vous avez des prunes? Oui, j'en ai! *Have you any plums? Yes, I have some (of them)!*
> Tu as des frères? Oui, j'en ai deux! *Have you any brothers? Yes I have two (of them)!*

Although we often leave out 'of them' in English, you cannot miss out 'en' in French.

CE, CET, CETTE, CES

If you want to say 'this', or 'these', then you use **ce, cet, cette** or **ces**. These agree with the noun they describe.

> le sweat – ce sweat   la jupe – cette jupe   les baskets – ces baskets

Use **cet**, not 'ce', before a masculine noun starting with a vowel.

> cet animal

- Words like 'my', 'your', 'his', 'her', 'our', 'their' tell us who things belong to. In French, there are different forms for each one, depending on whether the noun that follows is masculine or feminine, or singular or plural.

	my	your	his/her	our	your	their
masculine	mon	ton	son	notre	votre	leur
feminine	ma	ta	sa	notre	votre	leur
plural	mes	tes	ses	nos	vos	leurs

Notice that **son**, **sa** and **ses** mean both 'his' and 'her'.

> mon frère *my brother*   sa tante *his/her aunt*   leurs parents *their parents*

PREPOSITIONS

A word that expresses the relation of one thing or person to another is called a **preposition**.

> The book is **on** the table.   He sat **opposite** his brother.

The prepositions used in this book are:

à *to, at*	à côté de *next to*	après *after*	avant *before*	chez *at the house of*
dans *inside*	de *from, of*	derrière *behind*	devant *in front of*	en *in*
en face de *opposite*		entre *between*	jusqu'à *as far as*	par *by, through*
pour *for*	près de *near*	sous *under*	sur *on*	

> Christine travaille **dans** un café. *Christine works in a café.*

A The preposition **à** *to, at*.

> Je vais à Paris. *I'm going to Paris.*

Notice what happens when you want to include the word for 'the'.

> à + le > **au**   (le cinéma) Je vais au cinéma.   *I'm going to the cinema.*
> à + la > **à la**   (la banque) Je vais à la banque.   *I'm going to the bank.*
> à + l' > **à l'**   (l'école) Je vais à l'école.   *I'm going to school.*
> à + les > **aux**   (les Etats-Unis) Je vais aux Etats-Unis. *I'm going to the USA.*

DE The preposition **de** *of, from*.

> J'arrive de York. *I arrive from York.*

Notice what happens when you want to include the word for 'the'.

> de + le > **du**   (le cinéma) J'arrive du cinéma.   *I arrive from the cinema.*
> de + la > **de la**   (la banque) J'arrive de la banque.   *I arrive from the bank.*
> de + l' > **de l'**   (l'école) J'arrive de l'école.   *I arrive from school*
> de + les > **des**   (les Etats-Unis) J'arrive des Etats-Unis. *I arrive from the USA.*

à côté de, **en face de** and **près de** behave like **de**:

> Il y a une banque à côté du restaurant.

de meaning 'of' is used in many cases in French where you would not use it in English. You would say, le nord du pays *the north of the country*, but you would also say, le chat de Stéphane *Stéphane's cat*. In French, there is no similar way of expressing possession to that used in English.

> Quelle est la profession de ton père? *What is your father's job?*

Some expressions in French take a preposition where there isn't one in English.

> Je joue du piano. *I play the piano.*   On a besoin d'une chambre. *We need a room.*
> Tu te souviens de lui? *Do you remember him?*

CONJUNCTIONS

Words like **et** *and*, **si** *if*, and **mais** *but*, which are used to join two sentences together, are called **conjunctions**.

> J'aime le dessin, mais je suis faible. *I like art, but I am poor (at it).*

Vocabulary

A

d' **abord** first
d' **accord** OK
accrocher to hang
accueillir to welcome
acheter to buy
les **actualités** (f) the news
actuellement at the moment
l' **addition** (f) the bill
admettre to admit
afficher to pin up
il s' **agit de** it's a question of
agité rough (sea)
l' **agneau** (m) the lamb
s' **agrandir** to get bigger
l' **aiguille** (f) the needle
l' **ail** the garlic
ailleurs elsewhere
aimer to like, to love
ajouter to add
les **alentours** (m) the surroundings
(l') **allemand** German
aller to go
allumer to light
alors then
amener to take, bring
l' **ami(e)** (m and f) the friend
l' **an** (m), l'**année** (f) the year
ancien old
(l') **anglais** English
l' **Angleterre** England
l' **animation** (f) event
l' **anniversaire** (m) anniversary,
  birthday
apparaître to appear
l' **appareil** (m) the apparatus
s' **appeler** to be called
apporter to bring
apprendre to learn
appuyer sur to push
après after
l' **après-midi** (m or f) the
  afternoon
l' **argent** (m) the money
l' **armoire** (f) the cupboard
(s') **arrêter** to stop
les **arts ménagers** (m) home
  economics
s' **asseoir** to sit down
assez fairly, enough

assister à to be present at
attendre to wait
l' **auberge de jeunesse** (f) the
  youth hostel
aucun no, none
aussi also
aussi...que as...as
autour (de) around
autre other
autrefois in the old days
avancer to move forward
avant (de) before
avec with
l' **avion** (m) the aeroplane
avoir to have
avoir lieu to take place

B

les **bagages** (m) the luggage
(se) **baigner** to bathe
la **bande dessinée** the strip
  cartoon
la **barbe** the beard
barrer to cross out
le **bateau** the boat
le **bâtiment** the building
se **battre avec** to fight
beau,belle beautiful,
  handsome
il fait **beau** it's fine (weather)
beaucoup (de) much, many
(avoir) **besoin (de)** to need
la **bête** the animal
le **beurre** the butter
bien well, good
bien sûr of course
bientôt soon
bienvenue welcome
le **bijou** the jewel
le **billet** the ticket, note
blanc white
blesser to wound, injure
bleu blue
boire to drink
la **boisson** the drink
bon good,correct
le **bon** the leaflet
bon marché cheap
(au) **bord (de)** at the side of
la **bouche** the mouth

la **boucherie** the butcher's
la **boulangerie** the baker's
le **bout** the end, bit
la **bouteille** the bottle
le **bouton** the button
le **bras** the arm
le **bricolage** D-I-Y
briller to shine
brosser to brush
il fait **du brouillard** it's foggy
brûler to burn
la **bulle** the speech bubble
le **bureau** the office, desk

C

ça that
ça fait that makes
ça va (bien) I'm very well
le **cadre** the surroundings,frame
le **caissier**, la **caissière** the
  cashier
le **camion** the lorry
la **campagne** the countryside
le **car** the coach
la **carte** the map, ticket, card
(en) **cas de** in case of
la **case** the square
casser to break
la **cave** the cellar
ce, cet, cette, ces this, these
la **ceinture** the belt
celui de that of
la **cerise** the cherry
certainement certainly
le **cerveau** the brain
chacun(e) each one
la **chaîne** the TV channel
la **chaise** the chair
la **chambre** the bedroom
le **champignon** the mushroom
la **chance** the luck
la **chanson** the song
le **chanteur**, la **chanteuse** the
  singer
chaque each
la **charcuterie** the pork butcher's
charmant charming
la **chasse** the hunt, game
  shooting
le **chat** the cat

le **château** the castle
(il fait) **chaud** (it's) hot
la **chaussée** the road
la **chaussette** the sock
la **chaussure** the shoe
le **chemin** the way, path
le **chemin de fer** the railway
cher dear, expensive
chercher to look for, fetch
le **cheval** the horse
les **cheveux** the hair
chez at the house or shop of
le **chien** the dog
le **chiffre** the figure
la **chimie** chemistry
choisir to choose
le **choix** the choice
le **chômeur** the jobless person
la **chose** the thing
le **chou-fleur** the cauliflower
ci-dessus above
la **circulation** the traffic
la **clef** the key
cocher to tick
le **cœur** the heart
le **coiffeur**, la **coiffeuse** the hairdresser
coller to stick
la **colline** the hill
combien(de)? how much?, how many?
comme like, as
comment how
comprendre to include, understand
compris included
compter to count
le **concours** the competition
conduire to drive
la **confiture** the jam
connaître to know
conseiller to advise
les **conserves** (f) the preserves
construire to build
contenir to contain
contre against
le **copain**, la **copine** the friend, chum
le **corps** the body
corriger to correct
à **côté (de)** by the side of, next to
se **coucher** to go to bed
coudre to sew
couler to run (liquid)

la **couleur** the colour
couper to cut
courir to run
le **cours** the course, lesson
la **course** the race
les **courses** (f) shopping
court short
le **couteau** the knife
coûter to cost
couvrir to cover
le **crayon** the pencil
croire to believe
la **cuiller** the spoon
le **cuir** the leather
cuire to cook
la **cuisine** the kitchen, the cooking

D

dans in
le **dé** dice
déchiffrer to decode
découper to cut out
découvrir to discover
décrire to describe
déjà already
le **déjeuner** the lunch
demain tomorrow
demander to ask
la **dent** the tooth
la **dépense** the expense
se **déplacer** to move
depuis (deux jours) for (two days)
dernier last
se **dérouler** to take place
derrière behind
dès from
dès que from the time that
dessiner to draw
se **détendre** to relax
devant in front of
devenir to become
deviner to guess
devoir to have to, to owe
les **devoirs** (m) the homework
dire to say, tell
c'est-à-**dire** that's to say
discuter to discuss
le **doigt** the finger
donc therefore
donner to give
dont including, whose
dormir to sleep
le **dos** the back

la **douche** the shower
le **droit** the right
(à) **droite** (on) the right
drôle funny
dur hard
durer to last

E

l' **eau** (f) the water
échanger to exchange
éclairer to illuminate
l' **école** (f) the school
l' **Ecosse** (f) Scotland
écouter to listen
écrire to write
l' **église** (f) the church
l' **élève** (m and f) the pupil
emmener to take
empêcher to prevent
l' **emploi du temps** (m) the timetable
emporter to bring
(j') **en (ai)** I've got some
en (France) in (France)
en (mettant) by putting
encore again
encore des some more
encore plus still more
l' **endroit** (m) the place
l' **enfant** (m or f) the child
enlever to take away
ensemble together
ensuite then, next
entendre to hear
entier whole
l' **entraînement** the training
entre between
entrer to enter
(avoir) **envie de** to have a fancy for
envoyer to send
l' **épicerie** (f) the grocer's
l' **équipe** (f) the team
l' **équitation** (f) horse riding
l' **espace** (f) the space
(l') **espagnol** Spanish
espérer to hope
essayer to try
et and
l' **étage** (m) the storey
l' **état** (m) the state
les **Etats-Unis** (m) the USA
l' **été** (m) the summer
l' **étoile** (f) the star
l' **étranger** (m) the foreigner
à l' **étranger** abroad

être to be
éventuel possible
l' évier (m) the sink
expliquer to explain

F

(en) face de opposite
se fâcher to get annoyed
facile easy
la façon the way
faible weak
(j'ai) faim (I'm) hungry
faire to make, to do
la farine the flour
fatigué tired
il faut you need, you have to
le fauteuil the armchair
la femme the wife, woman
la fenêtre the window
fermer to close
la feuille the leaf
la fiche the form
la figure the face
le fil the thread
la fille the daughter, girl
le fils the son
finir to finish
la fleur the flower
la fois the time, occasion
foncé dark-coloured
fondre to melt
(as-tu) la forme? (are you) fit?
formidable tremendous
fort strong, very good
fou mad, crazy
(le) français French
le frère the brother
les frites the chips
(il fait) froid (it's) cold
le fromage the cheese
fumer to smoke

G

gagner to win, earn
le gant the glove
le garçon the boy
la garderobe the wardrobe
la gare the station
(à) gauche (on the) left
génial brilliant
le genou the knee
les gens (m) people
gentil nice, kind
le gérant, la gérante the manager(ess)

la glace the ice, mirror
gourmand greedy
goûter to taste
grand big
la grand'mère the grandmother
le grand-père the grandfather
gratuit free (of charge)
gris grey
gros fat
le guichet the ticket office

H

(s') habiller to dress
habiter to live
les habits (m) the clothes
les haricots verts the green beans
l' hébergement (m) the accommodation
l' heure (f) the hour, time
heureusement fortunately
hier yesterday
l' histoire (f) history, the story
l' hiver (m) the winter
l' homme (m) the man
l' horaire (m) the timetable
l' horloge (m) the clock
l' huile the oil

I

ici here
il (n') y a (pas) there is (not), there are (not)
l' imperméable (m) the raincoat
impressionnant impressive
l' infirmière (f) the nurse
l' informatique the computer studies
intéressant interesting

J

la jambe the leg
le jardin the garden
jaune yellow
jeter to throw, shake (dice)
le jeton the counter
le jeu the game, game show
jeune young
joindre to join
jouer to play
le jour, la journée the day
le journal the newspaper
la jupe the skirt
jusqu'à until, as far as

L

là there
là-dedans inside
là-dessus above
la laine the wool
laisser to let, leave
le lait the milk
la langue the language, tongue
le lapin the rabbit
le lavabo the sink
(se) laver to wash
la leçon the lesson
le lecteur, la lectrice the reader
la lecture the reading matter
le légume the vegetable
le lendemain the next day
lequel, laquelle, lesquels, lesquelles which one/ones
la lettre the letter
se lever to get up
la librairie the bookshop
libre vacant, free
le lieu the place
au lieu de instead of
le lieu de naissance the place of birth
la ligne the line, figure
le lit the bed
la livre the pound sterling
le livre the book
livrer to deliver
la location hiring
le logement the accommodation
loin far
le loisir the leisure
louer to hire, rent
la lune the moon
les lunettes the spectacles
le lycée the high school

M

le magasin the shop
la main the hand
maintenant now
mais but
la maison the house
la maison de la presse the newsagent's
le maître the master
la maîtresse the mistress
mal bad(ly)
(j'ai) mal à ... my ... hurts

malgré tout all the same
malheureusement unfortunately
le manège the roundabout
manger to eat
manquer to be missing, miss
le manteau the overcoat
le maquillage the make-up
le marchand the shopkeeper
le marché the market
marcher to walk, to work
le mari the husband
le marin the sailor
la marque the brand
marron brown
la matière the school subject
le matin, la matinée the morning
mauvais bad
méchant nasty, naughty
mécontent displeased
le médecin the doctor
le meilleur the best
mélanger to mix
même same, even
le ménage the housework
le menteur the liar
le menuisier the joiner
la mer the sea
merci thank you
la mère the mother
le métier the job, trade
mettre to put, take
meublé furnished
midi mid-day
mieux (que) better (than)
mince thin
moche awful
moins less
au moins at least
le mois the month
le monde the world
la monnaie the currency, change
la montagne the mountain
monter to climb, go up
la montre the watch
montrer to show
le morceau the piece
le mot the word
mouillé wet
moyen average, medium
le musée the museum

N

nager to swim
la natation the swimming
naturellement naturally
ne…jamais never
ne…pas not
ne…personne nobody
ne…plus no longer
ne…que only
ne…rien nothing
néanmoins nevertheless
né(e) born
il neige it's snowing
nettoyer to clean
le neveu the nephew
le nez the nose
le niveau the level
Noël (m) Christmas
noir black
le nom the name
non no
la note the note, mark
la nourriture the food
nouveau new
la nuit the night
nul no good
le numéro the number

O

obtenir to obtain
l' occasion (f) the opportunity
l' œil (m) the eye
l' œuf (m) the egg
l' oignon (m) the onion
l' oiseau (m) the bird
on one, they, you
l' ordinateur (m) the computer
l' oreille (f) the ear
ou or
où where
oublier to forget
oui yes
l' ours (m) the bear
ouvert open
l' ouvrier (m) the manual-worker
ouvrir to open

P

le pain the bread
la pancarte the placard
la panne the breakdown
le panneau the roadsign
le pantalon the trousers

le papillon the butterfly
Pâques (m) Easter
par by
paraître to appear
parce que because
le parcours the route, distance covered
pareil similar
le parent parent, relative
paresseux lazy
parler to speak, talk
à part besides
partager to share
la partie part, match
(faire) partie de to be a member of, be part of
partir to go away, leave
à partir de from
partout everywhere
passer to spend time, get through, to call in, to be considered
le passe-temps the pastime
la patinoire the skating rink
la pâtisserie the cake shop, cakes
la pause-déjeuner the lunch break
pauvre poor
payant paying, to be paid for
le pays the country
les Pays-Bas (m) the Netherlands
le Pays de Galles (m) Wales
le péage the toll
la pêche the fishing, the peach
pêcher to fish
la peine the trouble
la peinture the paint, painting
pendant during
penser to think
perdre to lose
le père the father
peser to weigh
petit small, little
le petit déjeuner the breakfast
les petits pois (m) the peas
un peu a little
(avoir) peur to be afraid
peut-être perhaps
la pièce the room, coin, play
le pied the foot
le piéton the pedestrian
la piscine the swimming pool

le **placard** the cupboard
la **place** the seat, square, space
la **plage** the beach
se **plaindre de** to complain about
le **plat** the dish
plein full
en **plein air** in the open air
pleurer to weep
il **pleut** it's raining
plus more
le **plus (cher)** the most (expensive)
plus de more than
plus (difficile) more (difficult)
plusieurs several
le **pneu** the tyre
la **poche** the pocket
la **poire** the pear
le **poisson** the fish
le **poivre** the pepper
la **pomme** the apple
la **pomme de terre** the potato
le **pompiste** the petrol station attendant
le **pont** the bridge
la **porte** the door
le **portefeuille** the wallet
le **porte-monnaie** the purse
poser to put
le **potage** the soup
la **poule** the chicken
le **poulet rôti** the roast chicken
pour for, in order to
pourquoi why
pousser to push
pouvoir to be able to
premier first
prendre to take
le **prénom** the first name
près de near
presque almost
prêter to lend
prier to beg
les **primeurs** the early vegetables
le **prix** the prize, the price
prochain next
proche near
le **produit** the product
propre own
la **prune** the plum
puis then
puisque since

Q

le **quai** the platform
quand when
que whom, which, that
quel, quelle, quels, quelles? which, what?
quelque(s) some
quelque chose something
quelquefois sometimes
quelqu'un someone
qu'est-ce que? what?
(faire) **la queue** (to) queue
qui who, which
la **quincaillerie** the ironmonger's
quoi what
quotidien daily

R

raconter to tell (a story)
le **radis** the radish
le **raisin** the grapes
la **raison** the reason
ranger to tidy up
(se) **rappeler** to recall, remember
récemment recently
recevoir to receive
le **récit** the account
la **réclame** the advertisement
le **reçu** the receipt
redouter to dread
réfléchir to reflect
regarder to look, watch
le **régime** the diet
la **réglementation** the rules
relâcher to let go, release
remettre to put back
remplacer to replace
(se) **rencontrer** to meet
rendre to give back
le **renseignement** the information
la **rentrée** going back to school
rentrer to go in, to go home
renverser to overturn
le **repas** the meal
répondre to answer, reply
la **réponse** the answer, reply
se **reposer** to rest
réputé known for
le **requin** the shark
le **réseau** the network
le **reste** the remainder

rester to remain
retirer to withdraw
retourner to turn over
se **réunir** to meet
réussir to make a success of
le **rêve** the dream
se **réveiller** to wake up
le **rez-de-chaussée** the ground floor
le **rhume** the cold (in the head)
rire to laugh
la **rivière** the river
la **robe** the dress
le **rocher** the rock
le **roi** the king
rouge red
rouler to drive, roll
le **Royaume-Uni** the United Kingdom
la **rue** the street
(le) **russe** Russian

S

le **sac à main** the handbag
le **sac de couchage** the sleeping bag
la **saison** the season
la **salade** the salad, lettuce
saler to salt
la **salle** the (large) room
salut! hello, hi!
sans without
la **santé** the (good) health
la **saucisse** the sausage
sauter to jump
savoir to know, to know how to
le **savon** the soap
la **scie** the saw
la **séance** the performance, session
sécher to dry
(au) **secours** help
le **séjour** the stay
le **sel** the salt
la **semaine** the week
le **sens** the direction
le **sentier** the path
se **sentir** to feel, smell
le **serveur**, la **serveuse** the waiter, the waitress
la **serviette** the towel
servir to serve
seul single, alone
seulement only

si if
s'il vous plaît, s'il te plaît
    please
sinon otherwise
la sœur the sister
(j'ai) soif (I'm) thirsty
soigner to look after,
    care for
le soir, la soirée the evening
soit... soit... either... or...
le soleil the sun
il fait du soleil it's sunny
la somme the sum
le sondage the opinion poll
la sortie the exit, excursion
sortir to go out
souhaiter to wish
soulever to lift up
souligner to underline
le souper to have supper
sourire to smile
la souris the mouse
sous underneath
souvent often
le stade the stadium
le stage the course
suivant following
au sujet de about
la superficie the area
supplier to beg
sur on, about
sûr sure
surtout above all
surveiller to watch over,
    supervise
sympa(thique) nice, friendly
le Syndicat d'Initiative the
    Tourist Office

T

le tableau the table, black
    board
la taille the size
la tante the aunt
tard late
le téléviseur the TV set

le temps the weather, the time
tenir to hold
le terrain the ground
la terre the earth, soil
le terroir the territory
la tête the head
le thé the tea
le timbre-poste the postage
    stamp
tirer to pull, drag
le tissus the cloth, material
tomber to fall
tôt soon, early
toujours still, always
le tour the turn, tour
tourner to turn
tous, toute, toutes all
tout droit straight on
tout le monde everyone
tous les combien how often
tous les jours every day
le travail the work
le travail manuel handicraft,
    CDT
travailler to work
traverser to cross
très very
se tromper to make a mistake
trop too
se trouver to be found

U

uniquement only
l' usine (f) the factory

V

les vacances (f) the holidays
la vaisselle the washing up
valable valid
la valeur the value
la valise the suitcase
le veau the calf
la veille the night before
le vélo the bicycle
le vendeur, la vendeuse the
    salesperson

vendre to sell
venir to come
il fait du vent it's windy
la vente the sale
le ventre the stomach
le verre the glass
vers towards
vert green
la veste jacket
les vêtements (m) the clothes
la viande the meat
vide empty
la vie the life
vieux, vieille old
le vignoble the vineyard
la ville the town
le vin the wine
le virage the bend
le visage the face
vis-à-vis opposite
viser to aim
vite quickly
la vitesse the speed, gear
le viticulteur the wine grower
vivant living
vivre to live
voici here is, here are
voilà there is, there are,
    there you are
voir to see
le voisin the neighbour
la voiture the car
la voix the voice
le volant the steering wheel
voler to steal, to fly
le voleur the thief
vouloir to want to, be
    willing to
vraiment really, truly
vraisemblable probable

Y

y to it, there
les yeux the eyes

Les solutions

UNITE 1

Action 2 !

1	La musique	11	Le dessin
2	L'Allemand	12	L'informatique
3	Le travail manuel	13	L'anglais
4	L'histoire	14	Le français
5	Le sport	15	La biologie
6	Le latin	16	Les arts ménagers
7	La physique	17	L'italien
8	Les mathématiques	18	La géographie
9	L'espagnol	19	Le russe
10	La chimie		

Action 3 ! 📼

Danielle – la géographie. Jean-Luc – le français.
Valérie – les mathématiques. François – le dessin.
Olivier – le sport. Maryse – la physique.

Action 5 !

LEN MADAL – allemand LENA ITI – italien IAN
SCARF – français R S POT – sport   LEN SPAGO –
espagnol SUE PHIQY – physique DENIS S – dessin
MARTI LEN VUAAL – travail manuel MIC HIE –
chimie MONA FRITIQUE – informatique IAN GLAS
– anglais BIG LOOIE – biologie   STAN SAM GREER
– arts ménagers GEORGE A HIP –
géographie   SUE TAMITHAQEM – mathématiques
IAN L T – latin ROSE HITI – histoire RUSS E – russe

Action 6 !

1 l'histoire la biologie les mathématiques le français
la géographie l'italien
2 écris! devine! dessine! demande! enregistre!
écoute!
3 l'anglais la physique le dessin la musique le sport

UNITE 2

Action 1 ! 📼

1	Sandrine	3	Anne-Marie	5	Suzanne
2	Marc	4	Jean-Luc	6	Nicholas

Action 2 !

1 Nicolas – Toulouse/Grenoble
2 Michelle – Marseille
3 Nicole – Toulon
4 Valérie – Paris/Nancy
5 Jacques – Nice
6 Xavier – Lille
7 Marc – Strasbourg
8 Guy – Rouen
9 Jean-Luc – Valenciennes
10 Anne-Marie – Nantes
11 Christophe – Toulouse/Grenoble
12 Sabine – Nancy/Paris
13 Estelle – Lens
14 Bruno – Lyon
15 Suzanne – Saint-Etienne

Action 3 !

1	neuf	5	quarante-trois	9	vingt-neuf
2	quatorze	6	cinquante	10	vingt et un
3	vingt-deux	7	quarante et un		
4	trente	8	quarante-huit		

Action 4 !

1 Ghislaine: 'J'ai trente-quatre ans.'
2 Jean Claude: 'J'ai vingt-sept ans.'
3 Brigitte: 'J'ai seize ans.'
4 Antoine: 'J'ai quarante-cinq ans.'
5 Marie-France: 'J'ai treize ans.'

Action 5 ! 📼

1

1	Régine	12	Lille
2	Claire	15	Toulouse
3	Eric	11	Nantes
4	Claude	14	Marseille
5	Madeleine	16	Nice
6	Serge	14	Rouen

2 Numéro un. Elle s'appelle Régine. Elle a douze ans.
Elle habite à Lille. Numéro deux. Elle s'appelle
Claire. Elle a quinze ans. Elle habite à Toulouse.
Numéro trois. Il s'appelle Eric. Il a onze ans. Il habite
à Nantes. Numéro quatre. Il s'appelle Claude. Il a
quatorze ans. Il habite à Marseille. Numéro cinq.
Elle s'appelle Madeleine. Elle a seize ans. Elle habite
à Nice. Numéro six. Il s'appelle Serge. Il a quatorze
ans. Il habite à Rouen.

UNITE 3

Action 1 !

1	Je fais du cyclisme.	4	Je fais de la natation.
2	Je joue au basket.	5	Je joue au football.
3	Je joue au tennis.	6	Je fais de la musculation.

Action 4 ! 📼

2

1	Christophe	5	Angèle	9	Gérard
2	Patrice	6	Laurent	10	Jean-Claude
3	Silviane	7	Lucille	11	Henri
4	Franck	8	Sabine	12	Jacques

Action 6 !

1 It is only for 5–12 year olds.
2 They do give lessons.
3 'Promenade' means ride or walk.
4 'Stage' means course. 'Journée' means day.
5 It costs 20F an hour.
6 For 100F you can ride for a day.
7 The midday meal is included.
8 The next course is from 27–31 December.
9 47170 is the post code.

Action 7 !

1: 5	5: 4	9: 2	14: 2	19: 1	23: 1
2: 3	6: 1	10: 4	15: 4	20: 3	24: 1
3: 5	7: 6	11: 1	16: 2	21: 2	25: 1
4: 2	8: 2	12: 1	17: 1	22: 2	26: 1
		13: 5	18: 1		

UNITE 4

Action 1 !

1 *Mireille:* La ville où j'habite s'appelle Lille. Elle se trouve dans le nord de la France. *Hafid:* La ville où j'habite s'appelle Bordeaux. Elle se trouve dans l'ouest de la France. *Suzanne:* Le village où j'habite s'appelle Buzan. Il se trouve dans le sud de la France. *Jacquot:* Le village où j'habite s'appelle Cirey. Il se trouve dans l'est de la France.

2 *Kenny:* La ville où j'habite s'appelle York. Elle se trouve dans le nord de L'Angleterre. *Anna:* Le village où j'habite s'appelle Bargoed. Il se trouve dans le sud du Pays de Galles. *Andrew:* La ville où j'habite s'appelle Aberdeen. Elle se trouve dans l'est de l'Ecosse. *Donna:* Le village où j'habite s'appelle Glenmaddy. Il se trouve dans l'ouest de l'Irlande.

Action 3 !

1 Le camping se trouve dans la rue Gambetta.
2 Le théâtre se trouve sur le boulevard Masson.
3 Le parc se trouve dans l'avenue Joffre.
4 Le cinéma se trouve dans la rue Magenta.
5 La piscine se trouve dans l'avenue de la Résistance.
6 Le stade se trouve dans la rue Henri IV.

Action 4 !

1 Il n'y a pas de théâtre.
2 Il n'y a pas de musée.
3 Il n'y a pas de librairie.
Je m'appelle Rachelle. La ville où j'habite s'appelle Villiers. Elle se trouve dans le nord de la France.

UNITE 5

Action 1 !

Jacquot achète les tomates. Hassan achète le vélo. Adèle achète le vin. Sandrine achète la montre. Patrice achète la voiture.

Action 3 !

1 ROSE POSENINI est la propriétaire de la POISSONNERIE
2 ALI BIRRIE est la propriétaire de la LIBRAIRIE
3 RICO HUBEE est le propriétaire de la BOUCHERIE
4 PATSI I REES est la propriétaire de la PATISSERIE
5 JO TRUEBIIE est la propriétaire de la BIJOUTERIE
6 ROGER HOLIE est le propriétaire de l'HORLOGERIE
7 ANGELE RUBIO est la propriétaire de la BOULANGERIE

Action 4 !

1 Annual closing for summer holidays
2 Change of location
3 Shop for sale

Action 5 !

1 Intermarché	4 Intermarché	7 Intermarché
2 Unico	5 Unico	8 Unico
3 Intermarché	6 Unico	

Action 6 !

1 Julie 26F45	3 Kelly 35F60	5 Robert 46F85
2 Steve 19F30	4 Amrit 30F80	6 Dean 33F25

Steve: Je voudrais du lait, des champignons et de la mayonnaise. Kelly: Je voudrais de la moutarde, des tomates, du beurre et du lait. Amrit: Je voudrais des oignons, du pain, des œufs et de la crème. Robert: Je voudrais des saucisses, de la bière, du pain et des sardines. Dean: Je voudrais du café, des sardines, de la farine et du fromage.

UNITE 6

Action 1 !

1 (43) 66.39.24	2 (43) 70.32.20
3 (43) 64.39.34	4 (43) 66.39.24
5 (43) 70.32.20	6 (53) 64.39.34
7 (43) 70.32.20	8 (43) 64.39.34
9 (43) 66.39.24	10 (43) 64.39.34
11 (43) 64.39.34	12 (43) 64.39.34

Action 2 !

Maison. Proche lycée. Petit jardin. Cave. Rez-de-chaussée – hall d'entrée, salle de séjour, cuisine. Etage – trois chambres, bureau, salle de bains, wc. Chauffage central. Le tout en parfait état d'entretien.

Action 3 !

1 Lucille: 52.64.38; 1, rue des Tulipes; une maison à la campagne.
2 Henri: Bertillion 64.29.11; 56, rue de la Résistance; un appartement dans un village.
3 Mlle Costa: 85.23.42; 78, avenue du Pont; une maison en ville.
4 Mohammed: 58.87.91; 23, rue Gabarra; une maison à la campagne.
5 Jean-Luc: 91.33.75; 39, route de Bordeaux; un appartement dans un village.
6 René: 79.66.31; 48, avenue Racine; une maison dans un village.
7 Marcelle Dautun: 85.42.61; 9, boulevard Pasteur; un appartement en ville.
8 Mme Boucher: 38.49.76; 68, résidence Jean Jaurès; un appartement en ville.

UNITE 7

Action 1 !

1 NEVEU	2 COUSINE	3 MARI
4 NIECE	5 COUSIN	6 BEAU-PERE
7 GRAND-MERE	8 PERE	9 FRERE
10 GRAND-PERE	11 MERE	12 BELLE-FILLE
13 PETIT-FILS	14 FILLE	15 BELLE-SŒUR
16 TANTE	17 ONCLE	18 FEMME
19 BELLE-MERE	20 SŒUR	21 PETITE-FILLE
22 BEAU-FRERE	23 FILS	24 GENDRE

Voici une famille nombreuse.

Action 2 !

Henri: Ma fille Hélène a 44 ans. Elle habite à Limoges. Ma petite-fille Suzy a 4 ans. Ma femme s'appelle Jeanne. Ma petite-fille Régine a 22 ans.
Jeanne: Mon gendre a 46 ans. J'ai un petit-fils qui a 23 ans. Il habite à Lille. J'ai un autre petit-fils qui a 12 ans. J'ai une fille qui a 44 ans.
Franck: Ma sœur s'appelle Hélène. Papa a 70 ans. J'ai un frère, qui a 39 ans, qui habite à Poitiers. Mon neveu s'appelle Patrick/Marc.
Hélène: Maman s'appelle Jeanne. Ma belle-fille/fille

Juliette a 22 ans. J'ai une nièce qui s'appelle Suzy.
Elle habite avec ses parents à Poitiers. Mon père
s'appelle Henri.

André: Mon neveu s'appelle Marc. Mon beau-frère,
qui habite à Dijon, a 47 ans. Ma belle-fille a 22 ans.
Mon gendre s'appelle Eric.

Pierre: J'ai une nièce qui s'appelle Régine. Ma mère
a 68 ans. Mon fils Marc a 12 ans. Ma mère
s'appelle Jeanne. Elle habite à Paris.

Thérèse: Ma belle-sœur Hélène a 44 ans. Elle habite
à Limoges. Mon fils s'appelle Marc. Ma belle-mère a
68 ans. Mon mari a 39 ans.

Patrick: Mon cousin Marc a 12 ans. Mon père
s'appelle André. Ma cousine a 4 ans. Ma tante, qui
habite à Poitiers, s'appelle Thérèse.

Juliette: Ma belle-mère a 44 ans. Mon mari s'appelle
Patrick. Nous habitons à Lille. Mon beau-père a 46
ans. Mon beau-frère s'appelle Eric.

Régine: Ma cousine, qui a 4 ans, s'appelle Suzy. J'ai
un oncle qui a 39 ans. Ma grand-mère a 68 ans.
Mon grand-père s'appelle Henri.

Eric: Ma femme a 22 ans. Nous habitons à Niort.
Mon beau-père s'appelle André. Ma belle-sœur a
22 ans. Mon beau-frère a 23 ans.

Suzy: Mon grand-père s'appelle Henri. J'ai un frère
qui a 12 ans. Nous habitons à Poitiers. J'ai un oncle
qui s'appelle Franck. Mon cousin a 23 ans.

Marc: Ma tante, qui habite a Limoges, s'appelle
Hélène. Ma grand'mère a 68 ans. J'ai une sœur,
Suzy. Maman s'appelle Thérèse.

░░░░Action 4 ! ▄

1 Roger	3 Isabelle	5 Gaby	7 Annie
2 Dominique	4 Serge	6 Gilles	8 Antoine
9 Raymond			

1 C'est son oncle qui parle. Il s'appelle Roger.
Il a 32 ans et il habite à Montpellier. Il a les cheveux
roux et les yeux bleus.

2 C'est sa tante qui parle. Elle s'appelle Dominique.
Elle a 60 ans et elle habite à Saumur. Elle a les
cheveux noirs et les yeux foncés.

3 C'est sa belle-sœur qui parle. Elle s'appelle
Isabelle. Elle a 34 ans et elle habite à Toulouse. Elle
a les cheveux noirs et les yeux bleus.

4 C'est son cousin qui parle. Il s'appelle Serge.
Il a 25 ans et il habite à Marseille. Il a les cheveux
roux et les yeux foncés.

5 C'est sa tante qui parle. Elle s'appelle Gaby.
Elle a 46 ans et elle habite à Strasbourg. Elle a les
cheveux roux et les yeux gris-bleus.

6 C'est son beau-frère qui parle. Il s'appelle Gilles.
Il a 29 ans et il habite à Annecy. Il a les cheveux
blonds et les yeux gris-bleus.

7 C'est sa sœur qui parle. Elle s'appelle Annie.
Elle a 27 ans et elle habite à Beaune. Elle a les
cheveux blonds et les yeux bleus.

8 C'est son oncle qui parle. Il s'appelle Antoine.
Il a 54 ans et il habite à la Rochelle. Il a les cheveux
noirs et les yeux foncés.

9 C'est son frère qui parle. Il s'appelle Raymond. Il
a 15 ans et il habite à Paris. Il a les cheveux blonds
et les yeux foncés.

░░░░UNITE 8

░░░░Action 1 !

Il n'y a pas de pizzeria? On va manger chez
McDonald's alors!

░░░░Action 2 ! ▄

1 Croque-monsieur 9F00 + Pâtisserie 8F00 +
Bière 9F00 = 26F00

2 Sandwich 8F00 + Frites 7F00 +
Eau minérale 7F50 = 22F50

3 Steak-frites 28F00 + Café 4F50 = 32F50

4 Hamburger 12F00 + Pâtisserie 8F00 +
Jus de fruit 7F00 = 27F00

5 Hot dog 8F00 + Saucisses-frites 14F50 +
Quiche Lorraine 9F00 + Portion de frites 7F00 +
2 pâtisseries 16F00 + 3 bières 27F00 = 81F50

░░░░Action 3 !

The dialogue is basically the same , but with the
following changes.

Mr Bowler Une table pour trois. On prend le menu à
100F.

Mrs Bowler Je prends des escargots, une truite,
un biftek, des haricots verts.

Mr Bowler Je prends du potage, des moules,
du gigot, des petits pois.

Jane Je prends du potage, une omelette, du poulet
rôti, des frites.

Mr Bowler Une bouteille de vin blanc ordinaire.
Est-ce que le vin est compris?

░░░░Action 4 !

Dans un cadre confortable et reposant.
Une ambiance agréable. Ouvert tous les jours du
petit déjeuner au souper. Menus à prix fixe et menu
pour enfants. Un service rapide et attentionné. Des
tarifs spéciaux pour groupes. Des salons particuliers
de 10–50 places. Jeux pour enfants.

░░░░UNITE 9

░░░░Action 1 ! ▄

1 (La rue des Tulipes) Tournez à gauche .
2 (La rue Baronne) Tournez à droite.
3 (La rue de l'Eglise) Allez tout droit.
4 (La rue Gambetta) Tournez à droite.
5 (La rue Saint-Martin) Tournez à gauche.
6 (La rue Jean Moulin) Allez tout droit.

░░░░Action 2 !

1 Pour aller au théâtre, s'il vous plaît? Allez tout
droit. Prenez la deuxième rue à droite. Le théâtre est
sur votre droite.

2 Pour aller à l'église, s'il vous plaît? Allez tout
droit. Prenez la deuxième rue à gauche. L'église est
sur votre droite.

3 Pour aller à l'office de tourisme, s'il vous plaît?
Allez tout droit. Prenez la première rue à gauche.
L'office de tourisme est sur votre gauche.

4 Pour aller au château, s'il vous plaît? Allez tout
droit. Aux feux rouges, tournez à droite. Le château
est sur votre droite.

5 Pour aller à la poste, s'il vous plaît? Allez tout droit. Après le pont, tournez à gauche. La poste est sur votre droite.

6 Pour aller au musée, s'il vous plaît? Allez tout droit. Après le pont, tournez à droite. Le musée est sur votre droite.

7 Pour aller au stade, s'il vous plaît? Allez tout droit. Aux feux rouges, tournez à droite. Le stade est sur votre gauche.

Action 3 !

1 Prenez la N20. Continuez tout droit. Au panneau qui indique 'Limoges 180km', tournez à droite.

2 Prenez la N308. Au panneau qui indique 'Poissy 2,7km', tournez à gauche.

3 Prenez la N365. Au panneau qui indique 'Aurignac 16km', tournez à droite.

4 Prenez la N23. Au panneau qui indique 'Angers 92km', tournez à droite.

5 Prenez la N12. Au panneau qui indique 'Brest 4km', tournez à gauche.

UNITE 10

Action 4 !

BIJOUTERIE   BOUCHERIE   BOULANGERIE
BRASSERIE   BUANDERIE   CHARCUTERIE
COUSCOUSSERIE   CREPERIE   EPICERIE
FRITERIE GENDARMERIE HORLOGERIE PARFUMERIE
PATISSERIE POISSONNERIE SANDWICHERIE

UNITE 11

Action 1 !

1 B A la gare routière   5 E Dans la salle à manger
2 C Au bord de la mer   6 A Au centre de Préchac
3 F Devant la gare St Jean 7 Devant la mairie
4 G Sur la place Colbert

Action 2 !

1: G 2: E   3: B 4: H 5: A 6: D 7: I 8: C   9: F

Action 4 !

Quand il fait beau…
1 je fais du vélo
2 grand-père va à la pêche
3 nous allons à la piscine
4 ma sœur fait de l'équitation
5 mes parents jouent au golf

Quand il ne fait pas beau…
6 je regarde la télévision
7 grand-père va au cinéma
8 nous écoutons de la musique
9 ma sœur va en ville
10 mes parents font de la lecture

Action 5 !

1 Anthony et Hafid font la vaisselle.
2 Caroline, Bernard et Hafid font leurs lits.
3 Anthony et Estelle font le ménage.
4 Caroline, Bernard et Estelle font les courses.
5 Bernard et Estelle rangent leurs habits.
6 Caroline et Hafid travaillent dans le jardin.

UNITE 12

Action 1 !

2 Voici Coco le clown. Il a le visage blanc, le nez rouge, les yeux bleus, les cheveux jaunes, la bouche verte et les oreilles noires.

3 Voici Jacquot le clown. Il a le visage jaune, le nez bleu, les yeux verts, les cheveux noirs, la bouche rouge et les oreilles blanches.

Action 2 !

1 Mlle Fournier   7 Mlle Arnaud
2 M. Dalbin   8 Henri Ducros
3 Valérie Escolle   9 M. Arouche
4 Mme Barquin   10 Roger Faval
5 M. Chabrol   11 Mme Marchand
6 Mme Perrier   12 M. Ducasse

Action 4 !

Ma mère est impatiente. Mon père est intelligent. Mon frère Louis est travailleur. Ma sœur Nicole est paresseuse. Mon frère René est stupide.
Mon grand-père est patient. Ma grand-mère est intelligente. Mon oncle Pierre est impatient.
Ma tante Odile est patiente. Ma cousine Gaby est travailleuse. Mon cousin Jean est paresseux.
Mon cousin Marc est modeste.

Action 5 !

Je suis assez petit et très gros. Je suis chauve. J'ai un œil foncé et un œil bleu. J'ai une grande oreille et une petite oreille avec un long nez.
Je suis très vieux et très très beau. Je suis intelligent, patient, et travailleur. Je suis surtout très modeste.

UNITE 13

Action 1 !

1:4 2:2 3:5 4:2 5:3 6:12 7:3 8:1minute

Action 2 !

1 car   5 à dix-sept heures douze
2 avion   6 à quinze heures trente
3 bateau   7 à dix-neuf heures vingt-cinq
4 train   8 à seize heures six

Action 3 !

1 Dijon, s'il vous plaît. Un adulte et deux enfants. Aller simple. Deuxième classe.

2 Lille, s'il vous plaît. Trois adultes et un enfant. Aller et retour. Deuxième classe.

3 Marseille, s'il vous plaît. Quatre adultes et trois enfants. Aller et retour. Deuxième classe.

4 Besançon, s'il vous plaît. Deux adultes. Aller simple. Première classe.

5 Grenoble, s'il vous plaît. Cinq adultes et quatre enfants. Aller et retour. Deuxième classe.

Action 4 !

Limoges, s'il vous plaît. Deux adultes. Quatre enfants et un chien. Aller et retour. Deuxième classe.
A quelle heure part le prochain train?

UNITE 14

Action 1 !

1 M. Milani va à la Banque de France. Elle se

trouve dans la rue Gambetta.

2 Mme Cordelle va à la Banque Nationale de Paris. Elle se trouve dans la rue Clémenceau.

3 Mlle Banneau va à la Banque Populaire. Elle se trouve dans la rue La Fleur.

4 M. Hamid va au Crédit Agricole. Il se trouve dans la rue Trénac.

5 Michel Cartier va à la Société Générale. Elle se trouve dans la rue Martignac.

6 Nadine Lacombe va au Crédit Lyonnais. Il se trouve dans la rue Montesquieu.

7 Marcel Crayssac va à la Banque Courtois. Elle se trouve dans la rue St Jean.

///// Action 2 !

1 A une radio-cassette   E un four à micro-ondes
   B un appareil photo   F un ordinateur
   C un caméscope   G un téléviseur
   D une cuisinière

2 Combien coûte ...
   1 l'appareil photo?   2 l'ordinateur?
   3 la radio-cassette?   4 le téléviseur?
   5 le caméscope?   6 le four à micro-ondes?
   7 la cuisinière?

3 A 1205F   B 1490F   C 5999F   D 3540F
   E 1475F   F 2955F   G 2490F

///// Action 3 !

1 Toi: Je voudrais changer des chèques
              de voyage.
   Caissier: Combien, s'il vous plaît?
   Toi: Trois.
   Caissier: De quelle valeur?
   Toi: De cinquante livres sterling.
   Caissier: Merci. Vous voulez les signer?
   Toi: Voilà.
   Caissier: Votre passeport?
   Toi: Le voilà.
   Caissier: Merci.

2 Toi: Mon père voudrait changer des chèques
              de voyage.
   Caissier: Combien, s'il vous plaît?
   Toi: Cinq.
   Caissier: De quelle valeur?
   Toi: De cinquante livres sterling.
   Caissier: Merci. Vous voulez les signer?
   Toi: Voilà.
   Caissier: Votre passeport?
   Toi: Le voilà.
   Caissier: Merci.

3 Toi: Ma mère voudrait changer des
              chèques de voyage.
   Caissier: Combien, s'il vous plaît?
   Toi: Quatre.
   Caissier: De quelle valeur?
   Toi: De cent livres sterling.
   Caissier: Merci. Vous voulez les signer?
   Toi: Voilà.
   Caissier: Votre passeport?
   Toi: Le voilà.
   Caissier: Merci.

4 Toi: Je voudrais changer de l'argent,
              s'il vous plaît.

   Caissier: Combien?
   Toi: Soizante-quinze livres sterling.

///// Action 4 !

2 Mme Cordelle 'Je voudrais retirer quatre cent cinq francs, s'il vous plaît.'

3 Mme Banneau 'Je voudrais retirer quatre cent vingt francs, s'il vous plaît.'

4 M. Hamid 'Je voudrais retirer trois cent cinquante francs, s'il vous plaît.'

5 Michel Cartier 'Je voudrais retirer sept cent quarante francs, s'il vous plaît.'

6 Nadine Lacombe ' Je voudrais retirer mille deux cent vingt francs, s'il vous plaît.'

7 Marcel Crayssac 'Je voudrais retirer six cent dix francs, s'il vous plaît.'

///// Action 5 !

M. Milani voudrait acheter un appareil photo qui coûte 1 490F: il va à la Banque de France, qui se trouve dans la rue Gambetta, pour retirer 570F.

Mme Cordelle voudrait acheter un ordinateur qui coûte 2 955F: elle va à la BNP, qui se trouve dans la rue Clémenceau, pour retirer 405F.

Mlle Banneau voudrait acheter une radio-cassette qui coûte 1 205F: elle va à la Banque Populaire, qui se trouve dans la rue La Fleur, pour retirer 420F.

M. Hamid voudrait acheter un téléviseur qui coûte 2 490F: il va au Crédit Agricole, qui se trouve dans la rue Trénac, pour retirer 350F.

Michel Cartier voudrait acheter un caméscope qui coûte 5 999F: il va à la Société Générale, qui se trouve dans la rue Martignac, pour retirer 740F.

Nadine Lacombe voudrait acheter un four à micro-ondes qui coûte 1 475F: elle va au Crédit Lyonnais, qui se trouve dans la rue Montesqieu, pour retirer 1 220F.

Marcel Crayssac voudrait acheter une cuisinière qui coûte 3 540F: il va à la Banque Courtois, qui se trouve dans la rue St. Jean, pour retirer 610F.

UNITE 15

///// Action 1 !

1 Lundi: le club de gymnastique. Mardi: le club de danse. Mercredi: le club d'équitation. Jeudi: le club de natation. Vendredi: le club d'athlétisme. Samedi: le club de poids et haltères.

2 Chef: Qu'est-ce qu'il fait le lundi?
   Interviewer: Le lundi il va au club de gymnastique.
   Chef: Qu'est-ce qu'il fait le mardi?
   Interviewer: Le mardi il va au club de danse.
   Chef: Qu'est-ce qu'il fait le mercredi?
   Interviewer: Le mercredi il va au club d'équitation.
   Chef: Qu'est qu'il fait le jeudi?
   Interviewer: Le jeudi il va au club de natation.
   Chef: Qu'est qu'il fait le vendredi?
   Interviewer: Le vendredi il va au club d'athlétisme.
   Chef: Qu'est qu'il fait le samedi?
   Interviewer: Le samedi il va au club de poids et haltères.

Action 2!

1 In Mimizan, on the beach called the Plage du Courant at the end of the car park.
2 7.
3 4.
4 Keep fit.
5 Games, bathing, competitions.
6 One free day at the club for one child.

Action 3!

1 Yves
2 Patrick
3 Ghislaine
4 Manjit
5 Guy
6 Anne-Marie
7 Juliette
8 Bernard
9 Ahmed
10 Denis

Action 4!

1 Isabelle: swimming club – every day; dancing club – once a month.
2 Franck: horse-riding club – twice a month; weight-lifting club – every Tuesday.
3 Chantal: athletics club – every Monday; swimming club – every Thursday.
4 Jacqueline: gym club – every Saturday; horse-riding club – every Sunday.
5 Hassan: swimming – every Wednesday; athletics club – every Friday.
6 Arnaud: gym club – once a week; weight-lifting club – from time to time.

Action 5!

1 1 Club de philatélie.
   2 Club de gymnastique.
   3 Club numismatique.
   4 Club de modélisme.
   5 Club des jeunes.
   6 Club de théâtre.
   7 Club d'équitation.
   8 Club d'athlétisme.
   9 Club d'informatique.
   10 Club de poids et haltères.
   11 Club de danse.
   12 Club de natation.

2 1 Jean-François fait partie du club de philatélie, parce que ça l'intéresse de collectionner des timbres-poste.
   2 Pierre fait partie du club de gymnastique, parce qu'il aime faire de la gymnastique.
   3 Serge fait partie du club numismatique, parce que ça l'intéresse de collectionner les pièces de monnaie.
   4 Marianne fait partie du club de modélisme, parce que ça l'intéresse de faire des modèles réduits.
   5 Rolande fait partie du club des jeunes, parce qu'elle aime écouter de la musique et jouer au tennis de table.
   6 Suzy fait partie du club de théâtre, parce que ça l'intéresse de jouer dans des pièces de théâtre.
   7 Nicole fait partie du club d'équitation, parce qu'elle ne sait pas monter à cheval et elle voudrait apprendre.
   8 Alain fait partie du club d'athlétisme, parce qu'il aime courir et sauter.
   9 Hélène fait partie du club d'informatique, parce que ça l'intéresse de programmer des ordinateurs.
   10 Régine fait partie du club de poids et haltères, parce qu'elle aime faire travailler ses muscles.
   11 Philippe fait partie du club de danse, parce qu'il ne sait pas danser et il voudrait apprendre.
   12 Roger fait partie du club de natation, parce qu'il ne sait pas nager et il voudrait apprendre.

UNITE 16

Action 1!

1 Le chat de Danielle s'appelle Marmelade. Il a trois mois. Il est gentil.
2 Le chien de Madeleine s'appelle Okam. Il a cinq ans. Il est paresseux.
3 Le chien de Valérie s'appelle Naro. Il a neuf mois. Il est gentil.
4 Le chat de Lucien s'appelle Kooky. Il a quinze ans. Il est méchant.
5 Le chat de Stéphane s'appelle Vilain. Il a six mois. Il est paresseux.
6 Le chat de Boudjéma s'appelle Peer Gynt. Il a quatre ans. Il est intelligent.
7 Le chien de René s'appelle Rocky. Il a deux ans. Il est intelligent.
8 Le chien de Thierry s'appelle Ludo. Il a trois ans. Il est méchant.

Action 2!

J'ai un poisson rouge, qui s'appelle Tibérius. Il a soixante-seize ans. Il est méchant. Il fait de la gymnastique tous les mercredis.

Action 3!

1 Si vous voulez voir des tigres, visitez le Parc Zoologique de Champrepus.
2 Si vous voulez voir des papillons, visitez La Serre aux Papillons.
3 Si vous voulez voir des requins, visitez l'Aquarium de La Rochelle.
4 Si vous voulez voir des oiseaux exotiques, visitez le Parc de Beauvais.
5 Si vous voulez voir des insectes, visitez le Monde Vivant des Insectes.

Action 4!

1 26 May–14 June: 14.00–18.30. 15 June–2 September: 10.00–19.30.
2 By appointment, after 10.00.
3 The calves, the lambs, the kids.

UNITE 17

Action 1!

1 1 25F 2 320F 3 200F 4 320F 5 250F 6 99F 7 110F 8 40F 9 150F

2 1 Il ne coûte que 25F. 2 Il ne coûte que 320F. 3 Elle ne coûte que 200F. 4 Il ne coûte que 320F. 5 Elles ne coûtent que 250F. 6 Elle ne coûte que 99F. 7 Il ne coûte que 110F. 8 Elles ne coûtent que 40F. 9 Il ne coûte que 150F.

Action 2!

a) *Cliente:* Combien coûte cette robe verte, s'il vous plaît?
    Grisbi: Elle coûte deux cent cinquante francs.
    Cliente: Je la prends.
b) *Client:* Combien coûtent ces baskets rouges, s'il vous plaît?
    Grisbi: Deux cents francs.
    Client: Je les prends.
c) *Client:* Combien coûte ce pantalon noir?
    Grisbi: Trois cent cinquante francs.

Client: Je le prends.

d) *Cliente:* Combien coûtent ces chausettes blanches?

Grisbi: Quarante-huit francs.

Cliente: Je les prends.

UNITE 18

//// Action 1!
1 h   2 b (or i or j)   3 f   4 d   5 g   6 m
7 k   8 i (or j)   9 e   10 a   11 c   12 j (or i)   13 l

//// Action 2!
a) Qu'est-ce que tu as envie de faire pendant les vacances? Et bien moi, je voudrais faire de l'équitation. D'accord! Allons à Vincennes!

b) Qu'est-ce que tu as envie de faire pendant les vacances? Et bien, moi je voudrais faire du canoë-kayak. D'accord! Allons à Orléans!

c) Qu'est-ce que tu as envie de faire pendant les vacances? Et bien, moi je voudrais faire de l'escalade. D'accord! Allons à Chamonix!

d) Qu'est-ce que tu as envie de faire pendant les vacances? Et bien, moi je voudrais faire de la planche à voile. D'accord! Allons à la Rochelle!

e) Qu'est-ce que tu as envie de faire pendant les vacances? Et bien, moi je voudrais faire de la voile. D'accord! Allons à Gassin!

f) Qu'est-ce que tu as envie de faire pendant les vacances? Et bien, moi je voudrais faire de la plongée sous-marine. D'accord! Allons à Port Cros!

g) Qu'est-ce que tu as envie de faire pendant les vacances? Et bien, moi je voudrais faire du cyclotourisme. D'accord! Allons à Segonzac!

h) Qu'est-ce que tu as envie de faire pendant les vacances? Et bien, moi je voudrais faire du parachutisme. D'accord! Allons à Bergerac!

//// Action 3!
Carole va aller à Bergerac. Elle a envie de faire du parachutisme. Laurent va aller à La Rochelle. Il a envie de faire de la planche à voile. Sabine va aller à Vincennes. Elle a envie de faire de l'équitation. Jean-Claude va aller à Gassin. Il a envie de faire de la voile. Luc va aller à Chamonix. Il a envie de faire de l'escalade. François va aller à Port Cros. Il a envie de faire de la plongée sous-marine. Caroline va aller à Segonzac. Elle a envie de faire du cyclotourisme. Françoise va aller à Orléans. Elle a envie de faire du canoë-kayak.

//// Action 4!
The travel agent's questions stay the same. Here are the answers given by the clients. *Mr Gilligan:*
On a envie de passer les vacances à la campagne. On veut camper. Je préfère louer une voiture.

Mrs Briggs: On a envie de passer les vacances à la montagne. On veut louer un gîte. Je préfère prendre le car.

//// Action 5!
1 Rail, air, boat, coach.
2 For groups of students, charters.
3 Residential, package tours.

4 France and abroad.
5 By the sea, in the mountains, in France and abroad.
6 Cruises, car hire, hotel reservations, holidays, on credit, estimates.

//// Action 6!
Je voudrais passer mes vacances à la campagne. J'ai envie de faire de l'escalade. On veut loger à l'hôtel. Je préfère louer une voiture. Allons en France.

UNITE 19

//// Action 1!
1	les artichauts	10	les melons
2	les asperges	11	les oignons
3	les bananes	12	les oranges
4	les carottes	13	les pêches
5	les cerises	14	les poires
6	les champignons	15	les pommes
7	les choux-fleurs	16	les pommes de terre
8	les fraises	17	les radis
9	les haricots verts	18	les tomates

//// Action 2!
1 Thierry achète un litre de lait, une bouteille de sirop et 12 petites bouteilles de bière.

2 Mlle Frankeau achète une grande bouteille de coca-cola, deux litres de lait et deux bricks de jus d'orange.

3 Jules Bécaud achète 500g de café, deux grandes bouteilles de coca-cola et deux bouteilles de vin rouge.

4 Valérie achète deux bouteilles de sirop, 24 petites bouteilles de bière et deux bouteilles de vin rouge.

5 M. Dautun achète trois bouteilles de vin rouge, 500g de café et deux bouteilles de sirop.

//// Action 3!
1 Bananes; carottes; champignons; fraises; oignons; oranges.

2 Non je regrette je n'ai pas de bananes, de carottes, de champignons, de fraises, d'oignons, ni d'oranges.

//// Action 4!
1 1 Les oignons sont trop gros.
Vous avez des plus petits?
2 Les pommes sont trop grosses.
Vous avez des plus petites?
3 Les melons sont trop petits.
Vous avez des plus gros?
4 Les poires sont trop petites.
Vous avez des plus grosses?
5 Les champignons sont trop chers.
Vous avez des moins chers?
6 Les tomates sont trop chères.
Vous avez des moins chères?

2 Les oranges sont trop chères. Les artichauts sont trop chers. Les choux-fleurs sont trop gros. Les pêches sont trop grosses. Les prunes sont trop petites. Les radis sont trop petits.

UNITE 20

//// Action 1!
1 1 To give him details of his trip to England.

2 Tuesday, 6th July
3 By boat.
4 It's too expensive.
5 His dad is taking him.
6 10.30
7 12.40
8 Eat.
9 13.45
10 15.00
11 By train.
12 16.50
13 Whether David can meet him at the station.

2 Your letter should look very like this.
(Your address and the date)
Cher\chère (name of your pen-friend)
Je t'écris pour te donner les détails de mon voyage chez toi. Je vais venir le vendredi 6 août. Je vais prendre l'avion, parce qu'il y a des réductions pour les étudiants. Ma mère va m'amener d'abord à la gare, et je vais prendre le train de 15h45 pour Gatwick à 16h30. Mon avion part à 18h15, et il arrive à Beauvais à 19h00. Est-ce que tu peux venir me chercher? A bientôt.
Amitiés de ton ami(e)
(Your name)

Action 2! 📼
1 H 2 E 3 C 4 F 5 A   6 D   7 B   8 G

Action 3!
Your article should include the following points: Patrice Coste is 14. He lives in a small house in a street called Chemin de la Roche. Birthday: 26 January. Father: Gérard, milling machine operator. Mother: Brunette, office employee. Brother: Christophe, 17. No sisters. Dog: Maty, 2. 60F per week pocket money. For it, expected to tidy room, do washing up, work well at school. Likes school, goes by moped (15 minutes). Favourite subject: French. Hobby: walking in mountains. Favourites dish: steak and chips; drink: water; male singer: Jason Donovan; female singer: Sandra Spania; group: Dire Straits; colour: red.

Action 4!
HORIZONTALEMENT 1 fruit 3 raisin 9 bon 11 France 14 bal 15 oui 16 loin 17 ils 20 mais 21 si 22 peu 23 livres 24 lit 25 appelle 28 moi 30 noires 32 ta 33 non 34 grande 37 si 38 ton 40 ta 42 animal 46 il 47 ils 48 se 49 encore 50 est
VERTICALEMENT 2 un 4 anniversaire 5 ici 6 se 7 natation 8 il 9 boulangerie 10 ou 12 rose 13 ai 16 lire 18 le 19 avion 22 plat 26 porte 27 le 28 matière 29 on 31 sel 35 nous 36 dans 39 aller 41 ans 43 nous 44 rue 45 mes

UNITE 21

Action 1!
Your letter should contain the following points: The school is called Le Collège de la Plaine, Lavardac. School starts at 8.35 and finishes at 17.10. Lunch break – 12.35–14.00. No school on Wednesday afternoon or Saturday and Sunday. Holidays: Christmas – 2 weeks; Easter – 2 weeks; summer – 9 weeks. 8 days for public holidays.

Action 2! 📼
Mercredi 2 – les mathématiques. Vendredi 6 – l'éducation physique. Mardi 5 – l'anglais. Lundi 6 – la biologie. Mardi 2 – l'allemand. Lundi 3 – le français. Mercredi 1 – la géographie. Vendredi 7 – l'informatique. Jeudi 7 – l'histoire. Jeudi 4 – la physique. Lundi 5 – le dessin.

Action 3!
J'aime l'allemand – je suis moyen. Je déteste l'anglais mais je suis moyen. Je n'aime pas la biologie, mais je suis fort. Le dessin est ma matière préférée, et je suis moyen. J'aime l'éducation physique. Je suis moyen. Je déteste le français, mais je suis moyen. Je n'aime pas la géographie mais je suis moyen. J'aime l'histoire. Je suis moyen. Je n'aime pas l'informatique, mais je suis moyen. Je n'aime pas les maths et je suis nul. J'aime la physique, mais je suis faible.

Action 4!
Your article should include the following points: football (matches Saturday afternoon, training Wednesday afternoon) computer club, chess club (between 12.35–2.00 played in groups), bridge club, painting and drawing club, sports club (parallel bars, volleyball, basketball, putting the weight, running, handball, rugby, floor gymnastics, body building), music club.

UNITE 22

Action 1! 📼
1 1 Christophe – par semaine
2 Laurent – par semaine
3 Francesca – par semaine
4 Richard – par semaine
5 Gérard – par mois
6 Aziza – par mois
7 Josiane – par semaine
8 Chantal – par semaine
9 Hafid – par mois
2 Hafid reçoit 200F par mois. Laurent reçoit 70F par semaine. Chantal reçoit 110F par semaine. Gérard reçoit 400F par mois. Josiane reçoit 100F par semaine. Richard reçoit 50F par semaine. Francesca reçoit 20F par semaine. Aziza reçoit 80F par mois. Christophe reçoit 30F par semaine.

Action 2!
Richard travaille à la station service. Chantal travaille dans un supermarché. Aziza travaille au marché. Christophe travaille dans un café. Josiane travaille chez un fleuriste. Hafid travaille dans un camping. Gérard travaille à la maison de la presse. Francesca travaille dans une boulangerie-pâtisserie. Laurent travaille sur l'autoroute.

Action 3!
Comme argent de poche, Christophe reçoit 30F par semaine. Pour gagner un peu d'argent, il travaille dans un café. Avec son argent, il préfère acheter des cassettes et des disques.

Action 4!
Gérante:	Allô?
Toi:	C'est le supermarché Unico?
Gérante:	Oui.
Toi:	C'est pour le job comme caissier/caissière monsieur.

Gérante:	Ça vous intéresse?
Toi:	Oui. Vous payer combien de l'heure Madame?
Gérante:	Trente francs de l'heure.
Toi:	Quels sont les horaires, s'il vous plaît?
Gérante:	C'est surtout le week-end. C'est possible?
Toi:	Oui mais seulement le samedi entre neuf heures et dix-sept heures.
Gérante:	Ça va. Pas de problème. Quel est votre nom?
Toi:	(your name)
Gérante:	Quel âge avez-vous?
Toi:	J'ai … ans.
Gérante:	Votre numéro de téléphone?
Toi:	C'est le…
Gérante:	Vous pouvez commencer samedi prochain?

UNITE 23

//// Action 1 ! 📼

A Lucienne – Quimper (Il fait chaud)
B Mlle Dauba – Rouen (Il fait du brouillard)
C Jacques – Bar-le-Duc (Il fait du vent)
D Mme Larrat – Nantes (Il neige)
E Geneviève – Bourges (Il ne fait pas beau)
F Jean-Paul – Besançon (Il pleut)
G M. Hacquard – Bordeaux (Il fait froid)
H Pierre Ducours – Toulouse (Il fait beau)
I Rachid – Avignon (Il fait du soleil)

//// Action 2 !

1 Les Anglais   1 73 05 77 46. An exhibition of regional products. A bowls competition.
2 20.00. A meal. A dance.
3 Barbaste. Friday 9th August.
4 Liars. Regional products. A 'country' meal. Folk music.
5 No – only if you want the soup. 5–6 km. 21.30. Accompanied by music. A soup with cheese is served. Torches.
6 Melon-pip spitter.
2 Les Français   1 chaud 2 vent 3 chaud 4 pleut 5 brouillard

//// Action 3 !

– La Fête des Menteurs, c'est quel jour?
– Le dimanche.
– Le 4 août alors?
– Oui.
– Où est-ce que ça déroule?
– A Moncrabeau.
– A quelle heure?
– A quinze heures.
– Tu as le numéro de téléphone pour avoir des renseignements?
– Oui, c'est le 54 65 45 10.

UNITE 24

//// Action 1 ! 📼

1 Les Ligier: three adults, one child, one night.
2 Les Baillet: two adults, two children, five nights.
3 Les Payrat: two adults, three children, four nights.
4 Les Bosselli: five adults, four children, three nights.
5 Les Chana: three adults, three children, four nights.
6 Les Narran: four adults, two children, two nights.

//// Action 2 !

Your version may vary slightly where you describe the rooms you want.

M. Narran:	Vous avez des chambres de libre?
Hôtelier:	Bien sûr. Que voulez-vous comme chambres?
M. Narran:	Nous sommes quatres adultes et deux enfants. On a besoin de deux chambres pour deux personnes (avec douche) et d'une chambre pour deux personnes, avec salle de bain.
Hôtelier:	Pour combien de nuits, s'il vous plaît?
M. Narran:	Pour deux nuits.
Hôtelier:	Pas de problème monsieur.
M. Narran:	Combien coûtent les chambres?
Hôtelier:	La chambre pour une personne coûte cent vingt francs; la chambre pour deux personnes coûte cent soixante-quinze francs.
M. Narran:	Est-ce que le petit déjeuner est compris?
Hôtelier:	Oui, monsieur.
M. Narran:	D'accord.
Hôtelier:	Votre nom, s'il vous plaît?
M. Narran:	Narran.

//// Action 4 !

Mme Bosselli:	Vous avez de la place monsieur?
Gardien:	Vous êtes combien madame?
Mme Bosselli:	Nous sommes cinq adultes et quatre enfants.
Gardien:	Pour combien de nuits?
Mme Bosselli:	Trois.
Gardien:	Qu'est-ce que vous avez comme équipement?
Mme Bosselli:	Nous avons deux caravanes et trois tentes. Et deux voitures, bien sûr.
Gardien:	Ça va aller, oui. Vous voulez le branchement électrique?
Mme Bosselli:	Merci, non. Pour le bloc sanitaire, s'il vous plaît?
Gardien:	Tout droit et le deuxième chemin à droite.
Mme Bosselli:	Vous avez un restaurant?
Gardien:	Le troisième chemin à gauche. Le restaurant est sur votre droite.

//// Action 5 !

M. Chana:	Vous avez de la place pour nous s'il vous plaît?
Gardien:	Vous êtes combien?
M. Chana:	Six. C'est-à-dire trois adultes et trois enfants.
Gardien:	Pour combien de nuits?
M. Chana:	Quatre.
Gardien:	Ça va, oui, pas de problème. Vous voulez le petit déjeuner?
M. Chana:	Non, merci.
Gardien:	Le repas du soir?
M. Chana:	Ça coûte combien?
Gardien:	Quarante francs.
M. Chana:	Oui, s'il vous plaît.
Gardien:	Vous voulez louer des sacs de couchage?
M. Chana:	Non.

Action 6!

Your letter should include the following points:
Rando-vélo is a scheme by which you can hire a
bike a the Beaulieu Youth Hostel. It costs 1750F for
10 days, from the Saturday evening meal to
breakfast on Tuesday, on dates in July and August.
The price includes full board, 10 nights in youth
hostels, hire of the bike, and a guide. Each day you
do 40–50kms on 10-speed bikes, which have two
saddle bags for your things, and the day's food.
Everyone helps to prepare the evening meal.
You need to bring a sleeping-bag, a raincoat or
cape, a water-bottle, tennis shoes, a change of
clothes, sun cream – and a sense of humour!

UNITE 25

Action 1!

Lundi il mangera un McFromageburger.
Mardi il mangera un McSaucissonburger.
Mercredi il mangera un McPoissonburger.
Jeudi il mangera un McBœufburger.
Vendredi il mangera un McFritesburger.
Samedi il mangera un McHamburgerburger.
Dimanche il mangera un McOmeletteburger.

Action 2!

1 Brigitte C B B; Daniel B C A; Jean-Christian
A B B; Louise B A C; Patrice A A A

2 Brigitte habitera dans un château en France;
elle voyagera en Afrique et elle achètera des habits
à la mode. Daniel habitera dans un ranch aux Etats-
Unis; il voyagera sur la lune et il achètera une grande
voiture. Jean-Christian habitera dans une grande
maison en Angleterre; il voyagera en Afrique et il
achètera des habits à la mode. Louise habitera dans
un ranch aux Etats-Unis; elle voyagera en Europe et
elle achètera des millions des disques. Patrice habitera
dans une grande maison en Angleterre; il voyagera
en Europe et il achètera une grande voiture.

Action 3!

Madame Soleil. For a personalised daily horoscope.
3F65 per call. Date of birth.

Action 5!

Poissons; Balance; Scorpion; Sagittaire; Gémeaux;
Vierge; Verseau; Bélier; Cancer; Taureau; Lion;
Capricorne.

Action 6!

1 Chantal – E Patrick   2 Franck – C Valérie
3 Yvette – A Frédéric   4 Jacquot – F Suzy
5 Marie-Line – D Eric   6 Bruno – B Ghis

UNITE 26

Action 1!

2 5 J'ai mal au doigt! 6 J'ai mal à la jambe! 7 J'ai mal
à la langue! 8 J'ai mal à l'épaule! 9 J'ai mal aux
yeux! 10 J'ai mal au genou! 11 J'ai mal au cou (à la
gorge)! 12 J'ai mal au nez! 13 J'ai mal à la main!
14 J'ai mal au ventre! 15 J'ai mal au coude!
16 J'ai mal à l'œil! 17 J'ai mal au pied!

18 J'ai mal à la bouche!

Action 2!

1 C   2 A   3 B   4 E   5 D

Action 3!

1 *Docteur:* Ça ne vas pas?
   Toi: C'est ma mère qui est malade, docteur.
   Docteur: Ah? Qu'est-ce qu'elle a?
   Toi: Elle a mal au ventre et elle a la diarrhée.
   Docteur: Elle a une indigestion peut-être…
2 *Docteur:* Ça ne va pas?
   Toi: C'est mon ami(e) qui est malade, docteur.
   Docteur: Ah? Qu'est-ce qu'il/elle a?
   Toi: Il/elle a mal à la tête et mal aux yeux.
   Docteur: Il/elle a une insolation peut-être…

Action 4!

1 Join A – 4 B – 3 C – 1 D – 2
2 Client(e) 1 Une ampoule au pied.
  Client(e) 2 Une piqûre de guêpe.
  Client(e) 3 La diarrhée.
  Client(e) 4 Le mal de gorge.

Action 5!

Guy: A mal à la gorge B un rhume C du sirop
Ghislaine: A mal au bras B une piqûre de guêpe
C une crème
M Dautun: A de la fièvre B la grippe
C des comprimés
Mme Fillol: A mal au pied B une ampoule au pied
C du sparadrap

UNITE 27

Action 1!

1 1 30 litres of unleaded. Please check the oil.
   2 Fill it up with 4 star. Is this the Nérac road?
   3 25 litres of diesel. Please check the tyres.
2 a) Mme Fuentes: 30 litres of 4 star; check the oil.
   b) M. Lamotte: Fill it up with diesel; is this the
   Bordeaux road?
   c) Jean Tarozzi: 20 litres of unleaded; check the tyres.
3 a) Le plein de sans plomb. Voulez-vous vérifier les
   pneus?
   b) Trente litres de gas-oil. C'est bien la route de
   Nérac?
   c) Vingt litres de super. Voulez-vous vérifier l'huile?

Action 3!

Your article should include the following points:
You usually find them at 4 km intervals (2 km on the
motorway); a sign indicates the nearest one. You need
only to push a button, wait for an answer, and speak.
Say where you are speaking from; where the accident
took place and the direction of the traffic; how many
vehicles are involved; possible number of injured
(what state they are in, do they need to be got out of
their vehicles, etc.). Don't ever cross the motorway;
step clear of the road to phone; don't cross four-lane
highways – there are phones on both sides.

Action 4!

In each dialogue, the three questions of the
breakdown mechanic remain the same. This is what
the drivers say in reply:

1 Le moteur chauffe. Une Citroën rouge, immatriculation G956 SYG. Sur la N25 à 15 km au nord d'Amiens.

2 Une panne d'essence. Une Renault jaune, immatriculation 3726 MT 33. Sur la D836 à 10 km à l'ouest de Bordeaux.

3 J'ai un pneu crevé. Une Rover noire, immatriculation J43 MUM. Sur la A61 à 25 km à l'est de Carcassonne.

4 Le moteur ne démarre pas. Une Ford verte, immatriculation 8432 BF 49. Sur la N157, à 20 km au nord de Limoges.

UNITE 28

///// *Action 1*!

1j 2f 3a 4i 5c 6l 7h 8k 9e 10g 11b 12d

///// *Action 2*!

Nous écouterons des cassettes, si Bruno apporte sa radio-cassette. Nous irons à la pêche, si je trouve ma canne à pêche. Nous ferons des dessins, si nous avons du papier. Nous ferons du vélo, si le vélo de Bruno marche. Nous jouerons avec des jeux-vidéos, si papa me prête son ordinateur. Nous regarderons la télévision, s'il y a un bon programme. Nous draguerons les filles, si on va en ville. Nous ferons le devoir d'espagnol pour l'école, si nous avons le temps.

///// *Action 3*! 📼

Anthony et Eric joueront avec des jeux-vidéos. Sophie, Sabine et Eric regarderont la télévision. Christine, Sophie et Cathy feront du vélo. Mohammed et Christophe feront leurs devoirs pour l'école. Mohammed et Anthony iront à la pêche. Christine et Christophe feront des dessins. Sabine et Cathy écouteront des cassettes.

///// *Action 4*!

René: Qu'est-ce que tu aimes regarder à la télé, toi?
Bernard: J'aime bien les documentaires.
René: Il y a les Grands Déserts.
Bernard: Sur quelle chaîne?
René: France2.
Bernard: A quelle heure?
René: A 15h55.
Bernard: Et toi René qu'est-ce que tu aimes regarder à le télé?
René: Moi j'aime les actualités.
Bernard: Il y a le Journal…
René: A quelle heure?
Bernard: A 20h00.
René: Sur quelle chaîne?
Bernard: TF1.

///// *Action 5*!

Saturday morning – moped ride; 12.00 – picnic on canal bank; 2/3pm – walk in the woods; 4pm – snack; 5pm – go home, chat, evening meal; Sunday morning – by moped to Aiguillon; 12.00 – picnic in forest; about 3pm – swimming pool; about 6pm – evening meal; evening – English homework.

UNITE 29

///// *Action 1*!

2 a) Je voudrais envoyer des cartes postales aux Etats-Unis.
b) Je voudrais envoyer une lettre recommandée en Allemagne.
c) Je voudrais envoyer un paquet en Grande-Bretagne.

///// *Action 2*! 📼

1 4 un timbre à un franc quatre-vingts 5 un timbre à un franc soixante-dix 6 un timbre à deux francs vingt
2 A Arnaud B Mme Breuil C Denis

///// *Action 3*!

Your notes should include the following points:
Name : Sandrine; age: 15; birthday: 4 February; lives: Barbaste, SW France in a village with two food shops, baker's, two butcher's, bar-tabac, newsagent's, mairie, Henry IV's castle, Roman bridge over river Gélise. Beautiful, likes it. Bird park, pony club. Small house (kitchen, living room, three bedrooms, bathroom). Big garden. Brother: Jacques, 16. Sisters: Laurence, 17; Françoise, 13. Dog: Naro (small, white, nice). Father: Henri (tall, handsome, blond, blue eyes, unemployed). Mother: shop assistant in supermarket. School: la Plaine, Lavardac; five minutes away on moped. Quite likes school. Favourite subjects: History (good); English (average); Art. Nine weeks' summer holiday. 8.35am too early to start! Computer studies club. Would like to spend holidays camping at seaside (if wins jackpot in hotel at Euro-Disney). Favourite hobby: swimming. Goes to Martinet lake (swings, bar). Would like to go to England. Likes grilled sardines, watching TV (soaps, cartoons), walking and picnics in forest. Tennis club twice a week. 30F pocket money (tidies room, washes up). Two days a week petrol pump attendant (25F an hour). Buys records.

///// *Action 4*!

1 (Date)
Monsieur,
Je voudrais réserver des chambres à votre hôtel du 10 octobre au 15 octobre. Nous sommes un adulte et trois enfants. Nous voudrions deux chambres à une personne avec douche et une chambre à deux personnes avec douche. Je voudrais savoir les prix des chambres et si le petit déjeuner est compris. Veuillez agréer, monsieur, l'assurance de mes sentiments distingués, (signature)

2 (Date)
Madame,
Je voudrais réserver un emplacement dans votre camping du 30 mai au 3 juin. Nous sommes trois adultes et deux enfants. Nous avons une voiture et trois tentes. Je voudrais savoir le prix de l'emplacement et si vous avez un restaurant dans le camping.
Veuillez agréer, madame, l'assurance de mes sentiments distingués, (signature)

3 (Date)
Monsieur,
Je voudrais réserver des places dans votre auberge

de jeunesse du 23 août au 28 août. Nous sommes deux adultes (dont un homme et une femme) et quatre enfants (dont trois garçons et une fille). Je voudrais savoir le prix des places et si on peut avoir le petit déjeuner.

Veuillez agréer, monsieur, l'assurance de mes sentiments distingués, (signature)

UNITE 30

Action 1!

1 Tout ce que j'aime: Paulette Lejeune
2 A cause de lui: Télégraphe
3 Encore une fois: Jean-Jacques Feldman
4 La première fois: Axel Briand
5 Jamais, jamais: Nils Kershore
6 Débranche: Sticks
7 Jeanne la féline: Nathalie
8 Suzanne: Patricia Mas
9 I wonder when: Roland Lahaye
10 Que c'est beau: Martine Bachelet
11 Bravo le dragueur: Stevie Delon
12 Viens te faire chahuter: Charlie X
13 La folie anglaise: Les Charlots
14 Je t'ai pas touchée: Metropolis
15 Les Yehs Yehs: Johnny Holliday
16 Oublie-le: Michèle Sébastien
17 Chaque matin: Etienne Lavoine
18 Le plus sauvage: Horoscope
19 Je suis seule: Billie
20 I want you back: Radio Show

Action 2!

1 Tom Breon joue du trombone
2 Clair Enett joue de la clarinette
3 Vi Loon joue du violon
4 Lû Fet joue de la flûte
5 A Snobs joue du basson
6 Bert Seconsa joue de la contrebasse
7 Tom Petter joue de la trompette
8 A Tub joue du tuba
9 Sophe Naxo joue du saxophone
10 H Pera joue de la harpe
11 T Hul joue du luth
12 Reg Taui joue de la guitarre
13 Pa Nio joue du piano
14 Ron Deacco joue de l'accordéon
15 Monica Har joue de l'harmonica

Action 3! ▣

1 Martin – Yvette – Jazz – 21.00 – Café – 20.00
Alain – René – Pop – 22.00 – Restaurant – 19.30
Gilbert – Michelle – Classique – 20.30 – la gare – 20.15
Odette – Jacques – Folk – 20.00 – Gare routière – 19.45

2 *e.g. Alain:* René – est-ce que tu as envie d'aller à un concert de musique pop ce soir?
René: Oui je veux bien. C'est à quelle heure?
Alain: A vingt-deux heures.
René: Où est-ce qu'on se rencontre?
Alain: Au restaurant? A quelle heure?
René: A dix-neuf heures trente?

UNITE 31

Action 1!

A4   B9   C2   D3   E8   F5   G1   H7   I6

Action 2! ▣

Anthony a vu une animation western. Franck a vu beaucoup d'animaux et d'oiseaux. Franck a campé à la ferme. Carole a dansé. Rachid a vu des dinosaures. Sophie a fait de l'équitation. Sophie a joué au golf. Rachid a fait du karting. Gaby a fait du kayak. Rachid a joué au mini-golf. Anthony a pêché. Sophie a loué un pédalo. Carole a joué à la pétanque. Franck a fait des pique-niques. Anthony a mangé au restaurant. Carole a joué au tennis. Gaby a fait du tir-à-l'arc. Gaby a loué un vélo.

Action 3!

Anthony a visité l'Etang de la Faïencerie. Il a fait de la pêche. Il a vu une animation western et il a mangé au restaurant. Carole aussi a visité l'Etang de la Faïencerie. Elle a joué à la pétanque, elle a joué au tennis et elle a dansé. Franck a visité le Parc Animalier de Jorignac. Il a vu beaucoup d'animaux et d'oiseaux. Il a campé à la ferme et il a fait des pique-niques. Gaby a visité Aqualoisirs. Elle a fait du kayak, elle a fait du tir-à-l'arc et elle a loué un vélo. Rachid a visité les Grottes de Fontirou. Il a vu des dinosaures, il a joué au mini-golf et il a fait du karting. Sophie a visité le Plan d'eau Cherveux St Christophe. Elle a fait du pédalo, elle a fait de l'équitation et elle a joué au golf.

Action 4!

1 The Pyrénées. Her parents and brother. The second week of the holidays. Very early Saturday morning. Towards 9. Her uncle, aunt and two cousins. Had breakfast. Went to the market in the neighbouring town. Walked in the mountains. The village fête. Went to the dance. Some nice boys. A craft exhibition. The boys from the night before. Visited nearby villages. 9pm.

2 Nous sommes allés à la montagne. Nous sommes partis très tôt. Nous sommes arrivés vers 9h. Nous sommes rentrés chez nous.

UNITE 32

Action 1!

1	27%	5	33%	9	12%	13	25%	18	2%
2	46%	6	7%	10	8%	14	4%	19	21%
3	6%	7	48%	11	20%	15	6%	20	21%
4	8%	8	5%	12	32%	16	11%	21	12%
						17	27%	22	19%

Action 2! ▣

1 Valérie s'entend très bien avec son père. 2 Stéphane et Mohammed s'entendent assez bien avec leurs pères. 3 Régine n'a pas de père. 4 Mohammed et Régine s'entendent très bien avec leurs mères. 5 Stéphane ne s'entend pas bien avec sa mère. 6 Valérie s'entend mal avec sa mère. 7 Le père de Valérie est gentil avec elle. 8 Le père de Mohammed est patient avec lui. 9 Le père de Stéphane est trop sévère avec lui. 10 La mère de

Régine est gentille avec elle. 11 La mère de Mohammed est aimable avec lui. 12 Les mères de Stéphane et de Valéric sont impatientes avec eux.

Action 3!

1 '…quand je ne travaille pas à l'école. '
2 '…quand je rentre tard le soir.'
3 '…quand je ne les écoute pas.'
4 '… quand je lui prends ses habits.'
5 '…quand j'embête ma sœur.'
6 '…quand je veux regarder une chaîne de TV et que lui il veut en regarder une autre.'
7 '…quand je ne mange pas la nourriture qu'elle m'a faite.'
8 '…quand je ne range pas ma chambre.'
9 '…quand je me bats avec mon frère.'

UNITE 33

Action 1!

1 2 J'ai perdu mon passeport. Où ça? Dans le bus. Et quand? Mercredi.
3 J'ai perdu mon portefeuille. Où ça? A la piscine. Et quand? Samedi.
4 J'ai perdu ma valise. Où ça? A la gare. Et quand? Vendredi.
5 J'ai perdu ma montre. Où ça? Au camping. Et quand? Lundi.
6 J'ai perdu ma radio-cassette. Où ça? Au marché. Et quand? Mardi.
7 J'ai perdu mes gants. Où ça? A la poste. Et quand? Mardi.
8 J'ai perdu mes clefs. Où ça? Au supermarché. Et quand? Dimanche.
9 J'ai perdu mes lunettes. Où ça? A la banque. Et quand? Jeudi.

2 i) J'ai perdu mon passeport. Où ça? Au supermarché. Et quand? Mardi.
ii) J'ai perdu ma montre. Où ça? A la piscine. Et quand? Dimanche.
iii) J'ai perdu mes clefs. Où ça? Dans la rue. Et quand? Mercredi.
iv) J'ai perdu mon portefeuille. Où ça? Au camping. Et quand? Samedi.

Action 2!

2 On m'a volé mon sac à main!
3 On m'a volé ma voiture!
4 On m'a volé mes chèques de voyage!

Action 3!

2	La valise	8	L'appareil photo
3	Le portefeuille	9	Les lunettes
4	Le sac à main	10	Le passeport
5	La radio-cassette	11	La voiture
6	Le porte-monnaie	12	Les clefs
7	Les chèques de voyage	13	La montre

Action 4!

3 C'est ma montre qui ne marche pas.
Depuis quand?
Depuis la semaine dernière. Vous pourrez la réparer?
J'essayerai.
Je l'aurai quand?
Passez samedi.

4 C'est mon baladeur qui ne marche pas.
Depuis quand?
Depuis hier. Vous pourrez le réparer?
J'essayerai.
Je l'aurai quand?
Passez la semaine prochaine.
5 C'est mon ordinateur qui ne marche pas.
Depuis quand?
Depuis ce matin. Vous pourrez le réparer?
J'essayerai.
Je l'aurai quand?
Passez ce soir.
6 C'est ma télévision qui ne marche pas.
Depuis quand?
Depuis hier soir. Vous pourrez la réparer?
J'essayerai.
Je l'aurai quand?
Passez demain.

Action 5!

3 – Je voudrais faire nettoyer ce pantalon, s'il vous plaît.
– Oui. Vous le voulez quand?
– Ce soir? C'est possible?
– Bien sûr!
– Ça me coûtera combien?
– Ça vous coûtera 20 francs.
4 – Je voudrais faire nettoyer cette veste, s'il vous plaît.
– Oui. Vous la voulez quand?
– Demain matin? C'est possible?
– Bien sûr!
– Ça me coûtera combien?
– Ça vous coûtera 25 francs.
5 – Je voudrais faire nettoyer cette robe, s'il vous plaît.
– Oui. Vous la voulez quand?
– Cet après-midi? C'est possible?
– Bien sûr!
– Ça me coûtera combien?
– Ça vous coûtera 24 francs.
6 – Je voudrais faire nettoyer ce manteau, s'il vous plaît.
– Oui. Vous le voulez quand?
– La semaine prochaine? C'est possible?
– Bien sûr!
– Ça me coûtera combien?
– Ça vous coûtera 38 francs.

Action 6! 📼

1	Her watch	7	His camera
2	Camping site	8	Two days
3	Tuesday	9	Next week
4	Digital, leather strap	10	A pair of trousers
5	Her purse	11	Tomorrow
6	Red, plastic	12	25F

UNITE 34

Action 1!

A sports centre. 35–37 rue Gambetta, Molignac 40F. It's unlimited. Yes: if you buy a ticket for 10 sessions, one month, or for a couple of people. 30F each. 40 minutes. A one month trial. Nothing. Yes, by a physiotherapist. 450F. 20 minutes. 300F for